编 委 会

总　　编

明　岚

主　　编

裴　泓

副主编

徐珊珊　施　政

执行主编

宋庆阳

特约编辑

张　勇　信虹红

唐振仪　朱轶群

姑苏非遗

Intangible Cultural Heritage
Of Gu Su

民俗美食卷
Cuisine Chapter

苏州市姑苏区教育体育和文化旅游委员会　编

上海文化出版社

图书在版编目（CIP）数据

姑苏非遗·民俗美食卷 / 苏州市姑苏区教育体育和文化旅游委员会编 . — 上海：上海文化出版社，2023.2
ISBN 978-7-5535-2608-9

Ⅰ. ①姑… Ⅱ. ①苏… Ⅲ. ①非物质文化遗产—介绍—苏州②饮食—文化遗产—介绍—苏州Ⅳ. ① G127.533② TS971.202.533

中国版本图书馆 CIP 数据核字（2022）第 177586 号

出　版　人　姜逸青
责任编辑　吴志刚
　　　　　　王茹筠
装帧设计　长　岛

书　　　名：姑苏非遗（民俗美食卷）
编　　　者：苏州市姑苏区教育体育和文化旅游委员会
出　　　版：上海世纪出版集团　上海文化出版社
地　　　址：上海市闵行区号景路 159 弄 A 座 3 楼　201101
发　　　行：上海文艺出版社发行中心
　　　　　　上海市闵行区号景路 159 弄 A 座 2 楼　201101　www.ewen.co
印　　　刷：苏州市越洋印刷有限公司
开　　　本：787×1092　1/16
印　　　张：14.75　插页 4
版　　　次：2023 年 2 月第一版　2023 年 2 月第一次印刷
书　　　号：ISBN 978-7-5535-2608-9/G·436
定　　　价：68.00 元
告　读　者：如发现本书有质量问题请与印刷厂质量科联系 T：0512-68180638

序：生活是最大的"非遗"

"江南人住神仙地，雪月风花分四季。满城旗队看迎春，又见鳌山烧火树。千门挂彩六街红，凤笙鼍鼓喧春风。歌童游女路南北，王孙公子河西东。看灯未了人未绝，等闲又话清明节。呼船载酒竞游春，蛤蜊上巳争尝新……"

被誉为江南四大才子之首的唐伯虎，他的这首《江南四季歌》，从苏州迎春习俗、元宵节写到中秋节、重阳登高，从歌童游女到王孙公子，从时鲜蛤蜊、鹅掌、山羊脯到吃蟹赏菊、品茗赏雪，再写到水晶瓜、寸韭饼、千金果，这样的生活，不是神仙胜似神仙。感兴趣的读者不妨把这首诗找来读一读。

如果您读完这首诗，回过头来，再看一看新出版的这本《姑苏非遗（民俗美食卷）》，毋庸赘言，该书的内容就不难想象得出来了。这是一本介绍姑苏非遗的书，全书选取姑苏区100个非遗项目中的17项，从正月里的元宵节、四月的轧神仙庙会、五月端午习俗、中秋节的游石湖一直写到十一月的冬至、十二月的腊八节，从玄妙观小吃写到苏州船点，再摆上一桌色香味俱全的苏州织造官府菜，从城隍庙会、苏州祭孔延伸到姑苏叫卖，真是四时有不谢之花，八节有长青之草，珠玉在前，琳琅满目，让人不禁油然感喟，姑苏人的每一天，都是节日啊！

上有天堂，下有苏杭；杭州西湖，苏州山塘。还是这位唐伯虎先生，他在《阊门即事》里毫不吝啬对故乡的赞美："世间乐土是吴中，中有阊门更擅雄。翠袖三千楼上下，黄金百万水西东。五更市卖何曾绝，四远方言总不同。若使画师描作画，画师应道画难工。"众所周知，唐伯虎是吴门画派的中坚人物，"明四家"之一，若让他画一幅《姑苏繁华图》，对不起，他老先生都觉得难以下笔。直到二百多年后，唐伯虎的小同乡徐扬横空出世，这幅刻画姑苏富庶繁华的画卷《盛世滋生图》，才得以在徐扬手里完成。但是，老百姓都把这幅长卷亲切地称为《姑苏繁华图》。

如果说小康生活、大同社会是古人一直心心念念的"乌托邦"，那么社会进步、国家富强、个人幸福就是当代人的"中国梦"。仓廪实而知礼节，衣食足而知荣辱。要知道食不厌精、脍不厌细都是建立在物质极大丰富的经济基础之上的。《姑苏非遗（民俗美食卷）》里记录的苏式生活，各种好吃的、好玩的琳琅满目，听的看的可以眼耳手口并用，视听味触觉全开，这样的生活体验，既是一种生活态度，也是一种生活腔调。如果说生活是我们身边最大的非物质文化遗产，那么，苏式生活无疑是其中最具有典型性的代表项目之一。

一条大江分南北。江南自古就是诗情画意的意象，而苏式生活，无疑是江南文化最精粹最集中的体现。我们看一看《清嘉录》，读一读《吴郡岁华纪丽》，这些著作以时间为经，把我们先辈们的幸福生活，刻画得纤毫毕现淋漓尽致，而且，书中记录的节令民俗美食佳肴，我们今天依然还在传承赓续。能把平凡的日子过得如此有滋有味，舍苏州人其谁？！

我们编纂这本《姑苏非遗》，就是为岁月留痕，为非遗写真，用文字、图片记录姑苏区传承、保护非物质文化遗产工作的点点滴滴。这本书中汇集了近二十余位知名作家、文化学者以及摄影家的十多篇文章和近百张照片。他们或生于斯、长于斯，或长期在姑苏工作、生活，作为生活的有心人，姑苏非遗传承、保护的见证者，他们从不同角度给姑苏非遗"画像"，从各个侧面给姑苏非遗"树碑立传"。举凡节令民俗、小吃美食，均能不缓不急、娓娓道来，又或者以一种不同的笔触、全新的视角呈现。柴米油盐、衣食住行，这些世俗的人间烟火，组成了我们身边活色生香的生活。

不管如何解读，阅罢总能收获满满的回忆。无论是"闹元宵""轧神仙""划龙舟"，还是"石湖串月"，又或者是玄妙观小吃。一碗腊八粥，几样苏式船点，工序繁复的织造官府菜，都让人垂涎欲滴。我们还可以去玄妙观里烧香祈福，可以到文庙里拜一拜至圣先师孔子，耳畔传来若有若无的姑苏叫卖声，鼻尖萦绕的是糖炒栗子的香味，美在生活里，总会在不经意间碰撞我们的眼耳口鼻。

　　时下，非物质文化遗产传承、保护正如火如荼地开展，由此而言，《姑苏非遗》里描写的苏州生活，有关衣食住行生生不息的发展变化中的生活，在遭到时代冲击的背景下，我们依然努力坚守、传承和保护。"民俗美食卷"只是《姑苏非遗》丛书的开篇之作。接下来我们还会陆续编纂"传统美术卷""传统医药卷""传统曲艺、音乐、民间文学卷""传统体育、游艺与杂技卷"等，我们且拭目以待。

　　是为序。

《姑苏非遗》编委会

2022年9月

目　录

古胥门元宵灯会 流布于阊门南浩街、胥门百花洲一带。除观灯赏灯外，尚有猜灯谜、放烟花、舞龙灯、吃元宵、走三桥等民俗展示展演活动。2009 年 6 月入选江苏省级非物质文化遗产代表作保护名录，现保护单位为姑苏区沧浪街道文化站。

故园今夕是元宵

燕华君

　　某年某月某一天，画家徐扬将集 24 年心血的一幅画卷送到京城，此时，绿荫乍浓，梅子累累，窗台上牡丹盛开。画卷徐徐展开，伴随着感叹、惊艳，远隔京城一千多千米之外的姑苏城缓缓映入眼帘：湖光山色，田园村舍；阊胥城墙，市街商肆；沿河市井，流水人家，呼之欲出且栩栩如生。

　　——君到姑苏见。

　　这幅名叫《盛世滋生图》的画卷，描绘清代苏州商贾辐辏、百货骈阗的宏大场面。徐扬特意画出苏州十二处胜地，它们是：虎丘胜景，山塘商肆，水陆阊门，黄鹂坊桥，万年桥畔，胥门港埠，运河舟楫，江河相汇，石湖渔耕，木渎胜迹，灵岩寻幽，山前场院。

　　时光它看不见，时光它又看得见。经过了漫长的等待，时间停留在 2012 年，苏州成立首个国家历史文化名城保护区，她被命名为姑苏区。而在《盛世滋生图》中，涉及到的姑苏区胜迹占了足足一大半。

火树银花不夜天：姑苏有胥门

此画涉及到姑苏区胥门地域的地方有三处：万年桥畔，胥门港埠，运河舟楫。而这三个地方又无独有偶地都在胥门辖区。可以这么说，伍子胥是苏州城市的精神图腾，古胥门是苏州民俗风情的地标，所以，胥门又被称为古胥门。

苏州人会轧闹猛且喜欢轧闹猛是出了名的，在苏州比较闹猛的节日有元宵灯节、轧神仙、端午赛龙舟、石湖串月、虎丘庙会等，"醉翁之意不在酒，在乎山水之间也"，苏州人在乎的是那一种喜庆洋洋的氛围，那一份无忧无虑的热闹。

苏州人喜欢轧闹猛，轧出不少习俗，习俗又使得苏州文化一脉相承，形成一个有趣的环闭。

元夕、元夜，又称上元节，因为这是新年第一个月圆夜，有张灯之俗，所以名为"灯节"。历史记载：元宵期间在许多区域都有活动，金阊南浩街、山塘街的"正月十五闹元宵"；昆山周庄、吴江同里一带的"元宵灯会"。其中尤以胥江地区的"古胥门元宵灯会"最为突出，时间长，项目多，人气旺，影响大。

古胥门商圈的形成，得益于姑苏区合并之前沧浪区深厚的文化底蕴和滋养，其最大秘诀是借助文化依托，让一些工程和习俗活动进入公众视野：拓建泰让桥；修复万年桥；重现胥门古城墙；修建伍子胥广场；举办苏州首届姑苏风情传统叫卖大赛；端午公祭伍子胥；一年一度举办元宵灯会……

古胥门广场、伍子胥纪念园、规划展示馆、吉庆河、外城河沿岸都成了民俗文化展演的重要活动场所。胥江民俗文化、节庆文化、广场文化、收藏文化已成为文化胥江的特色名片。自2002年开始至今，姑苏区已连续在古胥门广场举办18届元宵灯会。从最初的苏灯展览、猜谜到民间工艺展示、"妇女走三桥"再到文化习俗展示、水乡服饰展示、姑苏风情传统叫卖大赛、拔河比赛、民间小吃、花灯展览、调龙灯、威风锣鼓、文艺演出等，从最早正月十五当天下午到现在正月十二至十六整整五天，胥门元宵灯会每年彩灯题材不同，每年活动内容不同，一年比一年更热闹，也更吸引观众。

鼓声隆隆元宵庆

　　如何在胥门这个民俗场所做足、做大文化平台，这也是文化姑苏面对的一个棘手问题。回顾与梳理这几年姑苏区的文化建设历程，不难看到，有一个很明晰的脉络在延伸，在引领，那就是：文化建设已成为重要组成部分，它真的可以直接或间接产生 GDP。

　　"历史、文化、名城、保护"四项功能，是新姑苏的外衣，它的核心内容是围绕四区四高地建设新姑苏。

　　为此目标，姑苏区着重开展三类文化活动：一是弘扬传统文化，充分利用元宵节、端午节、中秋节等传统节日资源；二是培育商业文化；三是活跃群众文化。

　　传统文化，从根本上说是古代精致生活的真实写照。晴耕雨读，洗砚磨墨作字，焚香扫地读书，做做吃吃，做得动做做、做不动歇歇的平常日子。

　　保存好有形的历史遗存，更要做足精神文化，姑苏区所做的一切，表现了文化姑苏的雄心和良苦用心。而既要发展有形的文化，更要保护无形的文化品牌，这是更高的一个层次，持续十八年的元宵灯会见证了这番雄心与苦心。

从 2002 年到 2020 年，一年一个脚印，十八年十八个台阶，古胥门元宵灯会平稳地实现了"省内互动——跨省合作——国际交流"的三大跨越。古胥门元宵灯会已然变成集苏州民俗文化、节庆文化、旅游文化于一体，全面、系统地展示吴地历史、文化、民俗的大型活动。

从无到有，从有到大，从大到闻名，古胥门元宵灯会走过了三个艰难过程：先是做广告招徕人气，在第五、六、七届时却担心起安全问题，到 2011 年第十届灯会采取互动形式，让百姓参与；尝试市场化运作，让企业唱主角；对外交流，请秦淮灯、自贡灯和日本灯来参展；2013 年的灯会堪称奇丽，全市多种行业参与其中；2014 年，姑苏区所有街道都有灯彩作品参加；2017 年，一场大型的文艺节目隆重开幕；2020 年虽说有疫情，元宵灯会停摆，但古胥门城墙上依然挂着几十只灯盏，人们冒着寒风，戴着口罩，眼睛里却露出久违的笑意。

2002 年，举办首届古胥门元宵灯会活动。威风锣鼓、百花洲龙灯队、跳加官、八仙过海、财神送宝等团队让民众眼前一亮；

2003 年，民俗"开路"。三香幼儿园的娃娃龙灯队，胥江幼儿园的蚌壳舞、荡湖船表演首次参演；

2004 年，民间工艺亮相胥门灯会，不久，第 28 届世界遗产大会在胥门规划展示馆召开。第二年，第八届中国苏州国际丝绸旅游节开幕式在古胥门广场拉开帷幕；

2005 年，巧用历史人文景点，融入商业，迪欧、汇思人力资源总部等迁入胥门地区；

2006 年，连续举办五年的古胥门元宵灯会，影响力越来越大。这届灯会恢复古老习俗——"走三桥"，并举办姑苏风情传统叫卖大赛；

2007 年，元宵组灯再现了 2500 年前伍子胥"相土尝水，相天法地"建设阖闾城的盛况；是年，古胥门元宵灯会入选苏州市非物质文化遗产代表作名录；

2008 年，古胥门种上"黄金树"，元宵灯会以灯为媒，南京、苏州双城互动，本年灯会由 3 天延展为 5 天，为"北有夫子庙，南有古胥门"之滥觞；

2009年，四川自贡灯艺亮相古胥门。古胥门元宵灯会与苏州市新春购物节、台湾小吃大拜年等活动同步开展；

2010年，第九届古胥门元宵灯会的主题是"点亮未来"。观灯人数更是达到前所未有的10万人次；

2013年有两组灯彩颇为惊艳：《花开富贵》，城墙下一只硕大花篮一把硕大折扇，满满的乡土、人文气息扑面而来；《锦绣姑苏》，一只琵琶花灯，搭配一座虎丘花灯，间以祥云、莲花、六角亭，美不胜收；

2014年，姑苏区所有街道都参与元宵灯会，气象万千。如城北街道的《活力新城北》，以城北地标苏州城市广场为中心搭建花灯：桥，鸽子，杨柳，楼宇，霓虹灯，时尚又新潮；命名为《葑门》的花灯又是另一番热闹景象：横街，水八仙，觅渡桥，熟知的老苏州味道生生不息；《爱在虎丘》花灯，一对新人站在山塘街通

虎丘闹元宵活动

贵桥上，桥下山塘河与鱼缸巧妙同框，真水真鱼令人感叹科技飞跃的速度之美，吸引了众多年轻人前来观赏；

2016年元宵节有雨，江南和细雨最为相配，一群妇女穿着喜庆的红色衣裳，每人撑着一把伞，热热闹闹、嘻嘻哈哈走过三桥……

细想想，元宵节可用两个字来精准表达：闹、亮。闹元宵，热闹的生活就从闹元宵开始吧，而亮堂堂的日子谁会不喜欢呢？

隐隐约约之间，吴地的一些人文习俗跃然呈现，新鲜晃眼：祭扫列祖，拜谒先贤，设宴饮酒，听曲观舞，踏秋观枫……

谁家见月能闲坐：欢乐元宵节

一年一度，中国人把过年看得比什么都重，莽莽天宇，八万里云驰飙作；恢恢地轮，五千年治乱兴亡，再忙碌再逼仄，也挡不住国人过年的脚步。所谓有钱没钱都要过年，过年大于天。颂歌祈愿：工作顺利，身体健康，父母安康，朋友和气，爱情甜蜜，婚姻长久。新年里的一切都很美好。

过完新年，在人们的期盼中迎来正月十五。

一轮满月静静挂在天上，静看万家灯火，国泰民安，它是新年里第一轮满月，讲究礼仪注重喜庆的国人自然要好好庆贺一番。记忆里小时候元宵节有三件好事：吃汤圆，看花灯，走月亮。

故园今夕是元宵，谁家见月能闲坐？

尤其是南宋时"禁中元夕张灯，以苏灯为最"的记载，反映出苏灯新奇巧丽、精奇百出，制作技艺冠绝全国。古时苏州元宵灯会除观灯赏灯外，还有猜灯谜、放烟花、舞龙灯、走马锣鼓、吃元宵、走三桥等一系列民俗活动。

就是说，苏州人爱赏灯，往往未到元宵就有灯市。苏州的灯景之盛，宋代时已不逊于汴京。更有所谓"吴中风俗，尤竞上元"之说。

据《清嘉录》记载，当时苏州"元夕前后，各采松枝、竹叶，结棚于通衢，昼则悬彩，杂引流苏，夜则燃灯，辉煌火树。朱门宴赏，衍鱼龙，列膏烛，金鼓达旦……凡阊门以内，大街通路，灯彩遍张，不见天日"。

元宵节赏灯，竟是一代更盛于一代。

元宵节众多的民俗文化内容，除了历史缘由外，还包括了政治、宗教、民间信仰、民间传说等多种因素。从节日形式来看，更是汇集了锣鼓、歌舞、燃放烟花、竞猜灯谜、吃汤圆、踩高跷、舞龙灯、旱船等多种多样的庆祝方式。历时十八届的古胥门元宵节灯会已演变成集苏州民俗文化、节庆文化、旅游文化于一体、广受苏州人民喜爱的春节文化大餐，被列为"姑苏三宝"，2008年被评为文化部"全国优秀春节民俗文化活动"。

除了过年，最最令人欢喜的就是农历正月十五晚上的元宵节，孩子们小兽似的在古胥门窜来窜去，城墙上、小巷里、广场边、运河旁，哪里热闹哪里有他们，远兜远走、捉迷藏、猜谜语、吃零食、看灯花，跟着母亲走三桥，既喜庆又快乐。

男人们在猜谜，妇女们则兴致勃勃走三桥。男女老少一起观看热闹的舞龙灯和花式锣鼓，观看花灯，指指点点，欢声笑语。

有一年元宵节，恰逢朱家三口一起在灯会上表演。父亲担当龙灯队的龙尾巴，他眼不眨心不慌，一门心思盯住前端的调龙灯，脚步稳当却又

元宵留影

古胥门元宵活动现场传统梅花糕小吃摊

苏博大课堂做元宵花灯

花样百出地甩摆龙尾，像一阵风似的刮来刮去，真是热闹！他的爱人是妇女走三桥领头人，她们身着大红旗袍，高跟鞋，走在万年桥、吉利桥、百花桥上，阳光灿烂，心情愉悦，走一走治病强身，抖去晦气。桥名又是那么喜气讨口彩，她们上桥，下桥，穿过长廊，走近古胥门城墙。他们的儿子在人群里窜来窜去像一条灵活游鱼，他要忙的事多得很，要猜谜语、看踩高跷，望父亲舞龙观母亲走桥，最开心的是玩一个白天还要接着玩一个晚上，到晚上眼睛不够用了，要看各种花色灯，要看五彩烟火，要看运河里的五彩游船，真是快活！

回到家，好婆端出三碗苏州五色汤圆，让忙碌一天的朱家三口品尝。五色汤圆以糯、粳米粉镶配，包以鲜肉、玫瑰猪油、豆沙、芝麻、桂花猪油等五种馅配制。"上灯汤圆落灯面"，汤圆有甜有咸，吃下这碗江南美味，元宵节才算圆满。

不忘初心，与时俱进，古胥门灯会最近三年的主题词和活动内容：2016 年，雪月梅柳开新春，龙灯狮舞闹元宵。内容有苏灯制作工艺传承，老师是苏灯非遗传承人汪筱文，学生是胥江幼儿园小朋友；元宵节传统民俗妇女走三桥；元宵谜语有奖竞猜廉政专场和法治专场；各类戏曲舞蹈歌曲小品表演。

2017 年，"亲情民情元宵情，欢乐祥和庆团圆"。内容有相濡以沫，金婚夫妇婚纱摄影活动。古代妇女大门不出二门不迈，唯有元宵节这天可上街观灯，新旧社会两重天了，为此街道为金婚夫妇送上了浪漫唯美的婚纱照，见证白头幸福。苏作灯制作工艺展、苏灯制作比赛，谜语制作、竞猜，分为"司法、廉政、民俗"三个专题，共 500 条灯谜。我们的节日是胥江街道 2017 年正月十五闹元宵。

2018 年，具体内容有百色元宵春团圆，市民花色元宵大比拼。此活动让居民发挥创意，亮出大伙绝活，比拼谁家元宵最好看。除此之外，还有省非遗文化苏灯传承活动；社区居民元宵节走三桥；法制灯谜大家猜；火红腰鼓贺新春，社区腰鼓大赛。

《清嘉录》中记载道："元夕，妇女相率宵行，以却疾病，毕历三桥而止，谓之走三桥。"

上桥走走，万病呒有；

　　小孩走三桥，聪明伶俐读书好；

　　小伙走三桥，事业兴旺步步高；

　　姑娘走三桥，青春美丽更苗条；

　　老人走三桥，鹤发童颜永不老；

　　家庭走三桥，幸福美满平安保；

　　情侣走三桥，爱情甜美永相守。

　　古胥门，最早的传奇来自伍子胥，他在苏州有两个惊世传奇：过昭关时一夜白头，被砍下头颅悬挂胥门城楼。伍子胥，他的灵魂他的悲情他的人生，在古胥门元宵灯会的喜气下，得以安息。

　　金阊门，银胥门，百花洲公园，古胥门城垣，火树银花不夜天，兄弟姐妹舞翩跹。世事如烟，古城如灯，笑脸在烟火气里若隐若现，是真正发自内心的喜悦。烟雾缭绕灯火，灯火辉映古城墙，此时静下心来观望，历史像一阵薄雾似的缓缓走来抑或是慢慢走远。

　　就是这样的城墙，这样的灯火。胥门古城墙，我们从记事起它就在那里，很自然。古胥门城墙，灰色清砖，浅灰浆勾缝，大树绿荫，风起时狂放的样子，最鬼精灵的是城墙上的杂草，仿佛在等雨来等风来。

　　古胥门，伍子胥，元宵灯会，穿越在深长历史隧道，除了光和影，除了吉祥元宵节、欢腾端午节和热闹人群，我们看到了更多的人文情怀和传承梦想。

一园灯火从天降：看花灯，猜谜语

　　都说人类的悲欢不能相通，但也有例外，比如闹元宵，比如看花灯、猜谜语。

　　记忆里的元宵节一直是灯火闪熠，没有专门的灯会，也没有挂满树枝的谜语，但父亲的嘴巴就是一场独特的元宵灯会。记得我们拖着一只母亲做的兔子灯，华灯初上就往观前街人民路上走去，用父亲的话说"去看灯"。与平时一样的路灯，不同的是头顶上有一颗大月亮，肚皮里刚刚吃下去母亲包的一只肉汤团、一只芝麻汤团、一只豆沙汤团。父亲牵着我们，开始讲谜语：四四方方一座城，城内兵马城外人……（打一生活用品）；满船空载月明归（打一成语）；金仙捧露万年长（打古代人名）；春雨绵绵妻独宿（打一个字）；老秤三十钱（打一戏曲名）。父亲又讲，有一年，费先生出过一个高级谜语："东边日出西边雨"（打一苏州地名），被书法家吕先生猜出"干将路"，于是费先生开心地送他一幅自己的书法作品。

我们有的猜得出，大多数猜不出，父亲卖卖关子，又说我们汤团吃多了，脑子粘牢了。不一会，他会自己一一把谜底揭开，志满意得的一家四口人行走在八十年代末的人民路上，天涯共此时，明月照四方。

此时此刻，相信人类的欢乐当是相通的。

从人民路走到老阊门城墙，父亲的话更多了。

明清时，制灯店铺大多集中在阊门、吊桥、吴趋坊、皋桥一带，除了做灯，大多数店铺是做玉器。如果说阊门是繁华的，这些做灯彩、制玉的巷子就是宝气。据统计，当时苏州大小灯铺共有117家。其中较著名的有"小云飞""老祥征""振元祥""许龙飞""同源祥""朱同茂""陈恩宜""朱顺兴"等。每至春节前后，灯市

元宵猜灯谜

十分兴旺，制作、出售各色花灯，其中以走马灯最为特色。彩灯被制成各种样式，品种繁多，如龙灯、凤灯、荷花灯、栅子灯、麒麟灯、栀子灯、葡萄灯、鹿犬灯、兔子灯、鳌鱼灯、万眼罗、琉璃球以及夹纱灯等。有些灯上还绘有人物、故事、花草鱼虫、飞禽走兽、山水楼阁等图案。

上元节赏灯风俗在民间盛行，且苏州众多园林、官邸、私宅陈设布置也需要大量灯彩，由此促进了苏州灯彩工艺的发展，宋代时已在苏州阊门附近形成一个独立行业。

满船清梦压星河。

其实，不管是苏州彩灯的制作与教学，猜灯谜、放烟花、舞龙、走马敲锣、吃元宵、走三桥，还是请专家讲元宵节来历、文艺惠民演出等，这些都是形式，它基本的"核"是民俗、传统、风情、传承、非遗保护等一系列精神层面的东西，其主要价值体现在作为传承至今的民俗活动，具有强化民众文化认同感与和谐社会的文化功能，元宵灯会作为一项重要的民俗文化活动，是历代苏州民众延续和传承民俗文化的重要空间，已然是吴文化的一个重要组成部分。

金圣叹说：一花，一瓣，一毛，一鳞，一焰，其间皆有极微。

形神兼备，魂脉相通，指的就是姑苏灯彩。

20世纪80年代，以汪筱文为首的苏州制灯艺人，大胆采用传统装、扎方法，制作出一个个如真人般大小的各色人物，穿上各式服装，辅以道具，演绎出很多历史故事、戏曲故事及民间传说，如《孙武练兵》《白蛇传》《双推磨》《荷花仙子》等。一心想要突破，日夜纠结改革，汪筱文创造出"绢衣泥人"这个灯彩办法，使得他在1984年拙政园的中秋灯会上一炮而红。

《天工苏作》里说，苏州灯彩可大可小，有高达2米的万眼罗灯，更有小到10公分的掌上苏灯，这就是苏灯最有趣味的地方。苏灯中的"走马灯"已经成为一句俗语，它极具巧思。灯上设置了各种故事人物，待灯里燃起蜡烛，人物即能循环转动；苏州人又称走马灯为"有来哉灯"，灯上绘有各种人物、故事，有西施采莲、张生跳墙、刘海戏蟾之类。更有一种"上桥落马灯"，灯面上绘着小桥、流水、人家，粗看无人，点上蜡烛之后，隐约出现一个骑马人影，跑到桥堍，人与马分离，马影先过桥，人影随后过桥，过桥后人影随即又跨上马背，渐渐隐去，其手艺之高超，想象之丰富，真正令人叹为观止。

古胥门元宵灯会，我们看到中华灯的狂欢节：宫灯、凤灯、镜灯、琉璃灯、石灯、陶瓷灯、铁灯、瓷灯、花灯、竹筒灯、许愿灯、同心灯、和谐灯、团圆灯、幸福灯、长寿灯、合家欢灯；大型组灯灯景：春到百花洲，卖油郎与百花公主，龙凤呈祥，白雪公主与七个小矮人，彰显详和，民不能忘。

《清嘉录》中描述，清代苏州元宵猜灯谜场景如此盛大：好事者巧作隐语，拈诸灯。灯一面覆壁，三面贴题，任人商揣，谓之"打灯谜"。城中有谜之处，远近辐射，连肩挨背，夜夜汗漫……

放眼望去，2019 年的元宵灯会一片祥和气息，树枝上，城墙下，一串串绳子上挂着艺人们精心制作的谜语，每年以法治、廉政、生活内容居多，孩子们最喜欢猜成语，跃跃欲试，磨拳擦掌，一副腹有诗书气自华的样子，踮起脚尖，稍稍一读就迫不及待扯下谜语，奔向会场：泵——水落石出；田——挖空心思；者——有目共睹；初一——日新月异；极小——微乎其微；仙乐——不同凡响；齐唱——异口同声。

最最开心的自然是孩子父母，在这么一个大场面里，孩子仅仅猜谜语就捧回一大堆奖品，想想就开心，逢人便说。

老百姓不愁吃不愁喝不愁住的时候，自然会追求更高层次上的精神享受，元宵灯会，出来轧轧闹猛，看看灯，看看人，猜猜谜语，看调龙灯，听开心锣鼓，正好释放心情，放飞情绪，这就是姑苏文化的意义所在：一些节日一些活动，让一批人快乐，让一批人提升，让一批人觉得生活是热爱，生活是美好，生活是每天能看到新鲜事物新鲜人。生活是人们每天有质量、充满激情地活着。

老百姓的幸福指数日新月异。

"幸福指数"不同于单纯的经济指数，它多指一个人对生活状态的自我感觉和对于某种价值观的评判。它在一定程度上虽然可以量化，但更多的是不可量化的个人体验。在姑苏区，由于其突出和独特的文化底蕴，每一个人都以个人情感体验着现实提供的一切：社会安全感，环境舒适感，生活便利感，消费放心感，邻里友善感，家庭和睦感，社区归属感……

年光似鸟翩翩过，世事如棋局局新。

曲尽人散之后，一时金阊门外，胥江埠头，火炬人声，衣香灯影，匆匆趋路，各归城邑。此时，只有天上一轮明月，静观人间，不知心事。那就等待下一次元宵灯会吧！

笑语盈盈暗香去：传承人的故事

元宵节欢声笑语犹在耳旁，在山塘街闲逛时看到一个老人手里托着一盏六角宫灯，他旁边的姑娘手里拖着一只硕大兔子灯，后面紧跟一群孩子叽叽喳喳喊着看灯了，看灯了，呼啸而去。这对父女就是国家级苏灯传承人汪筱文和他的女儿，他们在山塘街有自己的工作室，一年两会，元宵节和中秋节，汪氏父女制作的苏灯总是让人眼前一亮，过目不忘。

汪筱文真的是喜欢灯彩制作，他从17岁开始一直做到如今的80多岁，仍然兴趣盎然。做灯彩，他说四个字："一生钟爱。"苏灯彩的特点，他说也是四个字：精、细、美、巧。灯彩是灯与彩的结合，光和亮的融合，做灯彩首先必须具备一个亭台楼阁的形式，大红大绿不能频频使用，汪筱文用色很讲究，他讲究用粉色做底子：粉红粉绿粉蓝粉紫，而扎、剪、绘、裱四步工艺一个不能少。汪筱文还介绍说做灯彩离不开四、五、六、八，什么意思呢？四是指四方，即四面八方，春夏秋冬；五是指东西南北中，六是六和，八是八合，想到这么多，做出来的灯彩才大气，才会有人看。

年纪大的人喜欢搓麻将，打牌，喝酒，聊天，汪筱文只喜欢做灯彩，要么空下来画几笔，他的画也是与灯彩搭界的。他说，你不要看一个知名画家，你叫他画一只普通灯笼出来看看？老百姓不一定买账。

元宵佳节人如潮

老苏州一定记得 1984 年中秋节，汪筱文做了一台拙政园灯会，晚上两万多人拥进去看灯。汪筱文现在焦虑的是灯彩过于传统，一是年轻人不要看，二是没有接班人，他的女儿也四十岁出头了，接班人问题时时困扰着他。

苏州灯彩有两大宝：一是万眼罗灯，二是琉璃球灯。可惜的是，这两盏灯的制作技艺后来都失传了。汪筱文和他女儿仅仅凭借史书上的残留记载，一起复原了"亭台楼阁"灯（又名"万眼罗灯"）。"亭台楼阁"灯最早见于宋代，是进贡给皇帝观赏的一种工艺十分复杂的灯，据说它有一万个空隙，所以又名万眼罗灯。最令汪筱文骄傲的是他和女儿不但复原万眼罗灯，而且制出两万七千个空隙的绝美灯彩。复活了万眼罗灯，汪筱文还有一个心愿，拟将"一隙一孔成一花"的琉璃球灯重现在世人眼前。

琉璃球灯：灯光从一个小孔中透出，映照在地面上成为一朵花。想想都美，不用说亲眼所见。汪大师，我们期待您的作品。

张岱说，"但其良工苦心，亦技艺之能事。至其厚薄深浅，浓淡疏密，适与后世鉴赏家之心力、目力针芥相投，是岂工匠之所能办乎？盖技也而进乎道矣。"

一口气读完汪筱文和灯彩制作的故事，兜一圈又来到古胥门元宵灯会主战场，百花洲龙灯队正在舞龙摆狮。早在 20 世纪 80 年代，龙灯队、舞狮队、高跷队作为"胥江三绝"曾响誉全市。而百花洲龙灯队则源于另一个传奇。

在百花洲南端，曾有一座百花庵，农历二月十二百花娘娘生日时必有庙会。以高全德、葛继寿为首的一批伙计，把香烛店供的一只木质龙头借到庙会上舞弄。但木龙头既笨又重，他们就用竹子和布照着木龙的样子扎成一条竹布龙，舞起来得心应手，龙灯队也由此而一舞不可收。作为一个极具性格的人物，葛炳坤把一生都奉献给了百花洲龙灯队。传统文化往往存在着一个如何传承的问题，依照规矩，做龙灯这门手艺只传嫡亲不传旁亲，举目茫茫无嫡亲，老葛只好暗地里培养起妹妹的孩子蒋达夫。蒋达夫正逢单位转制，闲在家就接手了，他说，那时懵懂得很，根本不懂龙灯队，现在，十几年做下来，他才深深领会舅舅的寂寞和欢喜。他说，舅舅是一个听到锣鼓家什响就会跑过去看个究竟的人，老葛对于龙灯队的痴迷现在转移给了蒋达夫，蒋达夫说如果一天听不到锣鼓声，他会觉得一天白过了。

从曾外祖父到外公到舅舅，现在到蒋达夫，百花洲龙灯队的香火一直得以延续和传承，关键是它有意无意地正好落到了姑苏这个文化地域。蒋达夫笑眯眯地说，现在喜庆的场合越来越多，他赶上了一个好时代，在苏州几个大型活动中，都能看到百花洲龙灯队身影。寒山寺听钟他们参与了将近有十年之久；虎丘庙会从首届到今天，他们团队是唯一没有更换过的；2002 年代表中国参加韩日世界杯开幕式，他们是唯一的民间艺术团队；2004 年第 28 届世界遗产大会，也是作为唯一的民间艺术团队进入开幕式。

咚咚咚，锱锱锱，锣鼓家什响起来，龙灯狮子舞起来。祈福、消灾、平安，其实在盛世里，老百姓的心态很平：有一颗博大心，做两件高兴事，吃三餐对味饭，睡四季美容觉，日子五颜六色，生活七荤八素，幸福十拿九稳。

用"喜怒哀乐"四个字来形容蒋达夫与他的龙灯队，接下来是蒋达夫对此的诠释。

喜——他既是经纪人又是现场人，心里比吃了蜜还甜。最喜的是他赶上了一个好时代，喜庆的场面特别多，这个跟国内形势、经济发展有很大关系。

怒——蒋达夫说现在有人冒充"百花洲龙灯队"这个名字，没办法，谁让百花洲名头大。上年纪的人看到调龙灯队过来，就知道是百花洲龙灯队，老人们从锣鼓家什的点子上能听出来。

哀——蒋达夫说舅舅过世太早，这是大悲痛。舅舅在1995年的时候一直教他各种套路，但从不参加演出。舅舅所有的本领都教给他，他再传下去传给谁却是一个大问题。蒋达夫说，苏州清朝和民国时有过多支龙灯队，老葛家是胥门大街小白龙，还有盘门炒米浜的小黑龙等。龙碰头别苗头，如今小黑龙已失传。百花洲龙灯队分制作和演出两块，平时是松散的，有活动时聚在一起。出庙会前先要做龙，蒋达夫们的悲哀还在于很多讲究今天都做不到，比如每次出龙前都要祭龙拜龙，比如做龙骨最好用劈开的竹篾，这些都做不到了。

乐——蒋达夫合不拢嘴地说春节元宵节期间白天夜里都忙，身体疲惫心里却偷偷地乐开了花，那时候走路都是奔的，双脚带风，到虎丘去到渭塘去到杨舍镇去最远要到上海南京甚至北京去。依托姑苏区政府，会同沧浪街道文化站，百花洲龙灯队通过收集、整理、挖掘、创新，相继成立了龙灯系列队伍：威风锣鼓队、舞狮队、荡湖船、蚌壳舞等，这些队伍配合龙灯表演的穿龙肚、狮子吐彩、恭喜发财、大狮戏小狮、点睛醒狮等，更加丰富了百花洲龙灯队的表演形式。目前，百花洲龙灯队已有原创的九大套路，像龙灯结、跳杠子、中间穿、龙翻身、回龙招、二龙戏珠、大龙盘小龙、跪龙等，这些调龙灯行业里的新名目，增添舞龙色彩，壮大龙舞声势。

在百花洲龙灯队的带动和影响下，胥江辖区相继成立了三香幼儿园龙灯队，胥江幼儿园蚌壳舞队，歌新幼儿园舞狮队，沥青供应站高跷队，市港务处舞狮队，街道退委会老年腰鼓队和红绸舞队，老葛九泉之下应该望龙微笑了吧，他的事业总算有了继承与发展。

元宵节，就节期长短而言，汉代才一天，到唐代已为三天，宋代则长达五天，明代更是自初八点灯，一直到正月十七的夜里才落灯，整整十天。

现在古胥门灯会是正月十二到正月十六。

虽说疫情期间一片寂然，但一旦开放，元宵节的名堂越来越多，节目也越来越精彩，日子好过了，人们空余时间多了，关键是心情好了，逢到个节日什么的，大家都喜欢跑出去轧闹猛、轧喜气、轧开心、轧朋友、轧将来，所以，具体节目多到数不过来，反正是年年翻花头，年年不重样。元宵灯谜大会猜，制作涉及廉政、法治等内容的灯谜，悬挂公园内，供游人猜谜；苏州花灯 DIY，组织辖区青少年在苏灯制作大师的指导下，现场学会制作苏式花灯，传承苏灯技艺；欢天喜地闹新年。举办胥胥、缘缘吉祥物，生肖"cosplay"表演活动；全民参与闹元宵。组织社区群众参与空竹、跳绳比赛，组织苏州民间舞龙舞狮队到古胥门广场表演，营造节日喜庆气氛；妇女走三桥活动，泰让桥、姑胥桥、万年桥、吉利桥、百花桥，苏州有太多的桥，苏州更有太多与桥相关的故事、人物和风情。

满船的苏州丝绸、扇子、玉雕、虎丘泥塑、灯彩缓缓驶出觅渡桥堍，驶过运河之后，直接去往西方诸国。眼睛一眨，这只轮船一下出了洋关，透过迷离水汽，运河之上，一只美轮美奂的苏州灯彩：上桥落马灯。灯面上绘着小桥流水人家，粗看无人，点上蜡烛，立即隐约出现一个骑马人影……

兜兜转转之后突然明白，一些旧习俗早已是苏州人腮边的那颗痣，成为苏州血肉的一部分；而一些新习俗又像苏州人新添置的物件。要么烂熟于心，要么满眼惊奇。茉莉那么开，苏州这么好，一面闻着花香，一面品味苏州，算是一桩吴侬好事。

苏州轧神仙庙会 苏州特有的民俗活动。从北宋流传至今，在阊门一带，每年农历四月十四日为八仙之一的吕洞宾庆寿而演化成集祈福、祭祀、花市、民间手工艺展销于一体的节庆民俗活动。2014年12月入选国家级非物质文化遗产代表作名录，保护单位为姑苏区文化馆。

吕仙诞日轧神仙

沈建东

每年农历四月十四日，为吕仙诞日，苏州民间有轧神仙的民俗活动。神仙庙正史上的称呼是福济观，原遗址在阊门下塘，神仙庙是民间称谓。"轧"字，在吴语中读作"嘎"音，是挤来挤去的意思，旧时写作朳，音轧，"吴人谓人众不得出而力附之曰朳，亦作轧。"今皆写作轧神仙。轧神仙起源于宋代，至今有八百多年历史。最初由吕祖传说衍化而成，以祈福求安康为主旨，庙会民俗传承悠久，绵延至今，具有时间不变、地点不变、活动主要内容传承不变的特点。反映了广大民众祈祷健康平安的心理，其民俗价值和社会价值显著。

农历四月十四日，为中国传统道教八仙之一吕洞宾诞日，相传吕仙此日会化身为乞丐、小商小贩混迹观中救度众生，因此苏州城乡民众此日皆聚集观中以祈遇仙救度，称轧神仙。有病之人皆到观中"天医院"求神方治病，四月十四日前后福济观前形成热闹庙市，米粉五色糕名神仙糕，帽铺制售垂须钹帽，名神仙帽，虎丘花农担卖花草，名神仙花草，还有神仙茶、神仙龟、神仙衣、神仙扇等，庙会所卖之物皆以神神名。市民此日剪万年青（苏州人称千年蒀）老叶弃掷大门口，

众神仙重游姑苏

任人踩踏，祝曰："恶运去，好运来。"再到庙会上买新叶植之，谓之交好运。民间有"吕洞宾三戏白牡丹"（白牡丹为当时名妓）的传说，苏州妓院以吕洞宾为其膜拜行业神，故此日城中妓院女子必至庙烧香。清沈朝初《忆江南》词云："苏州好，生日庆纯阳。玉洞神仙天上度，青楼脂粉庙中香。花市绕回廊。"即描绘此事此景。

20世纪90年代神仙庙移建到了南浩街，每年农历四月十四日前后，苏州人仍然争先恐后来此轧神仙，形成了三天左右的庙会。轧神仙以神仙庙为中心，参与群众遍及苏州并辐射到无锡、上海、杭嘉湖等地，是江南春夏之交的民俗节日盛典，被称为"苏州人的狂欢节"，具有浓厚的市民文化特征，成为融合道教、中医药、民间技艺、花市、民间小吃、民间表演等多个文化内涵为一体的庙会。民俗元素丰富，活动缤纷。道教有大型打吕祖醮法会；中医药界有隆重的祭祀活动；民间围绕神仙庙的轧神仙活动更是高潮迭起，热闹非凡，如民间歌舞娱神表演；花市庙周围云集；民间摊贩买卖赶趁，吆喝声此起彼伏，一时间商贸活跃，人头攒动，苏州城里及附近乡镇民众都来赶庙会。因此，轧神仙是以神仙庙为中心在阊门地区进行的综合性民俗庙会活动，延续近千年，堪称城市民俗文化的"活化石"。

2014年12月，"苏州轧神仙庙会"经国务院批准列入第四批国家级非物质文化遗产代表性项目名录。按照中国非遗申报四级体系，在这之前，轧神仙庙会已经成为区级、市级、省级非遗项目。详细分别如下。

一、传承悠久，记载丰富

苏州轧神仙民俗起源于宋代淳熙年间（1174—1194），至今已有800多年历史。神仙庙即福济观，据乾隆《吴县志》卷八十九记载："福济观在虹桥西，北宋

轧神仙哉！

淳熙间道士陆道坚建，初名岩天道院。道坚与省乾王大猷设云水斋，吕仙翁降授以神方，大猷子孙传以济世。元至正间，道士叶竹居奏赐今额。至正末兵毁，明正统间，道士郭宗衡重建。嘉靖间纯阳殿毁，万历三十四年，太仓士人金德隆与道士周以昂重建。本朝康熙六年穹窿山法师施道渊募修。"就是说从北宋淳熙年间，王大猷在吕仙生日之日，请福济观道士陆道坚作云水斋，得吕仙神方疗疾痊愈，以后，每年农历四月十四就有了到福济观为吕仙庆寿的习俗，并逐渐发展成了苏州特有的"轧神仙"庙会。又据清代徐崧、张大纯著《百城烟水》记载："福济观，俗称神仙庙，在皋桥东。宋为李王祠。胸山王省幹大猷来吴，淳熙某年四月十四日，从岩中道院陆道坚设云水斋，感异人授神方，以疗风疾，至今赖之。元至正辛亥，叶竹居重建，奏今额，后圮。明景泰间，郭卧云（名宗衡）重建，有玄帝殿、五祖七真堂、吕仙祠，内外像设毕具，邹亮、徐有贞作传记。……嘉靖间，周北山（名以昂）重建吕仙祠，陆粲记。……清康熙间，姚玉纬（名弘胜）重建……"此类记载告诉我们，福济观在宋代为李王祠，后来成为道教供奉吕洞宾等神仙为主的道院。且历代的道士大都粗通医药，为胸山王省幹大猷疗治的云水斋极有可能是传统中药制作的汤药，且疗风疾有神效，道士以吕仙为由头说是吕仙诞日授的神方，合乎中国民众对神仙的敬仰和向往，因此流传开来，演绎成故事传说，神仙庙里供奉的吕仙也为民众虔诚崇拜至今。

轧神仙庙会到清代尤为兴盛，苏州人顾禄于道光年间所著《清嘉录》对此有详细记载："十四日为吕仙诞。俗称神仙生日，食米粉五色糕，名神仙糕，帽铺制垂须钹帽以售，名神仙帽。医士或招乐部伶人集厅事，或牲以酬，或酌水献花，以庆仙诞。"又说，"仙诞日，官为致祭于福济观。观中修崇醮会，香客骈集。相传仙人化为褴褛乞丐，混迹观中而居，人之有奇疾者，至日烧香，往往获瘳，谓仙人怜其诚而救度也，谓之'轧神仙'。观中旧有迎仙阁，是日，众仙聚饮阁中。后建玉皇阁，吕仙恐朝参，遂不复至。蔡云《吴歈》云：洞庭飞尽到姑苏，笑逐游人倚酒垆，今日玉皇高阁下，犹闻醉后朗吟无。"清代，与顾禄时代相近的袁景澜《吴郡岁华纪丽》亦载："福济观在吴郡皋桥东，俗称神仙庙，中奉回仙吕祖像。四月十四日为吕仙诞日。陆道坚于是日设云水斋，感吕仙授神方，以疗胸山王省幹风疾，世遂相传仙诞日。仙人每化褴褛乞丐者，混迹观中，有患奇疾者，至日进香，每得获瘳，谓神仙怜其诚而济度也。以是士女骈集，游人杂闹，谓之扎神仙。羽流建醮于观中，虎阜花农竞担小盆花卉，五色鲜秾，置廊庑售卖，谓之神仙花。居人争剪千年蒀旧叶掷衢间，曰'恶运去，好运来'，或向庙中买新叶植之，曰'交好运。'盖运与蒀同音也。比户食五色粉，名神仙糕。市售垂须钹帽，名神仙帽。医士牲醴鼓乐，以庆仙诞。郡僚亦致祭观中，以循俗例，比终日喧阗乃罢。"轧神仙在民国仍兴盛不衰，李乔《中国行业神崇拜》引顾玉振在 1931 年西中市文新公司出版的《苏州风俗谈》中说："妓、医、药三行祭吕洞宾最狂热。"20 世纪六七十年代"文革"期间遭禁，80 年代初民间自发恢复活动，轧神仙曾经从阊门下塘移至中街路，后又因神仙庙在南浩街重建而移至今址。

吕洞宾，中国道教八仙之一，与七仙汉钟离、蓝采和、韩湘子、曹国舅、张果老、铁拐李和何仙姑组成八仙。吕仙为何人，据明代王圻《续文献通考》记载："吕仙，字洞宾，蒲州永乐县人，唐贞元十四年四月十四巳时生。生时，异香满室，天乐浮空，有白鹤飞入帐中，忽不见。举进士不第，遇钟离子得道。"清《清嘉录》引《史纂》有相似记载："神仙姓吕，名岩，字洞宾，曾祖延之，浙东节度使，祖渭礼部侍郎。父让，海州刺史。唐贞元十四年四月十四巳时生。举进士不第，遇正阳真人钟离子得道。"北宋施肩吾有《钟吕传道记》等。吕祖庙、吕祖阁在全国各地很多，而历史最悠久的吕祖仙师庙，是建于元朝时的山西芮城永乐宫的纯阳殿。吕洞宾死后，乡里人将其故居改为吕公祠。到了元代，道教极受元朝统治者宠信，祖师吕洞宾也身价陡增，于是升观为宫，从此成为四海闻名的道教圣地。苏州福济观建立于宋代应该是没有疑问的了，这个时期也是宋朝统治者重视道教的时期。

此外，关于八仙的故事历代还有许多通俗小说笔记的演绎记载，明万历的《四游记》当时出现的四种长篇神魔小说的合称，包括《东游记》《西游记》《南游记》《北游记》。明吴元泰撰《东游记上洞八仙传》，明杨尔曾撰《韩湘子全传》，

轧山塘添福气

明邓志谟撰《吕仙飞剑记》，清汪象旭撰《吕祖全传》，清无名氏撰《三戏白牡丹》以及清无垢道人撰《八仙得道》等，记载丰厚异常，在民间传播广泛，许多还被改编成其他的文艺表现形式如戏曲、曲艺、章回小说等。

二、道教法会，打吕祖醮

苏州的神仙庙，在道教的正式名为福济观，原位于阊门下塘，后被毁。20世纪80年代末，为重现苏州道教的传统节日，满足广大信众的信仰需求，经苏州市道教协会研究并报市政府批准，由江苏亚细亚集团鼎力相助，1998年移至石路南浩街 666 号重修。新修建的神仙庙粉墙黛瓦，占地 500 余平方米。庙宇共有三进，头进为正山门，东侧供奉慈航道人、西侧供奉财神；正殿为"吕祖殿"，供奉吕洞宾祖师。殿脊筑以鱼龙吻，南面书"风调雨顺"，北面书"国泰民安"。殿后二层楼为附房。神仙庙虽然规模不大，但建构雄伟，因观内供奉道教八仙之一吕纯阳祖师，所以又俗称"神仙庙"。轧神仙正日，苏州道教有盛大打吕祖醮的法事活动。

每年农历四月十四正日前一日，神仙庙道士一早就开始打醮前的准备，观内道士掸尘、打扫、准备法器、邀约散居各地的道士前来作法事，并清洗好施茶的陶制大茶缸、备齐茶叶、香烛、符贴等，吕祖塑像也清洁换袍，整个观内外焕然一新。

入夜，观内道士忙着搭建法事台，通常用 5 到 7 只八仙桌南北方向平行排成一线，铺以黄色桌布。桌面近北端处，上摆半桌一只，复盖黄布，半桌上再加设方凳两只，盖黄布，形成三层，高一丈有余。方凳上按放五个神位"龙牌"，龙牌高 2 尺，桌子周边设方凳 16 或 18 只，桌子迎门处，悬挂绣花吉祥图案彩帘，同时于周边空间，布置堂彩，五彩旗幡。法事所用法具有铜铃、磬、鼓、钟、钵、香炉、烛台、火夹、经书、符贴、法剑等，以及各种乐器，道士一一搬入现场，以便正日清晨布置使用。法台整个布置整洁而肃穆，富丽而庄严。

然后道士们搭建"仙人桥"，即用木板铺设桥面，两侧各设九级桥阶，高约 7 尺，桥联为："国泰民安、风调雨顺"。桥上有"过仙桥，交好运"绣制旗幡一面，桥身用铁钉、爬钉加固，两侧有栏杆扶手，以安全为重。忙碌完毕，是夜，众道士沐浴净身，准备迎接明日打醮大典。

神仙庙规模盛大的打醮从四月十四日上午八时开始，地点在观内大殿或露天广场。法会由资深的道长担任法会高功法师，参与的道士有 16 到 24 名。道士皆道袍、道冠穿戴整齐，打醮乐器各自准备停当，法坛除供奉五块"龙牌"外，居中供吕洞宾木雕塑像。仪式开始，道士们焚香秉烛，奏乐诵经，像演剧一样一折一折地进行。法师在通神召将时，左手执净水瓶（铜质），右手仗剑，脚踏红毡毯，步罡踏斗后，喝一口水久含不吐，口中念念有词，约五分钟后，忽一

迎世博轧神仙庙会

仰脖子，将口中净水喷出，法坛前顿时烟雾弥漫，扑朔迷离，此为老道一大绝活。下午三点左右，开始耍飞钹，此时一道士取直径一尺一副飞钹，首先击打，两相互击，声音宏亮。而后一只抛向高空，坠落下来却落在另一只飞钹中，边缘部分飞旋不已。耍飞钹者，变换各种姿态，前顶后接，金属声交织其间，技艺高者，可同时使出飞钹七八片之多。在打醮时候还有道教音乐伴奏，又称"细乐"，乐器有箜篌、古筝、笛、箫、唢呐、笙、板胡、琵琶、三弦、木鱼、磬、铜铃铛，曲牌众多，有《迎仙曲》《天女散花》……乐声优雅古朴，飞钹技艺高超、观者听众争先恐后，好评如潮。而打击乐，则以大锣、大鼓、小铜锣，铜铃铛、大、小、中铣钵、板鼓等多种乐器演奏，曲目以《十番锣鼓》《将军令》为主，由于音节铿锵，气氛热烈，常将打醮活动推向高潮。一时间乐声悠扬，香气弥漫，参与信众皆双手合十，不发一声。

神仙庙打吕祖醮所用音乐属于苏州道教音乐，苏州道教音乐包括器乐和声乐两大部分。器乐主要有笛曲、鼓段和由两者连缀而成的套曲，演奏方式有"坐奏""行乐"等。声乐为道教的经韵，有旋律的为"韵腔"，包括"赞""颂""偈""诰""咒""符"等诸种形式。苏州道教音乐历史悠久，具有很高的历史价值。它结构完整、对比强烈、表现力丰富，具有高度的艺术价值，对社会生活和民间音乐产生了广泛影响。2006 年玄妙观道教音乐第一批进入国家级非物质文化遗产名录。

三、吴门医祖，传说丰厚

苏州吴门中医药行业一直将吕洞宾视为其祖师，据清顾禄《清嘉录》记载，每到农历四月十四日，"医士或招乐部伶人集厅事，击牲以酬，或酌水献花，以庆仙诞"。也就是说，每到四月十四日吕祖诞日，苏州中医、中药界，必要到神仙庙来祭拜，或请了艺人来演戏奏乐酬神，也曾将娄门内仓街打铁弄的普济院内作过活动场所。祭祀时，祖师爷画像悬挂在厅堂居中，还供以寿桃、寿面、应时果品等，众医士焚香点烛，仪式则由医界德高望重的长者主持祭拜。参拜后，众人于堂上各吃大肉面一碗，以此贺吕祖寿诞，此风俗直至 20 世纪 50 年代尚存。

吴门中医药行业具有历史悠久、医家林立、医著丰富、传承经久、思想开放、注重实效的文化特色。苏州又是温病学派的发源地，吴门医家以儒医、御医、世医居多，有较深的文字功底和编撰能力，善于著述、总结前人经验及个人行医心得。清初叶天士《温热论》的问世，更确立了以苏州为中心的温病学派的学术地位，从而形成了"吴中多名医，吴医多著述，温病学说倡自吴医"的三大特点。因此世论有"吴中医学甲天下"的说法。又由于吕仙善于炼丹，时常济世救人，被认为有神医的气质，因而吴门医药行业皆奉之为行业神也就顺理成章了。

而吕祖可说是道教中传奇最多、影响最广泛的神仙人物了，宋代洪迈《夷坚志》收录了近三十条。其他诸如救人济世，拔剑助弱，斩妖除魔，点化迷途等，举不胜数，《吕祖志》中还说，其师正阳真人钟离权将升天，吕祖曰："岩之志异于先生，须度尽天下众生方上升未晚也。"从此，历史上关于吕祖现身度化、济困助人的传说络绎不绝。

苏州民间也有许多吕祖度人点化的故事。详细如下：

故事之一：吕纯阳卖汤团

传说某年农历四月十四吕纯阳自家生日，苏州市民都去轧神仙，吕纯阳不慌不忙到苏州阊门下塘街彩虹桥上有心想点化度人，俚（吴方言：他）变成一个佬佬（吴方言：老者）在彩虹桥上卖汤团，口里喊："三个铜钿买一只小汤团，一个铜钿买三只大汤团。"轧神仙的香客都要买又贱又（格）大汤团，啥人肯买小格呀？佬佬问买主："买拨啥人吃格？"问来问去只有爷娘（爷音 ye，即父亲）买拨伲子囡囝（吴方言：儿子女儿）吃，呒没（吴方言：没有）伲子囡囝买拨爷娘吃格。卖到天黑，大汤团全卖光哉，小汤团呒没人买，俚气伤心哉，就把小汤团全部往河里倒下去，河边一棵柳树看见哉，伸出枝条把小汤团接住，吞进肚里变成仙人。原来这小汤团是吕祖炼的金丹，里面有人的精气，所以杨柳树吃仔也能成仙。

（选自《苏州民间故事》，中国民间文艺出版社 1989 年 7 月，第 241 页）

故事之二：拾菱壳

记勿得是神仙庙里哪一代（格）祖师爷了，有一天俚到外面做法事转来，在山门口看见一个叫花子困勒（吴方言：睡在）地上，身边放着一堆水红菱，一面吃，一面招呼老法师："老人家转来哉！"老法师应了一声，毫不介意地刚要往里走，叫花子伸出一只龌里龌龊的手，拿仔一只鲜红白嫩的水红菱向老法师说："吃一只水红菱吧？"老法师嫌弃地说："勿吃，勿吃！"便走进去哉。

走到里面俚忽然灵机一动，勿对，勿对！刚到四月里，哪能会有水红菱呢？连忙跑出去一看，叫花子勿见哉，只见地上留下几个菱壳，老法师叹了一口气，又走进去哉。

走到大殿门口，俚又是灵机一动，"假使真是仙人，拾到几个菱壳也好啊。"俚急忙别转身，到山门去寻，哪晓得连菱壳也勿见哉！

（选自《苏州民间故事》，中国民间文艺出版社1989年7月，第241页）

故事之三：风流神仙吕纯阳

八仙当中有个吕纯阳，又叫吕洞宾。他精通医道，善弄百药，有起死回生的本事。有一次，他在赴王母娘娘蟠桃会的路上调笑何仙姑。何仙姑一状告到玉皇大帝那里，玉帝降旨，罚吕纯阳下凡三载，普救众生，将功赎罪。

吕纯阳来到凡界，落尘在苏州城外阊门桥堍，一身云游道人的装束。那时正是春二三月，风和日丽，吕纯阳边走边赏春景，见迎面走来一个女子，长得十分标致，就笑眯眯上前搭讪道："请问小娘子芳名？从何而来，往何处去？"这女子吃了一惊，忙用衣袖遮面，偷偷望了一下，见对方是个出家道人，也就羞答答地答道："奴家苏娇娇，去寺院进香。"吕纯阳又道："你我结伴同行可好？"苏娇娇见他是个风流道人，就轻声对他说道："你若依我一事，便可同行。"吕纯阳问："不知何事？"苏娇娇道："先烦劳为奴算一命如何？"吕纯阳想这有何难，便问："请教小娘子年庚生辰？"苏娇娇叹口气道："先生，你听好：奴本农家女，支塘村边生，院中无亲朋，奴命好凄怜。年方一十八，何年有好运？"吕纯阳听了，细辩话中之意：支塘村边生女，是妓女呀，顿时生了恻隐之心。一路上，苏娇娇便把自己的身世一五一十告诉了吕纯阳。走了一程，吕纯阳指着神仙庙的方向说："来年四月十四，就是你吉祥如意之时。"说罢飘然而去。

一年过去，转眼又到了春暖花开的季节。有一日，苏娇娇的妓院里突然来了一顶八抬大轿，说是要接苏娇娇，再一细问，原来是苏娇娇的远房表哥金榜题名后，到处打听表妹的下落，恰好来苏州视察民情，打听到了苏娇娇的下落，将她救出火坑。

兄妹见面，悲喜交集，苏娇娇问表哥怎么会知道小妹的下落？表兄说是去年得了一梦，梦中一位道长相告。苏娇娇一算日期，今日恰好是四月十四，忙和表兄一起到神仙庙去烧香还愿。

这件事在妓女中间一下子传开了。于是每年四月十四，苏州老阊门里"轧神仙"日脚（吴方言：日子），妓女也都来给吕祖烧香，盼望有一天自己能时来运转。

（选自《苏州民间故事》，中国民间文艺出版社1989年7月，第243页）

故事之四：陆稿荐的传说

苏州临顿路上有一爿熟肉店，本是夫妻老婆店，小的一眼眼，老板姓陆。这爿店里平日冷冷清清，没啥生意，夫妻俩穷得饭也吃不上。有一年的四月十四，陆老板清早起来打开店门，看到一个老叫花子躺在一条草稿荐上，看样子快要饿死了。陆老板看他十分可怜，便把老叫花子扶到灶间去，让他躺在灶门口，老板娘看见丈夫一早就把一个老叫花子接进门，嘴里唠唠叨叨地说："屋里柴也没有，生意也做不成，还要请位老神仙进门，叫我拿什么上供？"一边说，一边盛碗热菜汤给老叫花子吃。老叫花子也不客气，吃了菜汤站起身来，就走出门去了。

过了一会，陆老板出门去买柴，走过一家药材店，看见门外晒了不少药材，一阵阵香气扑鼻，他走上去打听："这晒的是啥物事？"店伙回答说："香料！"他灵机一动，走进药材店，把身上带的铜钿一塌瓜子全买了香料，一根柴也没买，便回转来。

老板娘正在灶下等柴烧肉，老板转来却把一包香料倒进锅里，没有柴烧怎么办呢？只好把屋里的破台子、三脚凳劈了当柴烧。可是烧了半日，火还是引不起来。陆老板忽然看见壁旮旯里丢了一条破稿荐，顺手用火钳钳起来，丢进灶膛里。

火引着后，不多久这锅肉香味出来了，满屋香是香得来，连街上过路人也闻到了香味，都停下来东张西望。一时引来不少人，大家都挤在店门口，十分闹猛。平日和老板熟识的老乡邻，便问他："今朝你烧的肉为啥这样香？"陆老板笑了一笑，话还没讲出口，那老板娘因为劳累半日，闻到肉香也蛮开心，举起手里的火钳，指着上面未烧完的半缕破稿荐，半开玩笑地向乡邻们讲："借着神火哉！"

这一讲，陆老板倒也想起来，接上去讲："对！对！就是烧了这条破稿荐的缘故。"还把碰到那个老叫花子，是他留下那条破稿荐的事，说了一遍。于是大家七嘴八舌，议论开了。有人计算一下说，今朝正好是四月十四"轧神仙"的日脚，这老叫花子莫不是吕纯阳的化身？也有人不相信，争得面红头颈粗也辨不清楚。人群中有个穷书生，听见大家争来争去，一场无结果，肉店里的香气，倒馋得他肠胃里的酸水也要倒出来了！他问："睡在你店门前的叫花子，啥个样子可记得？"陆老板想了想，讲："啊哟，这倒不曾留心，只记得这个叫花子，一直拿两只破钵头，口对口放在头下当枕头。""口对口？不是个'吕'字么？老叫花子穿的怎样？""衣裳破得要命，腰里扎一条破草绳。""破草绳？绳，绳！不错，不错！脚底下着啥个鞋子？""一双破鞋子，破是破得来，后跟全烊脱""烊？阳！"书生一想，真是无巧不成书，三个字连起来，恰好是：吕纯阳！

大家一看穷书生望着肉锅两眼发直，样子怪吓人，问他在想啥？书生神气活现地讲："神仙来过了，吕纯阳！就是吕洞宾，肉店里得了仙气，哪能会不发出异香？"大家听说吕纯阳来了，都想尝尝仙味，一锅肉一抢而光。不过，这锅肉放过香料，味道倒的确蛮好。从此，这爿熟肉店的生意一天天好起来，陆老板赚了不少铜钿，就在观前街开了一爿大酱肉店，挂起金字招牌，就叫"陆稿荐"。后来，陆稿荐出了名，到处都有陆稿荐了。

（选自《苏州民间故事》，中国民间文艺出版社1989年7月，第287页）

故事之五：虹桥遇仙

这一日，虹桥面上困仔一个叫花子，身底下铺格稻柴，头底下枕仔一对钵头，人家看见仔笑俚是痴子。

一位秀才走过桥面，看见仔很稀奇，俚想：今朝齐巧是四月十四"轧神仙"日脚，这个叫花子枕格钵头口对口，勿要是吕纯阳变格？便过去讲："喂！吕师父，阿晓得我啥个前程？"叫花子一翻身坐起来，对准仔秀才说："我蛮好困一歇，倷格末代状元偏要吵醒我。"说完人就不见哉！这个秀才后来果然中了状元，他就是清朝的苏州末代状元陆润庠。

当时，跟在秀才后面走的是杜三珍肉店的老板，听见秀才讲叫花子是吕纯阳，就连忙把俚困过的稻柴一抱，转去烧酱汁肉哉，所以苏州杜三珍的酱汁肉特别出名。

走在杜老板后面的是沐泰山药店的老板，俚连忙把口对口的钵头拎转去，拿来泡药，所以后来苏州沐泰山的痧药顶顶灵，是得了"仙气"的缘故。

（孙骏毅采录整理）

故事之六：吕祖与唐伯虎

"轧神仙"是苏州特有的敬神节日，"轧"念"gá"，意思是"挤"或"结交"。因地域不同，各地敬的神仙也不同，就像福建人敬"妈祖"、珠三角人敬"关公"……苏州人敬的是八仙之一吕洞宾。这传承了上千年的习俗，是有典故由来的。

传说，吕洞宾得道成仙后，特别关爱劳苦大众。苏州的皋桥巷中，有一家剃头店，店家乐善好施，穷人来剃头从不收钱，因此得罪了有钱人，他们不去该店剃头，只落得富人不登门，穷人不付钱，该店生意每况愈下，入不敷出。吕洞宾知情后，就想帮助该店走出困境。

这日店内来了一位童颜鹤发的老者，店家忙让座，老者见店堂内挂着剃头祖师画像，二话不说，让店家笔墨侍候。因穷困潦倒店家翻了半天，才翻出一支脱毛"破笔"。只见老者拿起"破笔"饱蘸墨汁，刷刷刷几下就给画像加上了"胡须"，店家想拦已来不及了，老者画完扬长而去。店家见祖师爷长了胡须，哭笑不得，看着看着，他傻了眼，只见画上的胡须随风飘舞。这奇事，不胫而走。传到了唐伯虎的耳中，聪敏绝伦的他，猜测内中定有蹊跷，立马来到剃头店探个虚实。果真见画像中胡须飘舞，又听了店家讲述的事情经过，忙问笔的下落，店家指着簸箕道："一支破笔，给我扔了。"唐伯虎捡起"破笔"，如获至宝，用重金买下。因画中飘动的胡须，从此剃头店顾客盈门，生意兴隆；而唐伯虎则将"破笔"拆散，做成几十支笔，每支中夹一根"破笔"之毛，后被唐伯虎称为"神笔"，他也因用其画画而名扬天下。

后来人们传说，来的老者是神仙吕洞宾，因此苏州人对他特别虔敬，称其为"吕祖"，以其的诞生日——农历四月十四日作为祭拜吕祖的日子，一连三天，万人空巷，人们聚集在吕祖显身之地皋桥巷，都想碰碰运气，能否"轧"到神仙，虽然无人"轧"到，但苏州此后，年年风调雨顺百姓安居乐业。

（孙骏毅采录整理。《苏州民间故事》，中国民间文艺出版社1989年7月，第177页也有类似故事）

总而括之，民间流传的吕洞宾传说有三个比较显著特点，一是儒、道、佛三教交融。吕洞宾一生修习方术，得道成仙，这是道教出世思想。他成仙之后则要"度尽天下众生"，又体现了儒家"兼济天下"的入世思想。而吕仙长生于人世、乐于施舍的所作所为，又是佛教思想的反映。因而民间故事都是吕仙济人危难、点化懵懂之人的主题。民间传说里可以发现，三教文化融合的痕迹是不断增加世俗化内容的手法完成的，使得吕洞宾这位仙人既有济世救人的手段又更富有人情味，赢得了苏州百姓喜爱，因此，苏州关于吕洞宾的传说故事充分反映了中国传统文化关于生死的生命观和善恶有报的世界观。

四、有天医院，神仙花市

吕洞宾身背药葫芦，被民间看作是"仙医"的代表。旧时神仙庙内原有仙方店，实际上是一个观内设的中草药铺。来神仙庙烧香求神的大多是有病而没钱医治的穷人，只得来求神仙帮忙，或是患有顽疾的人，俗世医药久治无效，转而来求神仙。到了神仙庙内，只要花七个铜钿买副香烛，祭祀叩拜后，就能求签问病了。签筒五个，分男、妇、幼、眼、外五科，共有101支签子，其中只有一根"罚油签"，表示心不诚，抽到的人要主动交罚款，罚款能交多少就是多少，表示心诚而已。其他每根签子上均有数码，每个数码对应一副仙方。求签后到仙方店配药，价格低廉，一副草头方最多也只有二百多文钱，相当于现在二毛多，且还可欠账。这些方剂，

神仙花市

男科无非是补肾养肝、止咳化痰、顺气开胃；妇科无非是调经活血；幼科无非是化惊风、消热积、止泄泻；外科无非是消炎、化肿；眼科无非是明目清火之类。去的患眼疾者众多，一般除给予丸散成药外，还配发洗眼草药滴液，皆不收费。这些药，适应性广，有病治病无病防病，加之仙方的心理暗示作用，往往颇能奏效。于是信众口碑相传，神仙庙看病领仙方的信众更是轧得水泄不通。

病患曾求医于吕仙而获康复者，四月十四这天心诚的信众备三牲祭礼、香烛还愿。有的还请了堂名到庙里唱戏给神仙听，娱神还愿来酬谢吕仙显灵。身染疾病准备前去"求仙"者，除备香烛、净身外，隔夜早睡，以便是日赶早烧头香。所以到了四月十四这一天，各地善男信女赶来烧香，四乡涌来的船只，常常将苏州窄窄的河道塞得满满的。有许多香客四月十三夜就来，挤在神仙庙内外，守候天明，准备十四日一早抢烧头香。由于民间盛传着吕纯阳这天要化成凡人来点化众人，所以即使不到神仙庙去烧香还愿、拜神祈福的人，也会到庙会上来"轧一轧"，希望轧到神仙，沾到仙气，给自己带来好运，特别是城乡青年男女，穿上靓丽服饰，相约于神仙庙去轧神仙，希望给自己轧到美好未来。

苏州明清以来商会等民间组织发达，轧神仙庙会的民间活动，有民间管理机构"会首组织"来组织完成，成员以当地殷实富户、名流商贾、地方官员为主，轮流作东。主要成员在正日前几日聚会议事，商量的无非是轧神仙活动期间的防火、防止意外事故，并进行人员分工：主事、执事、安全各负其责。对各种捐赠，管理从严，由三人负责监理，登记明白。

苏州人自古爱花草并赋予花草许多吉祥的寓意。如千年蒀，便有千年好运之意。"仙诞前夕，居人芟剪千年蒀旧叶，弃掷门首。祝曰：'恶运去，好运来。'或又于庙中另买新叶植之，谓之'交好运'。"这种习俗还蕴含着人们这样一种企求，即希望掷在门首的花草，能让吕洞宾走过时踩踏到，这样就能给人带来好运，沾上仙气，能消灾降福，家道兴隆。而"买新叶"则使轧神仙成了苏州每年一度的花会、花市。因为这一天买的花草叫做神仙花、神仙草，人们都想带一两盆沾有神仙仙气的花草回家，所以买花买草就成了人们轧神仙时的一项重要活动。清袁景澜《吴郡岁华纪丽》中有记载："虎阜花农竞担小盆花卉，五色鲜秾，置廊庑售卖，谓之神仙花。"清代苏州诗人沈朝初有《忆江南》词，云："苏州好，生日庆纯阳。玉洞神仙天上度，青楼脂粉庙中香。花市绕回廊。"可见花市买卖兴旺。

且轧神仙的季节，正好是春夏之交，宜于栽植，所以此俗至今犹存。庙会的举办也为供需双方提供了交易市场，售卖各类花卉、树木的摊点在神仙庙周围满街皆是。仙人球、吊兰、如意草、绣球花、茉莉花、月季、兰花等成为最抢手的花卉，而桂花树、枇杷树、黄杨树苗也都被誉为"神仙树"，也有市民买来种在庭院中。神仙花市成了轧神仙庙会不可或缺的重要组成之一。

五、文艺表演，手艺庙会

苏州自唐宋以来商业贸易繁华，手工业发达，市民生活需求旺盛，小贩商家绝

神仙海棠糕

神仙蝈蝈

不会放过轧神仙这样的商机，因此轧神仙这一天，苏州城乡，乃至外地的小贩商家纷纷到神仙庙周边摆摊设店，售卖自家制作的手工艺商品，使轧神仙成了一个民间手艺展示的集市。这一天售卖的商品，除了花草之外，主要还有各种玩具、民间手工艺品，如神仙老爷、皮老虎、大阿福等泥捏的玩具，废铁皮做的三眼灶、黄包车、小水吊，用破布、竹木、玻璃做的万花筒、吹叫叫、飞飞转、摇糖鼓等，引得孩子看着不肯走。此外还有各式小吃如馄饨、泡泡馄饨、桂花小圆子、豆腐花以及线粉血汤之类，吃的糕叫"神仙糕"，连喝的茶也叫"神仙茶"。神仙庙周围本来风味小吃，苏州点心店、糕团店星罗棋布，为适应"轧神仙"市场需要，业主们用智慧和技巧制作出多种美名的"神仙糕""神仙糖芋艿""神仙汤圆""净素油豆腐汤"……名目繁多，制作精细。又如海棠糕、神仙糕上都插上一面黄纸旗子，讲究的还有吕仙画像，每一食品都寓意着人们美好的心愿，"遇仙人"消灾降福。饮食文化又为庙会增添了新的内容和勃勃生机。

庙市上还有孩子们最喜欢的金鱼、绿毛乌龟等小动物，因名之神仙金鱼、神仙乌龟而吸引人购买。庙会的重复举行也促进了民间艺人和商家的积极性，故每年都有手艺新品出现，而来"轧神仙"者，也有不得空手而归的风俗。故而大家轧来轧去，喜笑颜开，手里也拎满神仙花草和手艺商品，孩子们有买皮老虎、神仙金鱼、神仙乌龟和各式玩具。近年来，轧神仙庙会上还增加了诸多中草药保健品宣传售卖和扇子、竹席、夏衣等夏季用品。

轧神仙在大众文化娱乐生活十分贫乏的过去，成了苏州城乡民众盛大的狂欢节日，也成了手艺人一显身手的难得机会。因此庙会上有许多难得一见的民间手艺和文艺表演。如拉洋片、吹糖人、唱小热昏，有荡湖船、蚌壳舞、高跷、抬阁、舞龙等表演，庙会期间，锣鼓喧天，乐声四起，万民同乐。载歌载舞的民俗文艺表演也为轧神仙注入了更多的娱神娱人的民间文化元素。每个苏州人都知道，每年农历四月十四"轧神仙"是最具苏州传统民俗特色的庙会。

如今，每年神仙庙会"轧在南浩街，购在新石路，吃在老街坊，游在古山塘"成为苏州市民老幼皆知的口号。民俗特色商品展销、民俗手工艺绝活展示、大型文艺晚会、时尚女性服饰展、各地风味小吃展、山塘百花节、山塘河花船巡游、八仙巡游等丰富多彩的演艺活动让市民乐在其中，特别是近来轧神仙的高潮往往在四月十四日夜间，人们下班后扶老携幼争先恐后到庙会轧神仙，形成拥挤的人流，但人人喜气洋洋，被挤到被踩到都没关系，俗信说不定就是吕仙来度人，因此有轧来轧去越轧越仙、人人即仙的说法。

总之，苏州轧神仙是中国古老的道教文化在民间演绎的一种表现形式。历经改朝换代、风雨变幻，却始终存续久远，保持着江南民间的文化原生态。因此庙会是研究苏州乃至江南地区社会状态、民间生活和手工技艺、商业发展状况的鲜活素材。同时，也是研究江南道教不可多得的重要资料。轧神仙庙会比较集中地体现中华民族乐天自信、天人合一的优秀传统文化，具有重要的历史和人文科学价值。

苏州端午习俗　以纪念伍子胥为主要内容流传至今的端午节传统节庆活动。主要内容有赛龙舟、舞龙灯、包粽子、挂菖蒲、祛五毒、吃"五黄"等。2009年9月经"打包"申报入选联合国教科文组织人类非物质文化遗产代表作名录，现保护单位为姑苏区文化馆。

节分端午自谁言

沈建东

　　中国传统节日体系里，与古老图腾、历史人物、祛病驱邪综合文化元素融合最多的是端午节。晋人周处《风土记》云："端者始也，正也。"端午即正午，与太阳在天空中的位置密切相关。古人认为，端午此日太阳的位置在天空的正当中，所以端午又称中天节、端阳节。

　　古人对端午的认识十分久远，早在《易经》中有"姤卦"即五条阳爻底下伏着一条阴爻，表明端午时分阴象已经在潜伏滋长。在古代阴阳术数家看来"五"位十个数字的中间，有盛极而衰的意味。最晚在战国，已经把五月视为"恶月"，五日视为"恶日"了。东汉崔寔《四民月令》云："五月，芒种节后，阳气始亏，阴慝将萌。（慝，恶也；阴主杀，故谓之慝。夏至姤卦用事，阴起于初，湿气升而灵虫生矣），煗气始盛，虫、蠹并兴。"阳气到了极盛就会物极必反，阴气开始萌动产生，所以相传五月五日五毒并出。又据《吕氏春秋》中《仲夏纪》规定，人们在五月要禁欲、斋戒。当时的人们相信"五月盖屋，令人头秃""五月到官，至死不迁"，《大戴礼》还记载了"五月五日畜兰为沐浴"的说法，以浴驱邪。而古代还认为两五相重，重

端午驱五毒

五为不祥，是死亡之日，且传说颇多，据《史记·孟尝君列传》记载，历史上有名的孟尝君五月五日出生，其父让其母不要生下这个孩子，他认为"五月子者，长于户齐，将不利其父母"。俗说有"五月五日生子，男害父，女害母"。东汉王充《论衡》："讳举正月、五月子；以正月、五月子杀父与母，不得举也。"……故而《四民月令》云："是月也，阴阳争，血气散，先后日至各五日，寝别外内。阴气入，藏腹中塞，不能化腻，先后日至各十日，薄滋味，毋多食肥浓。"南北朝梁宗懔《荆楚岁时记》载："五月俗称恶月，多禁，忌曝床荐席及盖屋。"清潘荣陛《帝京岁时纪略》亦载："京俗，五月不迁居，不糊窗槅，名曰恶五月。"清顾禄《清嘉录》亦载："是月，俗又称为毒月，百事多禁忌。"农历五月为毒月传承了千年以上。

且农历五月江南特有的梅雨天气到来，中国历书上向有梅雨起始、终日的记载，梅雨开始日称为"入梅"，结束日称为"出梅"。芒种后逢第一个壬日入梅，夏至后逢庚日出梅。再至小暑日出梅。芒种是中国传统二十四节气之一，一般大约在公历 6 月 6 日左右，古人以天干的甲乙丙丁戊己庚辛壬癸十个依次记日期，十天为一旬，所以芒种遇壬日入梅，即是芒种节气后遇到的第一个壬日就算入梅了，吴中农谚有"芒种一日遇壬，则高一尺；至第十日遇壬，则高一丈"的说法，入梅越晚则霉得越厉害。出梅在夏至后逢庚日出梅，夏至一般在公历的 6 月 22 日，与芒种间隔大约十六天，而到小暑（一般在公历 7 月 6 日）就是出梅的日子，苏州农谚还有"小暑一声雷，依旧倒黄梅"的说法。这段时间气候湿热，百虫兴盛，疫病易起，民间特别重视端午日前后祛病安康问题，因此，明崇祯《嘉兴县志》曰："家悬神符，禁问疾吊丧诸不祥事，僧道诵经，五月作消灾令。"

关于端午的起源，众说纷纭，比较倾向的说法是起源于古代吴越民族祭祀龙图腾的祀神仪式及夏至节气祛湿防疫，并和古人仲夏临风乘水，去污涤垢，祓除不祥及防病避疫及采药习俗等相关联，以及伍子胥此日被赐死、屈原此日投江、曹娥此日救父等历史故事都与水有关，而逐渐演变成丰富多样的端午节日习俗。而苏州一带百姓俗信端午龙舟是为了纪念有功于苏州的伍子胥。

一、历史溯源　人物传奇

关于端午的起源，历来众说纷纭，有起源吴越民族龙图腾祭说、消毒避疫说、伍子胥说、屈原说、曹娥说、恶日说等。下面择要简述之。

1. 吴越民族图腾祭祀

中国现代伟大的爱国主义者，新月派代表诗人和学者、文学家闻一多先生对端午节的起源考证颇为翔实，在他的《端午考》一文中旁征博引，详细论证，提出端午节是吴越民族举行图腾崇拜的节日，是"龙的节日"。闻一多认为："端午节本是吴越民族举行图腾祭祀的节日，而赛龙舟则是祭仪中半宗教、半娱乐性节目。"先生又论证道，"作为民间节日的端午，其起源应为春秋时期的越吴之地，后溯江而上延至荆楚流域，再北上至中原。春秋时期，越吴之地刚行开发，人们敬畏鱼虫水兽，断发文身，舟造龙形，并向水中掷以虫食，祈福消灾。始于人们为生存而与水患水怪的抗争。"1943 年端午节时，闻一多在昆明《生活导报》上发表《端节的历史教育》一文，指出端午的起源是吴越民族对龙的崇拜，远在屈原以前就已经存在了。他说，把端午与屈原联系起来，虽然是个"谎"，但哪有比屈原的死更有纪念意义？所以他非常认同把端午与屈原这位正直不阿、追求理想、反抗昏庸君权、奸佞当道现实的诗人联系起来，认为，"把端午与屈原联系起来，这实在是一个天才的伟大创意。""是谁首先撒的'谎'，说端午起于纪念屈原？我真佩服他那无上的智慧！"他认为，五月初五是古代吴越地区"龙"的部落举行图腾祭祖的日子。其主要理由是：端午节两个最主要的活动吃粽子和竞渡，都与龙相关。粽子投入水里常被蛟龙所窃，而竞渡则用的是龙舟。竞渡与古代吴越地方多水有关系，况且远古时代吴越百姓还有断发文身"以像龙子"的习俗。

闻一多先生认为古代五月初五日有用"五彩丝系臂"的民间风俗，这应当是"像龙子"的文身习俗的遗迹。据南北朝时期南梁宗懔《荆楚岁时记》记载："夏至节日，食粽。《风俗通》，獬豸食楝，蛟龙畏楝。民斩新竹笋为筒粽，楝叶插头，五彩缕投江，以为辟水厄。"又云："按周处谓为角黍。屈原以夏至赴湘流，百姓竞以食祭之，常苦为蛟龙所窃，以五色丝合楝叶缚之，又以为獬豸食楝，将以言其志。"这些古人的记载也佐证了闻一多的考证。

关于龙图腾的来源，闻一多在他的《伏羲考》中是这样论证的："它是一种图腾（Totem），并且是只存在于图腾中而不存在于生物界中的一种虚拟的生物，因为它是由许多不同的图腾糅合成的一种综合体。""龙图腾，它的局部像马也好，像狗也好，或像鱼、像鸟、像鹿都好，它的主干部分和基本形态却是蛇。这表明在当初那众图腾单体林立的时代，内中以蛇图腾最为强大，众图腾的合并与融合，便是这蛇图腾兼并与同化了许多弱小单体的结果。"所以或者可以这样说，端午大约起源于远古的龙图腾祭，后来加入了纪念伍子胥、纪念屈原、曹娥等历史人物，较为恰当。

2. 消毒避疫说

最早见于 20 世纪早期民俗学家江绍原先生《江绍原民俗学论文集》，他认为在魏晋时期把竞渡归于屈原之前，就有将污秽灾乱集中起来，由纸船送往远处，因而端午是"用一种法术处理公共卫生事业"。他的观点得到了民俗学家钟敬文、乌丙安的认可。钟敬文在《民俗学概论》中认为："究其根源，端午的始祖之意当是驱瘟、除邪，止恶气，汉代还是如此。"因为端午是毒月，是消毒避疫的日子，所以据《礼记》载，端午源于周代的蓄兰沐浴。《夏小正》中记："此日蓄药，以蠲除毒气。"南朝梁宗懔《荆楚岁时记》："五月五日，谓之浴兰节。"明谢肇淛《五杂俎》记明代人因为"兰汤不可得，则以午时取五色草拂而浴之"。江南一带端午日多用柏叶、大风根、艾叶、菖蒲、桃叶等煮成药水洗浴，不论男女老幼皆用之，此习俗至今一些乡村尚存，据说可去邪气，使人夏天不生痱子和疔疮。

3. 伍子胥说

端午节与伍子胥关系密切。伍子胥（？—前484），春秋末期吴国大夫，名员，字子胥，春秋时楚国人。楚人的伍子胥在早于屈原两百多年的时候，在父兄被楚王戮杀的情况下，选择逃跑与复仇，进而改写了吴国的历史发展进程。他为报父兄被楚平王杀戮之仇，逃到吴国，遇到阖闾，出计谋派专诸刺王僚夺得王位，振军强国，成为一代霸主，并谋划建造阖闾大城。伍子胥"相土尝水，象天法地，造筑大城"的故事在吴地人心中代代相传。据记载，伍子胥"相土尝水"的时候首先找到了太湖，并开凿了一条胥江。夫差当政后，不听子胥之言，放回了越国国王勾践，后来还赐死伍子胥，伍子胥愤王不用己言，临终而言道："高置吾头，必见越人入吴也，我王亲为擒哉！捐我深江，则亦已矣。"伍子胥死后，王使人捐于大江口。勇士执之，乃有遗响，发愤驰腾，气若奔马。威凌万物，归神大海。伍子胥在五月五日自尽后，被夫差吩咐"盛以鸱夷，以投之于江"。苏州民间相传，装子胥尸体的皮口袋随着江流飘到了太湖边即今天胥口镇附近的桥边，百姓感念子胥的功德，埋葬了他，尸体所停留的桥，称胥定桥，还在水边立了胥王庙，年年岁岁祭祀不断，香火旺盛。清徐崧、张大纯《百城烟水》记载："胥王庙，在胥口。明正德间重建，有莫旦碑记。"北魏郦道元《水经注》的记载更具有神话色彩："《吴越春秋》以为子胥、文种之神也。昔子胥死于吴，而浮尸于江。吴人怜之，立祠于江上，名曰胥山。

伍相祠

《吴录》云：胥山在太湖边，去江不百里，故曰江上。文种诚于越，而伏剑于山阴，越人哀之，葬于重山。文种既葬一年，子胥从海上负种俱去，游夫江海。故潮水之前扬波者，伍子胥，后重水者，大夫种。"因此《集说诠真》说得明白："《事文类聚》曰'吴相子胥为涛之神，号曰灵胥。'"《事物纪原》也说："大中祥符五年，诏杭州吴山庙神宜特封英烈王。神即伍子胥，时茸庙故也。"吴王夫差赐给伍子胥属镂剑逼他自尽，但令夫差没有想到的是，在勾践破吴国后，自己也是用这把剑结束了自己的生命，留下了"吾悔不用子胥之言，自令陷此"的悔言在冷风中回荡。

每年端午节，苏州地区城乡有龙舟竞渡的民俗活动，百姓自发包好粽子投放江中，寓意水中鱼虾不要啃吃忠臣的尸体。胥口镇自 2005 年应群众需要重建胥王园，每当端午时节，伍子胥的后裔从世界各地和当地自发而来的群众一起，在葬有伍子胥遗骸的坟茔旁，祭祀伍子胥，苏州民众用自己独特的方式度过属于自己的节日。1988 年秋，中国大书法家启功先生以"古贤至德尊三让，吴苑雄涛溯伍胥"的对联书赠，为纪念伍子胥的功绩，苏州古城区胥江岸边的百花洲建立了纪念园，竖立

包粽子

了伍子胥雕像。当全国的其他地方在端午节期间纪念屈原的时候，唯独苏州是纪念伍子胥。"五月胥江怒，水嬉观竞渡。"在苏州地区，百姓的端午民俗活动加入了纪念有功于吴的伍子胥，因而显现出特有的地域特色。民间传说伍子胥冤死后魂灵不散，成为了涛神，吴越民间盛传"子胥死，水仙生"。此后，"祭伍子，迎水仙"就成了吴越一带端午节日的重要内容。

4. 屈原说

屈原（约前340—约前278），战国末期楚国人。名平，字原，楚武王熊通之子屈瑕的后代，是我国历史上一位伟大的爱国诗人。屈原在担任大夫和左徒期间，心系苍生社稷，力主改革朝政、联齐抗秦。但两次遭受流放，楚国首都被秦国占据后，屈原绝不以楚国贵族的身份做秦国降臣，屈原愤然自尽的内因似应是理想破灭后的绝望，便在汨罗写完《离骚》的最后一章，在此怀沙自沉。遥想一下，之所以屈原选择五月五日投江，极可能想起了冤死的伍子胥也是五月五日被赐而亡的。《月令广义·岁令一》："江神即楚大夫屈原。"在关于端午节起源的说法中，民间流

胥江河上赛龙舟

传最广的一种解释是端午的龙舟、粽子都是为了纪念国破之后悲愤投江的诗人屈原。虽然学者们的考证都认为，如常建华《明代端午考》认为"辟邪、祛瘴疬表达的是竞渡的原始意义，纪念屈原是后世附加的"，人类学者张经纬认为"将粽子与拯救屈原联系起来，只是后世旁观者的一厢情愿"，但不管如何，千百年来百姓还是相信龙舟、粽子是为了纪念爱国的忠臣屈原，《续齐谐记》提到的"以竹筒贮米""以楝树叶塞上，以五色丝转缚之"以投江，纪念英雄的民心可见也。儒家的修身治国平天下的价值观也与屈原的忠君爱国的精神一脉相承，故而纪念屈原为历代统治者首肯称赞，成为影响最为广泛的文化传承。

5. 曹娥说

曹娥（130—143），原是会稽上虞（浙江绍兴市上虞区）人。东汉开始成为中国历史上著名孝女。据虞预《会稽典录》记载："孝女曹娥者，上虞人，父盱，能抚节按歌，婆娑乐神，以五月五日迎伍神，为水所淹，不见其尸。"曹娥父亲曹盱是个巫祝，端午迎潮神伍君祭祀仪式上，不幸掉入江中，生死未卜。《后汉书·列女传》又记载："孝女曹娥者，会稽上虞人也。父盱，能弦歌，为巫祝。汉安二年五月五日，于县江溯涛婆娑迎神，溺死，不得尸骸。娥年十四，乃沿江号哭，昼夜不绝声，旬有七日，遂投江而死。至元嘉元年，县长度尚改葬娥于江南道傍，为立碑焉。"碑文是他的十三岁的弟子邯郸淳所作，文才与书法造诣都很高，东汉书法大家文学家蔡邕去看过，后来碑也堕入江中了。上虞的百姓还建了曹娥庙纪念她。因为历代统治者倡导忠孝文化，曹娥的孝行合乎其意，所以自宋以来，历代帝王对曹娥事迹曾大事褒扬，并封号赐匾。当地端午的龙舟竞渡则祀曹娥为主。

二、端午习俗　驱邪避疫

梁人宗懔《荆楚岁时记》云："五月俗称恶月。"旧俗五月称毒月，端午有避五毒的俗信活动，五毒即蛇、蜈蚣、蝎子、蜥蜴、蟾蜍。民间俗信此月多灾多疫，生子易夭折，所以必须采取措施避难，小孩必兰汤沐浴，穿五毒衣、虎头鞋，端午装饰挂钟馗像，插端午景、妇女头钗健人、臂缠五色丝、佩装雄黄、菖蒲、苍术、冰片、樟脑等成分的香囊，贴午时符或天师符、大门挂菖蒲艾草等。饮食习俗：吃粽子、饮雄黄酒、吃五黄（黄鳝、黄鱼、黄豆芽、黄瓜、咸鸭蛋）、枭羹。大型活动有划龙舟等。

龙舟竞渡

端午所谓龙舟，就是龙与船的结合。据有关学者推断，最早记载竞渡民俗活动的传世史料，是西晋周处《风土记》，其记云："端午、烹鹜、角黍……竞渡。"在此之前的史料中未见有"竞渡"记载，在南朝宗懔《荆楚岁时记》中曾云"五月五日……是日竞渡"，闻一多《端午考》中提出："书中关于端午的记载，最早没有超过东汉，吴越地域渐被开辟也是从这时开始的。因此我们可以推测，端午可能最初只是长江下游吴越民族的风俗。自从东汉以来，吴越地域渐被开辟，在吴越文化与中原文化的对流中，端午这个节日才渐渐传播到长江上游及北方各地。"所谓吴越民族的风俗，即是指"一个龙图腾族举行图腾祭的节日，简言之，一个龙的节日"，因而有划龙舟活动，可见，龙舟竞渡应是汉晋之际成为端午民俗活动中的主要活动内容。唐以后端午竞渡之风很盛。唐代张建封《竞渡歌》中生动描绘了唐代端午竞渡的壮观场面，诗云："鼓声三下红旗开，两龙跃出浮水来。棹影斡波飞万剑，鼓声劈浪鸣千雷。鼓声渐急标将近，两龙望标目如瞬。坡上人呼霹雳惊，竿头彩挂虹蜺晕。前船抢水已得标，后船失势空挥桡。"端午的龙舟特征重在龙头、龙尾上，再装饰彩灯、旗帜、神位，龙舟赛前必须有请龙祭龙的仪式，然后竞渡，其目的是娱神龙，祈风调雨顺、农业丰收。

旧时，苏州地区城乡的龙舟平时一般都不放置水中，而是有专门房间存放的。端午前两周，龙船要抬出大屋，倒放于露天，此时正好黄梅天气里，趁着阴湿的时候上油漆，让油漆慢慢渗透阴干，然后再抬到胥江边等待祭龙仪式后下水竞渡。过去把龙舟下水称为"出龙"，事先还要请戏班子演戏迎神，称为"下水"。胥江江边要搭建五米高的彩台，插上各式的彩旗，用作举行祭龙仪式，点香烛、烧纸钱，供以酒肉、供果、粽子等祭品，比赛的队伍都要拜过涛神——伍子胥，再请城里的名人手执毛笔，点过龙头上的龙眼后，竞渡比赛才正式开始。竞渡结束上岸时也要举行送神仪式，叫"拔龙头"。

在端午竞渡的时候往往还有夺标的游戏。其实早在唐朝时候，人们就最喜欢看健儿夺标的游戏，这个活动在唐朝就已经十分盛行了。唐代诗人张建封《竞渡歌》："前船抢水已得标，后船失势空挥桡。"可见，为夺标河中各式龙舟争先恐后、画楫如鳞、金鼓之声与水声相激，喧震天地。清乾隆《吴县志·艺文》卷十四载顾嗣立《竞渡词》描写苏州民间竞渡场景，诗云："锣挟鸣涛鼓骇雷，红旗斜插翦波来。锦标夺到轩腾处，风卷龙髯雪作堆。香拨琵琶内府调，紫檀截管玉装箫。绝怜天上霓裳曲，吹遍红阑四百桥。鼓翻旗飐跃凫鹥，黄篾推开粉颈齐，贪看河心龙影乱，忘人偷眼柁楼西。"

清朝胥江里龙舟竞渡的时候，往往还有踹布坊的工人操着小龙舟，鸣金伐鼓，划桨如飞，错杂在大龙舟之间，俗称烟囱龙船。活动还有商家赞助，买了一群鹅鸭投到江水之中，龙舟上的健儿争先恐后跃入水中相夺为戏，抢到鹅鸭的健将，还可以到商铺领取奖品，清袁景澜《吴郡岁华纪丽》卷五引《吴县志》云："端午为龙舟竞渡，游船聚集，男女喧哗，管弦杂沓，投鸭于河，龙舟之人争入水相夺，以为娱乐。"

赛龙舟时节，士女倾城出游，河边无驻足之地，元韩骐《姑苏竹枝词次纳生韵》诗云："珠帘绣箔遍湖干，艾虎绒符髻曲盘。生怕黄梅逢竞渡，画龙船在雨中看。"妇女们正好也可以趁此节日出外观渡游玩，但大户人家要雇专门的画船，挂上帘子，隔帘而观，清赵翼《连日竞渡再赋》云："多少游船载艳妆，朦胧都挂绣帘藏。不教人见叫人想，风过微闻茉莉香。"

驱邪祛病习俗

在江南地区端午节还有独特的驱毒避邪习俗——消赤口白舌。南宋吴自牧《梦粱录》曰："士官等家以生朱于午时书'五月五日天中节，赤口白舌尽消灭'之句。"宋周密《武林旧事》云："又以青罗作赤口白舌帖子，与艾人并悬门楣，以为禳襘。"这是宋代之俗。到了清代则更丰富，据日本学者中川忠英著《清俗纪闻》记载："是日，悬钟馗、关帝画像于堂上，像前供瓶内插菖蒲艾叶，门户左右亦插放根部包有红纸之菖蒲艾叶。用红纸书写下述词句张贴于门外，均系去除邪气之意也。五月五日午时书：赤口白蛇尽消灭，菖蒲如剑斩八节妖邪，艾叶如旗招四时吉庆。"古人认为只要如此，在毒月的日子就可以避免口舌之争了。

端午期间还有室内外装饰驱瘟除疫草药的习俗，南朝宗懔《荆楚岁时记》云："采艾以为人，悬门户上，以禳毒气。"清时苏州地区则"戴蒲为剑，割蓬作鞭，副以桃梗蒜头，悬于床户，皆以却鬼。"这是清顾禄《清嘉录》卷五的记载。端午还有佩饰装有雄黄、菖蒲、苍术、冰片、樟脑等成分的香袋辟邪驱毒的习俗。苏州西南多山，草木茂盛，药材丰富，据清顾禄《清嘉录》记载："土人采百草之可疗疾者，留以供药饵，俗称'草头方'。药市收瘌蛤蟆，刺取其沫，谓之'蟾酥'，为修合丹丸之用，率以万计。人家小儿女之未痘者，以水畜养瘌蛤蟆五个或七个，俟其吐沫，过午，取水煎汤浴之，令痘疮稀。"与采药、采艾蒲等相联系的有蹋百草、斗百草等游戏，均是古人野外游艺之遗俗。家家户户瓶供蜀葵、石榴、蒲、蓬等物，号为"端午景"，后来逐渐发展成为插花的装饰艺术。

挂钟馗像驱邪避鬼

端午期间，苏州民间还有挂钟馗像驱邪避鬼的习俗。关于钟馗的记载，见于清翟灏撰《通俗编·神鬼》卷十九有北宋沈括《梦溪笔谈》"补笔谈"记载："明皇开元，讲武骊山，还宫疠（疟疾）作，梦二鬼，一大一小，小者窃太真紫香囊及上玉笛，绕殿而奔。大者捉其小者，擘而啖之，上问尔何人。奏云：'臣钟馗，即武举不捷之士。誓与陛下除天下之妖孽'。"唐以后有关钟馗的戏曲、小说不断增多，如有明代杂剧《庆丰年五鬼闹钟馗》，小说则有明朝《钟馗全传》、清代《斩鬼传》和《平鬼传》。旧时岁末除旧迎新亦用钟馗击鬼图应节。

钟馗并非实有其人，其由来可能由古代逐鬼法器——"终葵"演化而来。"终葵"原始社会为逐鬼之物，即桃木大棒，远古时代，人们认为桃木有驱鬼的功能，故而"终葵"被公认为有驱鬼避邪的作用，由此逐渐人格化衍化成为钟馗铁面虬鬓、绿袍乌帽、怒目飞张之像，除了在驱鬼意义上可以收到以恶制恶的效果外，其丑恶的外貌，亦有可能源自傩仪中的方相氏造型，而且钟馗与传统的门神神荼、郁垒，更有着一脉相连的降鬼驱邪属性，《山海经》上说神荼、郁垒是守卫万鬼之门的勇士，手里拿的是桃木大棒，故而都有一脉相承的文化遗传基因。道教也封钟馗为"翊圣雷霆驱魔辟邪镇宅赐福帝君"，简称"镇宅真君""驱魔真君""驱魔帝君"，因此端午驱鬼祛邪非钟馗莫属。清顾禄《清嘉录》云："堂中挂钟馗图画一月，以祛邪魅。李福《钟馗图》诗云：'面目狰狞胆气粗，榴红蒲碧座悬图。仗君扫荡么魔技，免使人间鬼画符。'"

戴五彩丝

端午还有戴五彩丝的习俗，起源也十分古老。南朝梁宗懔《荆楚岁时记》则说："以五彩丝系臂，名曰辟兵，令人不病瘟。"故而又称长命缕、续命缕、辟兵缯、五

端午民俗饰品

色缕、朱索等。为什么五彩丝线有这么大的威力呢？据说也是因屈原而起，传说有个叫欧回的人常祭祀屈原，一日在江边见到屈原，屈原说每年端午扔在江里的粽子都被蛟龙所吞，要缠上五色丝和楝树叶蛟龙才不敢吃。欧回回到家乡告知众人，从此粽子皆缠五色丝插楝树叶。在东晋葛洪的《抱朴子》中又记述，古代有将五色纸挂于山中，召唤五方鬼神的巫术，以五色象征五方鬼神齐来护佑之意，五色、五方对等于"五"的崇尚，源于我国古代的五行观念。

此外，五色丝可能也源于古代南方人的文身之俗。《汉书·地理志》记越人"文身断发，以辟蛟龙之害"。所以五色丝系于臂上，或为文身遗俗，端午的其他佩饰之物，如条达，即彩色织丝带，亦与五色丝相似，抑或五色的条达后世演化成为了端午结或戴五色丝了。总之，汉以后端午民间戴五色丝成俗，据清顾禄《清嘉录》记载："结五色丝为索，系小儿之臂，男左女右，谓之'长寿线'。谭大中《长寿线》诗云：'从来造物最多情，修短还凭玉指衡。五采同心延百寿，一丝缠臂订三生。黄金不买前身慧，青史难逃再世名。儿女白痴依作达，升沈无用访君平。'"

宋代苏轼的词《浣溪沙·端午》里也生动地描绘了宋代端午兰汤沐浴、彩线缠臂的习俗："轻汗微微透碧纨，明朝端午浴芳兰。流香涨腻满晴川，彩线轻缠红玉臂。小符斜挂绿云鬟，佳人相见一千年。"至今，除了端午五色丝编成手串挂在手腕上外，平时也有挂五色丝的意义，其意味已无原始驱邪的原意，只有审美需求了。

佩戴香囊健人

端午期间，苏州城乡还有佩戴香囊的传统。苏州地区自古民间刺绣发达，香囊的制作也日趋精致，成为端午节特有的重要民间工艺品。香囊形状多呈椭圆形，也有三角形、菱形、鸡心形、棱角形、斗形、月牙形、扇面形、粽形等。里面放雄黄、朱砂、白芷、苍术、艾叶、藿香、菖蒲、桂皮、香草、兰草、丁香等中草药，或者用五色丝线弦扣成索，做成各种不同形状，结成一串，形形色色，款式多样，制作精美，玲珑可爱，所以又称"香包"，或有装雄黄末的又称"雄黄荷包"。戴在身上，不仅可以应节，点缀节日气氛，同时可以驱瘟散毒，保健护身。清袁景澜《吴郡岁华纪丽》诗云："石榴花底绣工忙，夹袋功收药石良。赠我定知囊可括，从来口不设雌黄。"

旧时绣制香囊也是一项重要的女红，每到端午前夕，闺阁女子、媳妇就要早作准备，缝制香囊。香囊多以棉布、丝绸为材，工艺讲究，需裁剪、刺绣、挖补、粘贴。闺阁中各展身手，争奇斗巧，一旦完成，要拿出来交流品评，互相馈赠。清袁景澜著《吴郡岁华纪丽》载云："端午节物，兰闺彩伴，各赌神针，炫异争奇，互相投赠，新制日增。有绣荷囊，绝小，中盛雄黄，名叫雄黄荷包。"在苏州地方志和文人笔记中，几乎随处可见端午期间民众佩戴香囊的记载。清顾禄《清嘉录》有诗云："旧俗方储药，羸躯亦点丹。日斜吾事毕，一笑向杯盘。"

旧俗，端午节期间妇女还要佩戴专门的饰物，以应节日。《续汉书·礼仪志》："朱索、五色桃印为门户饰，以止恶气。"其实在宋孟元老《东京梦华录》里也记载了北宋开封过端午，市民要购"百索、艾花、银样鼓儿花"，这些都是端午佩戴饰物。宋周密《武林旧事》"端午"条云，记南宋杭州时赐予后妃诸臣"翠叶、五色葵榴、金丝翠扇、真珠百索、钗符、经筒、香囊、软香龙诞佩带。……而市人门首，各设大盆，杂植艾蒲葵花，上挂五色纸钱，排钉果粽。虽贫者亦然。"清潘荣陛《帝京岁时纪胜》："幼女剪彩叠福，用软帛缉缝老健人、角黍、蒜头、五毒、老虎等式"记载的也是在端午日软帛制健人、粽子、蒜头、五毒、老虎等形状的小香囊佩戴。而清顾禄《清嘉录》记有吴地端午的另一种健人："市人以金银丝制为繁缨，钟铃诸状，骑人于虎，极精细，缀小钗为串，或有用铜丝、金箔为之者，供妇人插鬓，又互相献赍，名曰健人。"妇女也于髻上戴艾，插石榴花朵，既可驱邪，又兼装饰。

五毒衣虎头鞋与端午宴

端午百虫皆出，民间认为五月是五毒——蛇、蜈蚣、蝎子、蜥蜴、蟾蜍出没之时，民间要用各种方法以预防五毒之害。一般在屋中贴五毒图，以红纸印画五种毒物，再用五根针刺于五毒之上，即认为毒物被刺死，再不能横行了。民间又在衣饰上绣制五毒，苏州城乡的小儿这天要穿五毒衣、戴虎头帽、穿虎头鞋，这是一种辟邪巫术遗俗，均含驱除邪毒之意。端午日男女要佩戴辟瘟丹，或焚于室中，燃以苍术、白芷、大黄、芸香之属，皆以辟疫祛毒，又谓五日午时，烧蚊烟，能令夏夜无蚊蚋之扰。

看罢龙舟竞渡，家家开筵，必有雄黄酒、黄鱼、黄鳝、咸鸭蛋、黄瓜、黄豆芽等菜品，俗称"五黄"，以应节日，称端午宴。亲朋以粽子、彩索、艾花、画扇相馈赠。此外，家家研雄黄酒末、菖蒲根和酒以饮，称雄黄酒，小儿还以雄黄酒额画"王"字以辟邪。剩余家内墙角四周抛洒，以此酒祛毒虫。

旧俗，端午还要吃枭羹。古代传说中枭是食母的恶鸟，遭世人厌恶。因此，食枭羹先后出现在夏至、五月十五和端午之日。有专家考证，枭鸟属阴，最初是古代夏至祭祀大地仪式的牺牲，当时的食枭羹是祭地仪式的一部分。汉代中后期开始，食枭成为皇家端午赐宴的重要组成部分。这一皇家礼仪一直延续到明清时代，其目的不仅是为了维护孝道，更为了驱逐朝廷中的恶人。

总之，端午保康、祛除病邪、祈祷吉祥如意的习俗，合乎民心民意，让古老的节日得以传承至今。关于端午，往往是我们吃着有棱有角的粽子，看着胥江水上的龙舟远去，心头阵阵的涟漪泛起了那种被我们称为怀念与感动的情愫，让我们更真切地体验着生命的意义。一个节日与这么多的历史故事、历史人物相关联，有如此不可分隔的关系和渊源，恐怕在中国的历史上是很少见到的。还是古人说得好："芳音邈已远，节物自常新。"那毛笔蘸着墨，点在龙睛上晕染开去的是鲜活的生命启示又一次涅槃后的重生。恰如古诗云："香黍筒为粽，灵苗艾作人。芳音邈已远，节物自常新。"

2006年5月，端午节入选第一批国家级非遗名录；2009年10月，中国端午节入选联合国教科文组织人类非物质文化遗产代表作名录。该项目分别由湖北省秭归县"屈原故里端午习俗"、湖北省黄石市"西塞神州会"、湖南省汨罗市"汨罗江畔端午习俗"、江苏省苏州市端午习俗四个部分组成。

中国传统节日端午节成为人类共同的文化遗产，对中国人民来说，是一种自豪，同时也意味着更大的责任。我们要持续关注和重视中华民族优秀的传统文化，并在此基础上加以更好地保护、传承和发扬。

苏州城隍庙会　每年上元节、中元节举办"城隍赐福、送财、保平安"追思、祭祖、法会等系列民俗活动。2009年6月入选苏州市非物质文化遗产代表作保护名录，保护单位为苏州市城隍庙。

城隍庙会观民俗

黄新华

一．引言

　　位于苏州古城中心——景德路94号的城隍庙，主供苏州城隍神春申君，根据《吴地记》等苏州史志记载，唐代时就有供奉，可谓历史悠久。随着苏州城市的发展，苏州城隍庙所供奉的城隍神也有所变化，但庙内所供奉的城隍神，无论是春申君黄歇，还是江苏巡抚汤斌、陈宏谋，都是曾经有功于苏州城市发展，为苏州百姓幸福生活作出过杰出贡献的历史人物。如同城隍神生前积极为城市的福祉贡献力量一样，苏州的百姓相信，这些人做了城隍神以后依然会冥佑城市风调雨顺，民丰物阜。

　　在中国的神仙谱系中，城隍神是唯一一位与城市紧密联系的神灵。在城市千百年的发展过程中，城隍神作为城市的保护神，城隍信仰通过自身信众的多元身份，在丰富多样的城隍祭祀活动中，为官府、宗族、商人和普通民众提供了交流活动空间，促进了城市社会的发展。如同不同的城市有不同的风土人情，不同城市的城隍神也各有不同。"城隍庙"也成为中国文化中一个与城市的商业、民俗等紧密相连的词语,其所包涵的不仅是庄严肃穆的殿堂、虔诚敬香的香客组成的信仰图景,也是琳琅满目的商品、行人熙攘的街巷、美味可口的小吃、四季各异的时令风俗绘就的城市生活。因此,城隍庙往往也是各个城市一道独特的风景线,围绕城隍庙进行的城隍庙会活动,往往也最能反映一个城市的风土人情、人文传统。

毗邻苏州最繁华的商业街——观前街的苏州城隍庙,虽然没有形成人流熙攘的集市,但苏州百姓围绕城隍祭祀形成的庙会活动,以及围绕庙会活动所开展的民俗活动,却深深地浸润于苏州的城市文化之中,时至今日,依然深刻地影响着苏州人的生活。

二. 护城佑民——城隍神职功能

城隍神起源于古代的水(隍)庸(城)祭祀,《礼记·郊特牲》记载的"天子大蜡八"中,所祭祀的先啬(神农氏)、司啬(后稷)、农(田畯)、邮表畷、猫虎、坊(蓄水池)、水庸、昆虫,其中的"水庸"是护城的沟渠,也是城隍祭祀的起源。《子夏传》记载说:"隍是城下池也。城之为体,由基陪扶,乃得为城。"班固《两都赋序》中也有"京师修宫室,浚城隍,起苑囿,以备制度"的说法,《说文解字》则说:"城,以盛民也","隍,城池也。有水曰池,无水曰隍"。可见,城隍的原意即为城池外保护城市的水渠(护城河),城隍信仰从产生起,就始终与护佑城市与城市里生活的民众紧密相关。

从《礼记》记载的水庸祭祀开始,至唐代时,城隍信仰已经极为盛行。唐代笔记小说的描述中,长沙、渭州、梁州、滑州、洪州等地都有对城隍神的供奉,唐代许多著名的文人都曾写有祭祀城隍的文章,如韩愈的《潮州祭神文》《袁州祭神文》;李商隐的《为安平公兖州祭兖州城隍文》《为怀州李使君祭城隍神文》《为中丞荥阳公赛城隍神文》《为中丞荥阳公赛理定县城隍神文》《为中丞荥阳公祭桂州城隍神祝文》等。苏州地区的城隍信仰更是遍布州县。唐代牛肃的《纪闻》

城隍庙春节活动

所载，"吴俗畏鬼，每州县必有城隍神。开元末，宣州司户卒。引见城隍神，神所居重深，殿宇崇峻，侍卫军仗严肃。"明代，朱元璋重新分封城隍，城隍更是信仰趋于极盛。明洪武二年（1369），朱元璋封京都、开封、临壕、太平、和州、滁州等城市的城隍为王，秩正一品，其余府为秩正二品的鉴察司民城隍威灵公；各州为秩三品的灵佑侯；县则为秩四品的显佑伯，并参照世俗官僚体系，规定都、府、州、县不同等级城隍不同的衮章冕旒和庙制。此后，清朝沿袭明制，城隍信仰成为中国民众信仰最普遍的神灵之一，达到了每一个州县以上城市必有一处以上城隍庙的盛况。

作为城市的守护神，城隍神最重要的职能即是保护城池，冥佑地方民物。因此，作为人格神被广泛供奉的城隍神，往往也是由对地方做出过杰出贡献的人来担任的。苏州见诸史志的各级城隍，如渎川城隍庙城隍神张玉书、穹窿城隍庙城隍神陈鹏年、阳司城隍庙城隍神陆陇其等都是历代担任苏州地方官职，并为地方做过贡献的人。

所谓"明有礼乐，幽有鬼神"，城隍与朝廷所选派的地方官员一道，负担起城市政治民生，并负责监察民情，督促地方官员清廉为官。一个地方治理的有序与否，不仅取决于地方官员的治理水平，还取决于城隍的护佑与否。为此，明清以来的地方官员对于城隍信仰都极为重视，不仅上任时"下车宿庙，誓词而后受事，迁擢则辞，朔望则拜"，每逢地方发生各类大事，地方官员也必然往城隍庙敬香祈祷。陈鹏年《重修苏州府城隍庙记略》就说："丁亥大旱、戊子大水、己丑又大疫，当斯时也，官吁于庭，民叹于野，智能尽索莫能救止，虽圭璧卒殚靡神不臻，而主此地以庇佑吾者，繁惟城隍之赐。"面对水旱灾患以及疾病流行，地方官员无以应对之时，只有祈求城隍之护佑，才能顺利渡过难关。

除护佑风调雨顺、灾害不生之外，护佑一境不受战火侵扰也是城隍的重要神职。每逢城镇遭遇兵戈威胁，地方官员也往往祷之于城隍神像前。明沈启《重建城隍庙记》即记载了海寇侵扰吴江时，地方官员在城隍护佑下大败海寇，保一境之平安的事迹：甲寅年夏天，海寇驻兵甪直，直逼淞浒，眼看着城墙要被海寇攻破，百姓即将遭受凌辱。苏州的地方官在城隍神像前祝祷之后，带兵征伐，果然重创不可一世的海寇。

在百姓们看来，正是因为有城隍神的守护，城市才能免受水涝、旱灾、兵革、火患、瘟疫的侵害，百姓才能幸福地生活。

三. 历史悠久——郡庙千年沧桑

苏州古称吴郡，隋开皇九年（589）废吴郡建置，以城西有姑苏山之故，改称苏州，明朝太祖吴元年（1367）设苏州府。因此，苏州的城隍庙也称府城隍、"郡庙"。

苏州城隍庙的历史悠久，据王鏊《苏州府重修城隍庙碑》记载，"吴故有城隍祠，在子城之西南陬，莫详其所始。唐天宝（742—756）中，采访使赵居贞改作庙宇。梁贞明五年（919），刺史钱傅璙加宏饰焉。至赵宋时有勅封'忠安王'，嘉泰三年

争先烧头香

（1203）加号'顺应'，嘉定九年（1216）又加号'威显'，宝佑三年（1255）又加号'英济'，国朝则惟称苏州府城隍之神。"可见，唐天宝年改祠为庙，而在此之前，城隍庙应为纪念春申君的祠堂。即便从改祠为庙开始，苏州城隍庙至今至少已有一千二三百年的历史了。

如王鏊所记载，城隍庙原在苏州城的西南隅，明洪武三年（1370），因为春申君庙"庳陋"，即太过矮小简陋，"乃徙雍熙寺故基，在今吴城之乾位"，也就是现在城隍庙所在的位置。

城隍庙迁入新址后，历代修葺不断。明弘治十三年（1500），城隍庙住持戈原广向郡守曹侯凤汇报说：城隍之祀，记载于法令，地方长官上任之初，以及每月的初一、月半，都必定亲至郡庙祭祀，可见对城隍之祭的重视和严谨。只是年长岁久，庙殿梁栋腐朽，墙颓壁倒，神像黯淡，与他崇高的地位、与人们对他的瞻仰极不相称。郡守曹侯凤认为城隍神护佑苏州风雨调顺，稻麦丰登，四邻安宁，疫疠不作，因此下令修庙，并号召士绅有钱的出钱，有力的出力，共同修葺城隍庙，使城隍庙面貌一新，殿宇峻整，廊庑幽曲，门墙显赫。

明代万历二十三年（1595），时任吴县县令的袁宏道在郡庙西侧建起了吴县城隍庙。同年，"长洲神庙亦仿吴例，兴构于左"。于是形成了府城隍庙居中，长洲、吴县城隍庙分踞东西两侧，在苏州城内中心地区形成了一片飞檐翘角、瑰丽雄伟、蔚为壮观的殿宇。

清康熙四十七年（1708），在当时苏州知府任上的陈鹏年，对苏州府城隍庙又作了一次大修，并按玄妙观规制，在城隍庙正门两侧增设了东西两便门。

乾隆四十九年（1784），城隍庙"后殿穿堂檐衰城圮，无以展诚敬妥神灵"，郡守胡世铨下令募修，邑宰袁秉义、汪廷昉、李逢春等踊跃捐助，使"正殿后宫亭台门庑藏库，库者崇之，倾者建之，朽者易之，泐者湫之，剥蚀者涂茨丹臒之，其木石土瓦金碧髹漆之……整齐严肃，巍乎焕乎。"

清朝时期，城隍庙占地"三十三亩有奇"，苏州每遇风雨肆虐，飞蝗成灾，战事频仍等天灾人祸，人们都要向城隍神祝祷，祈求风调雨顺、国泰民安。

民国十六年（1927），因道路拓建，山门两侧又建屋二十四间，庙貌为之增色。这时的府城隍庙，山门当街，前有八字照壁；四柱三门牌楼矗立庙前，飞檐翘角，蔚为壮观；庙里大殿巍峨，戏台庑廊分布其间；后宫深邃，古木参天。这一片古建筑群，成了苏州城内市中心的一大景观。

进入 20 世纪 50 年代后，受历史原因影响，城隍庙受到严重破坏。1951 年，庙产被华东税务学校租用，此后又被苧麻纺织厂占用。山门与明代牌楼被无端拆毁。

改革开放后，宗教信仰政策得以落实。2004 年，在历经两年的整修之后，沉寂半个多世纪的城隍庙，再次呈现出香烟绕缭、钟磬相闻，诵经之声不绝于耳的生动景象。

四. 有功则祀——历代苏州城隍

按照中国古代"法施于民则祀之，以死勤事则祀之，以劳定国则祀之，能御大灾则祀之，能捍大患则祀之"的原则为人们所供奉的城隍神，往往是历史上真实存在的人，因为对当地作出杰出贡献，才被奉为城隍神。据苏州史志资料记载，苏州的城隍神先后有春申君、汤斌、陈宏谋等人。

春申君

据宋·范成大《吴郡志》记载："春申君庙，在子城内西南隅，即城隍神庙也。"可见，苏州城隍庙最早供奉的是春申君。

据《史记》记载："春申君者，楚人也，名歇，姓黄氏。游学博闻，事楚顷襄王。"作为战国时期楚国贵族，春申君曾四出游学，见识广博，擅长舌辩，他和赵国的平原君、齐国的孟尝君、魏国的信陵君，合称为"战国四公子"，各有门客三千。

考烈王即位（前262），任黄歇为令尹（宰相），封春申君，赐予淮北十二县。黄歇为人豪爽，有远谋，与齐孟尝君、赵平原君、魏信陵君并列，人称"四公子"。

周赧王五十二年（公元前263），楚考烈王即位，拜黄歇为相，号为春申君，并赐以淮北之地十二县。后来春申君考虑到淮北之地是与齐国接壤的战略要地，"因并献淮北十二县，请封于江东，考烈王许之"。其时楚国早已占有吴越故地，楚王就将古吴之地赐给他作了封地。于是春申君就和苏州结下了不解之缘。

史书上说："春申君因城故吴墟，以自为都邑。"春申君在"吴墟"上另起宫室，再造殿堂。他建造苏州城的事迹，《越绝书》上多有记述，如：

今太守舍者，春申君所造。后壁屋以为桃夏宫。

今宫者，春申君子假君宫也。前殿屋盖地东西十七丈五尺，南北十五丈七尺。堂高四丈……殿屋盖地东西十五丈，南北十丈二尺七寸。……春申君所支造。

吴两仓，春申君所造。西仓名曰均输，东仓周一里八步。

吴市者，春申君所造，阙两城以为市。

吴诸里大闬（闬:hàn，里门、里巷），春申君所造。

吴狱庭，周三里，春申君时造。

楚门，春申君所造。

......

可以说，是春申君重建了苏州城，给了苏州城第二次辉煌。重建后的苏州城，宫室宏大，城市秀丽，司马迁游吴时，曾发出过"吾适楚观春申君故城，宫室盛矣哉"的感叹。

特别值得一提的是，春申君善于治水，他在苏州城内开沟挖渠，"大内北渎，四从（纵）五横"，解决了苏州城的泄洪排涝问题，并为苏州城的基本格局及"小桥流水人家"的城市风貌奠定了基础。

春申君还在苏州城附近展开了大规模的水利建设，如以土掩水筑偃埭，开凿吴地入海水道等。人们为纪念他，将偃埭叫作"黄埭"，将入海水道称做"黄浦江""春申浦"或"黄歇浦"，连黄浦江边的这座上海城也有了"申城"的别称。

吴地百姓为纪念春申君，在城内建庙祭祀。唐前后，又将春申君奉为苏州城隍神。明洪武三年，将建于三国东吴名将周瑜宅院旧址之上的雍熙寺改作了府城隍庙。所谓"画帻留古像，珠履绝遗尘。箫鼓时迎祭，还怜旧邑民。"（高启《春申君庙》）

汤斌

汤斌（1627—1687），字孔伯，别号荆岘，晚号潜庵。河南睢州人。顺治九年（1652）进士。历任国史院检讨、潼关道副使、江西岭北道参政。顺治二十三年（1684），汤斌升任内阁学士，兼礼部侍郎。补江苏巡抚之缺。二十五年（1686）离任，再充明史总裁。汤斌在朝以敢于争议著称，受康熙任命而被尊为"理学名臣"。雍正中，入贤良祠。乾隆元年（1736），朝廷赐以"文正"的谥号。所著有《汤子遗书》(《汤文正公全集》) 传世。

汤斌在江苏巡抚任上的两三年，给苏州百姓留下了深刻的印象。《江南通志》对汤斌在这段时间的作为做了这样的记述：

"康熙二十三年由内阁学士擢江苏巡抚。斌莅任初，悉屏供帐诸物，僚属皆洗心供职，吴俗奢靡，裁之以礼；立嫁娶丧葬定式，申赛会演剧博戏拳勇掠贩之禁，重农事以兴本业，复社学以训子弟，讲孝经以敦人伦，表扬会宦以风厉来者，悉推诚感动，不徒条教虚文，又累疏陈吴民疾苦，会淮扬水灾，斌倡属捐济，每口百日给米五斗，令无流播；吴地楞伽山五通神祠，赛祷无虚日，斌取神像投之石湖，奏闻永禁，奉旨各省淫祠通行严禁。斌抚吴三载，食惟蔬菜供应，日费百余钱。二十五年，圣祖谕江宁巡抚汤斌洁已率属，实心办事，宜拔擢大用，特授礼部尚书詹事府掌詹事。还朝之日，吴人攀送者数千人，生为立祠，既没，追思不忘，雍正十二年（1734）奉旨崇祀贤良祠。"

汤斌一到任所，首先就对官场进行整顿，整肃吏治。他赏罚分明，曾先后奏劾多名贪渎官吏，如知府赵禄星、张万寿，知县陈协炜、司霈、卢綖、葛之英、刘涛、刘茂位等。

汤斌在巡抚任上十分关注民生。汤斌上任后，采取了除耗羡、禁私派、清漕运、汰徭役等一系列措施，革除弊政。上疏"恳将苏、松钱粮各照科则量减一二成""又请蠲苏、松等七府州十三年至十七年未完银米"，使得苏州田赋得以裁减征额。汤斌抚苏时，更是大力兴办文教，整风易俗。在他的倡导下，修葺了泰伯庙，还"令诸州县立社学，讲孝经、小学，修泰伯祠及宋范仲淹、明周顺昌祠"，所谓"复社学以训子弟，讲孝经以敦人伦，表扬名宦以风厉来者，悉推诚感动"（《江南通志》）。此外，他还整顿苏州的赌博和淫祀之风，于世道人心裨益不小，深得民心。

汤斌居吴三载，两袖清风。莅任时，夫人和公子穿的都是布衣服；离开苏州时，唯有一部二十一史是在苏州买的，因为苏州刻书业发达，书价便宜。汤夫人步出轿中时，有败絮从衣服中飘落，见此情景的苏州老少都感动得掉泪。

苏州百姓在胥门边上建起了一座"民不能忘"碑，来纪念他。后来又为他建了生祠。汤斌死后，将他奉为苏州府城隍，希望他继续为苏州人民带来福佑。

陈宏谋

据《宾退录》记载，汤斌之后继任苏州府城隍的是陈宏谋。

陈宏谋，字汝咨，号榕门，广西临桂人，雍正元年进士，乾隆初尝任江苏按察使，乾隆二十四年（1759）由陕西巡抚调任江苏巡抚。后迁两广总督，又以总督衔仍管江苏巡抚事。最后以东阁大学士衔致仕，三十六年（1771）去世，享年七十六岁，谥号文恭。

陈宏谋在江苏巡抚任上有几件事，给苏州老百姓留下了深刻印象。

他一上任，就针对苏州的陈规陋俗颁发了《训俗良规》，努力推动移风易俗。他颁布十条训俗良规，"式化乡里，以敦礼让，以阜财物，以保身家，以全颜面，实有厚望焉"。

陈宏谋为官清廉，执法如山，并十分关心公益事业。他开发通州、崇明滨海的滩涂，作为苏州普济、育婴、广仁、锡类等堂的收入来源，用以收养孤寡病残老人和被遗弃的婴孩。

陈宏谋在苏州的作为给苏州人带来了福祉，苏州人铭记在心。陈宏谋去世后，苏州人将他奉为城隍，希望他能继续护佑苏州老百姓。

苏州的城隍神，除了上述三人之外，据清人钱泳《履园丛话》记载："据苏州府城隍而言，向闻神是汤文正公斌，继又改陈榕门先生宏谋，继又改巡抚吴公坛，继又改观察顾公光旭。今闻又改陈稽亭主政鹤矣。三四十年中，屡易其神。岂阴阳亦一体耶。"可见，除汤斌、陈宏谋之外，吴坛、顾光旭、陈鹤也都曾先后被奉祀为苏州城隍。吴坛曾出任过江苏巡抚，顾光旭做过道台，而苏州人陈鹤，乃是嘉庆进士，曾官至工部主事。他们大致也都为苏州黎民做过一些好事，因此受到了苏州百姓的敬重，先后被奉为苏州府城隍。

五、敦风化俗——城隍仙话传说

在中国古代的政治治理中，风俗是社会治理的重要内容，所谓"为政必先究风俗""观风俗，知得失"。明清以降，随着城隍信仰在社会上的进一步普及，城隍信仰与地方政治生活联系日益紧密，城隍信仰与地方风俗的关系也日益紧密。如严杞《城隍庙记》所言，"城隍者一邑之主也，诰封鉴察司民鉴者烛民之诚伪，察者体民之善恶，司民者管摄乎民者也，且建祠设像所以示民之所当畏敬也，即其祠宇则凛乎如将见之也，拜其威仪则俨然如在其左右也。"城隍神在护佑一境之康宁之外，还担负着督察百姓善恶，维持区域内主体价值，倡导社会核心价值观的功能。同治《苏州府志》"长洲县漕仓"条即记载，苏州知府况钟在建立漕仓，解决了冬季饥荒问题之后，"又令各仓皆置城隍庙神祠，以警其人之或怠惰而萌盗心者。"这里，城隍的神职就不仅仅是护佑地区康宁，而且还有监察民情，督促百姓勤劳、诚实的神职。这些品质正是社会所推崇的核心价值，并以此建立良善的社会风俗。事实上，社会所崇尚的社会价值往往在城隍显应的神迹中有所体现，通过城隍对奉行核心价值观的人的奖赏以及对违背核心价值观的人的惩罚，从而劝导世人奉行核心价值观，建立良好的社会风气。这一类故事，在方志中也多有记载。

劝导人弃恶从善始终是历朝历代宣扬的核心价值，城隍神体察民情，很重要的神职即是督导世人行善，并把行善与否作为世人祸福休咎的判定标准。《苏州府

钱袋祭先

志》所记载的平江市人周翁的经历，即是城隍劝人为善的一例。周翁因患疟疾不止，为避疟鬼，偷偷潜伏于城隍庙神座下，从而遇上城隍奉上帝敕令，召集各方土地在本邦施行疫病的经过。在城隍颁布上帝敕令的过程中，孝义坊的土地提出：“孝义一坊，居民比屋良善，无过恶者，似难以疫病及之。”城隍虽然斥责该方土地“小小职掌，只合奉行”天旨，但最后还是同意了孝义坊土地所提出的“以小儿充数”的折中办法。第二天周翁回到家中，把昨夜所经历的事告知他人，他人都说他狂谵。但到二月城中疫疠大作时，其他街坊人人染病，孝义坊中，只有小孩患病，大人都未被感染，人们才相信周翁的经历。在这个故事里，通过周翁偶然所见，把城隍对行善之人网开一面，把本应降下的祸患免除神迹传达给世人，从而告知世人善有善报，劝导世人要行善去恶。

城隍不仅会对本人行善与否进行奖惩，还会因为前辈行善而福佑其后人。吴人郑元，即因为其做钞库使的爷爷始终拾金不昧，而得阴德之报。府志记载，郑元的爷爷一次遇有人仓皇避雨家中，而遗落下一箧金叶。郑元的爷爷第二天一早打听消息，把钱还给了失主王某，从而避免了王家兄弟间的一场争执；另一次则是在往城隍庙敬香的路上捡到一绢囊黄白物，仍然寻访，还给失主老妪。正是因为奉行拾金不昧的诚实品质，这位每月初一必烧香于城隍庙的钞库使积攒下阴德，福泽后人，其孙辈“从儒兼精医药，悉雅饬君子”为街坊所称颂。

除了行善会得到城隍的奖赏之外，违背社会核心价值观行恶则会受到城隍的惩罚。被逼迫重新嫁人而选择抱石沉河自尽的陈某妻蒋氏的故事里，则体现了城隍对于违反妇女贞洁的社会核心价值观的惩罚。蒋氏早寡，被父亲接回家中。“有华子达者，慕其色，而令史茂卿为媒”。蒋氏的父亲因为贪图华子达的钱财，答应了史茂卿的说媒。但蒋氏矢志不二，最终抱石沉入村外小溪而死。蒋氏死后，虽然官府立案调查，但因为官吏收受贿赂，华子达、史茂卿等人并未受到惩罚。但这件事并没有因为阳间的官司结束而就此结束，没过多长时间，华子达、史茂卿相继死去，他们的死因也由参与到逼迫蒋氏重嫁事件中的罗君亮透露出来。罗君亮是陈氏的亲戚，在华子达意图娶蒋氏的过程中，曾参与其中。蒋氏死后不久，罗君亮也病倒了。病中，他看见自己被"青衣拘至城隍庙，子达、茂卿先在，俱极刑"，罗君亮因为在此事当中并没有收受钱财，所以暂时免于一死，而华子达、史茂卿则在城隍庙中接受极刑后，很快就死了。明清时期，随着礼教的发展，社会对女性的贞洁愈发重视，所谓"饿死事小，失节事大"，妇女能够一生坚守贞洁，即便丈夫死后也坚持不改嫁，往往会得到社会的褒扬，而违反贞洁的行为则会受到社会的诟病。在蒋氏的故事里，对于逼迫蒋氏违反女性贞洁的核心价值观的行为，城隍予以了严厉的惩处，从而不仅劝导女性应奉行贞洁行为，也劝诫男性不能见色起意、见财起意，逼迫女性违反贞洁观。

除此之外，如《吴门补乘》郭进的故事则是劝导人奉行孝行。郭进因为性至孝，虽病死，但城隍却判定"汝有孝行，特延汝寿，速遣归。"郭进因行孝而得到城隍延长寿命的奖励。类似这样的城隍显迹故事在方志中还有许多，其宗旨不外乎劝人奉行社会所崇尚的忠孝、诚实、友善、贞洁等价值观，引导世人行善去恶，从而构建良好的社会风气。

六、精彩纷呈——城隍庙会活动

庙会活动是信众庆祝神灵圣诞等重要节庆，表达自身宗教情感的重要方式，也是体现地方风土人情、进行商品流通的重要平台。作为庆祝城市守护神——城隍神圣诞等节庆的城隍庙会活动，更是吸引着城市民众的全身心投入。如同清代沈朝初《忆江南》中所描写的，"苏州好，节序届清明。郡庙旌旗坛里盛，十乡台阁半塘迎，看会遍苏城。"城隍庙会活动的影响遍及整个苏州城。

三节会

迎神赛会，苏州人俗称为"出会"。苏州过去最有名的就是城隍庙的"三节会"，即每年清明、中元节（七月半）、下元节（十月初一）的三次出会。其中尤以清明最为隆盛。清·顾志冲《吴中岁时竹枝词》所谓："会称三节首清明，虎阜游人逐队行。一带珠帘临水映，白公堤畔画船横。"

每年清明、中元节（七月半）、下元节（十月初一），苏州府城隍神都会带领吴县、长洲、元和三县的县城隍和辖区内几十个土地神一起，从府城隍庙出发，经由阊门山塘街，到虎丘郡厉坛受祀。

出会当天，城乡居民蜂拥至山塘街一带，城隍出巡的过程中，看会的人摩肩接踵，拥挤在出巡路线两边，无论是空地还是店铺，都是人山人海，路边店铺的柜台甚至也成了临时看台。出会时庙里神像的仪仗，一如官衙老爷出巡。队伍前面有鸣锣开道的差役，内外执事，扛着肃静、回避的木牌，随后跟着写着神像职官身份的衔牌；除此之外，还有西军夜、红衣班。所谓西军夜，即是庙里的皂隶（公差），多由衙门里的差役乔扮。红衣班即是队伍中刽子手，他们敞胸腆肚，一般由肉店里大肚子的老板扮演，人称"荤肚皮"；如由水果店、豆腐店的大腹店主扮演，就被叫作"素肚皮"了，往往更被人所看重。至于提大锣、扛茶箱担的，大多是社会上一些悠闲之辈。出会队伍里的这些角色，架子十足、神气活现，招摇过市。队伍中地位最高的神像，当然要数苏州的府城隍老爷了，他非但有轩轿，还有相随的暖轿和备用的神马。

出会队伍中还时常可见一些手持小板凳的善男信女。他们的小板凳上系着木鱼、云磬，边走边敲，口中念念有词；念完一段，便就地跪拜，这就是所谓的"拜香"。还有许多还愿者，红衣红裤，披发加拷，扮作犯人，表示愿作神灵阶下之囚。最使人怵目惊心的，是那种叫做"臂锣""臂香"的苦刑。所谓"臂锣"，就是将钢针穿挂在手臂上，下面挂上一面大镗锣，他们每走几步，就敲一次，每次十三下；如果挂在手臂上的不是镗锣，而是几十斤重的铁香炉，那就是所谓的"臂香"了。也有挂石锁、锡烛台等物的。用以悬挂大锣等物的钢针有百余只，几乎穿满一条手臂，使手臂都不能弯曲。停步不走时，要用木棒撑住，手臂的沉重可想而知，但敲锣时，声震云霄，他们却面无惧色，奔走自如，绝不皱眉喊疼。这些人之所以作出如此苦刑，就是为了想以此来求得神灵的赦免。《吴门表隐》记述道："郡中三元令节，城隍诣厉坛设祭，俗以病者讦犯，必荷枷梏，系身大链，济济阗市。乾隆十二年，巡抚安宁见其不经，亲至坛前各杖三十，官为释放，在后者逸去乃兔。嗣

跪地站立求吉利

后不敢如前之盛。"

　　出会队伍中除了神灵的"官衙"仪仗之外，还有众多的民间杂技和文艺表演，这是出会队伍中最为围观群众所喜闻乐见的部分。文艺表演主要有抬阁、高跷、十番等项目。所谓抬阁，就是出会时由四到八名壮汉抬着行走的红漆台子，周围饰以龙凤、云纹图案的饰物，有孩童在台上扮作戏文人物，摆出造型动作。扮演的戏文有《棒打寇承女》《火烧红莲寺》《貂蝉拜月》《昭君出塞》《西施浣纱》《贵妃醉酒》《卧薪尝胆》等，不下数十种。抬阁的一种简化形式是"站高肩"，即扮演戏文的孩子站在一个高大结实的壮汉肩上。

　　高跷一般有五六尺高，踩高跷者也都扮作戏文人物，常见的有《唐僧取经》《二十四孝》《白水滩》等，戏文多至数百出。他们边走边演，有高跷独跳，有"踢飞脚"，精彩的表演常使观者看得颈酸。

出会队伍里的飞马叉队、关刀队，其实是杂技表演了。表演者上身赤膊，马叉在肩上滚动，边行边滚。这种杂技表演队，往往有数十个之多。

另外还有八宝箱，即红木制成的什景架，架上陈列着白玉、翡翠制成的花瓶、骏马、杯碗等珍宝。扛八宝箱的人需要经过特别训练，以扁担一根，上扎珠花或鲜花，两人分前后，前人以肩挺后，后人以胸顶前，不以肩扛，不用手扶。他们穿白缎开叉袍，束排须腰带，黑缎靴，头戴白色细藤帽，缀以大珠，行走时，双手叉腰，扁担上的花丛，就随着他们的脚步而颤动，煞是好看。

还有托罗手，两人一组，装饰与扛八宝箱者相似，手执圆盘，中置翡翠玉器，插上名贵鲜兰，香气四溢，细香炉内，云香袅袅，沁人肺腑。

出会队伍中还常有一个喝夜壶水的"痴官"。这个"痴官"歪戴官帽，官帽两边两个碗口大的铜钱做的帽翅上下颤动。"痴官"手持夜壶，行进途中每逢酒店，定要进店讨酒喝，喝得烂醉如泥，东倒西歪，一副狼狈相。这个形象往往最能博得群众的哄堂大笑。在群众的心目中，痴官是现实生活中昏官、贪官、赃官的写照。

庙会活动既娱神也娱人。出会队伍中的各种表演，本意是在娱神，但娱神的同时，广大的民众也在这个过程中得到了莫大的欢乐和艺术享受，特别是在文化娱乐生活十分贫乏的过去，城隍出巡庙会被人民群众视为盛大的节日，在百姓辛勤的劳碌间隙，提供了一次全城的娱乐盛宴。

祭城隍

每年农历八月十八为城隍圣诞，为庆祝城隍生日，信众们都会云集城隍庙中，以丰富的宗教和民俗活动，庆祝城隍圣诞。

城隍圣诞当天，来自四乡八邻的信众都要往城隍庙中敬香拜神，更有许多身着五颜六色的彩衣信众，带着锣鼓等乐器，在敬香拜神之后，都要在城隍庙的广场上进行各种舞蹈表演。信众们往往十几个人为一个团队，在简单的锣鼓音乐伴奏下，挥舞彩带、扭动腰肢，用自编的舞蹈庆祝城隍圣诞。

城隍圣诞当天，城隍庙中的道长则会举行隆重的斋醮科仪。斋醮科仪是道教崇拜仪式的传统称呼,俗称"道场",谓之"依科演教",简称"科教",也称法事。斋、醮本不相同,《无上黄箓大斋立成仪》称,"烧香行道,忏罪谢愆,则谓之斋;延真降圣,乞恩请福,则谓之醮。斋醮仪轨不得而同"。"斋"的原意指齐和净,后为斋戒、洁净之意,指在祭祀前,必须沐浴更衣,不食荤酒,不居内寝,以示祭者庄诚。道教重视修斋,并制定了一整套斋法。按照它的规模和作用可以分为内斋和外斋。内斋重在个人修炼,包括心斋、坐忘、存思等。外斋重在济度,包括三箓七品,三箓指金箓斋、玉箓斋、黄箓斋;七品指三皇斋、自然斋、上清斋、指教斋、涂炭斋、明真斋、三元斋。"醮"的原意是祭,为古代礼仪。《说文》曰,其一为冠娶,二为祭祀。醮神意即祭神。道教继承并发展了醮的祭祀一面,借此法以与神灵相交感。醮亦有"醮法"。所谓"醮法",指斋醮法事的程式、礼仪等规矩。醮的名目很多,大凡世人有所需就会有相应的建醮名目,如祈雨九龙醮、正一传度醮、罗天大醮等。斋法与醮法本不一样,后来相互融合,至隋唐以后,"斋醮"合称,流传至今,成为道教科仪的代名词。

在祭城隍的斋醮科仪中,除了按照一般的科仪程式,举行敬香、请神等程式之外,城隍庙的道长都会宣读《祭城隍文》。《祭城隍文》中,会结合苏州城市的发展愿景,祈愿城隍神护佑苏州城市风调雨顺、政通人和、产业兴旺、人民安居。

七、结语

明清以降,城隍神成为中国神灵谱系中信仰范围最广泛的神灵之一,城隍信仰不仅遍布都、府、州、县,且与地方政治生活以及社会风俗的关系也日益紧密。特别是在风俗方面,在对城隍的祭祀礼仪中,通过城隍显灵等神迹故事,城隍对于遵循社会核心价值观的人予以奖赏,对于违背者予以惩罚,从而劝导世人奉行忠孝、诚实、友善、贞洁等核心价值观,构建良好的社会风俗。

祭祀礼仪在中国传统文化中具有重要地位。人们怀着思念、感恩之心,对祖先、神明等崇拜对象进行的礼仪，在千百年的传承过程中，形成了人们赖以生存的礼俗文化。这种文化作为城市居民在城市生存过程中共同创造、世代传承的文化样式，源于民众生活，有广泛的社会性，集合市民的意见，代表市民的意愿，凝聚市民的情感，贯穿于城市居民生活的始终。它一旦形成，就会被城市居民作为社会规范来接受，成为城市居民共同的心理意识和行为方式，对城市居民具有强烈的凝聚力、感染力和渗透力，是城市民众情感的混凝剂。

城隍神是城市的守护神。千百年来，人们怀着对历史上为这座城市做过贡献的先贤的感恩之心，对城隍神加以祭祀，并由此形成了城市独特的人文景观。苏州百姓所供奉的城隍神，是苏州城市发展过程中，真实存在且对苏州城市发展作出过巨大贡献的人。苏州百姓怀着思念、感恩之心，对他们进行祭祀，既是希望他们一如生前对苏州城市所作的贡献一样，在死后依然能够护佑这座城市风调雨顺、物阜民丰，同时也是以他们为榜样，敦促人伦，让这座城市更加文明、发达。苏州百姓的这些思想，在城隍庙会中都能找到踪迹。如苏州城隍庙会活动中信众所进行的保福、拔状、还愿等活动，在通过向城隍祭祀祈祷身体健康的同时，强调病愈后向城隍神告痊，并要向城隍神还愿，体现了知恩、感恩的行为规范；人们扮演地位低下的侍从、隶卒和犯人，并烧犯人香则是告诫人们要弃恶从善，要时常对自己所做恶事进行悔过，体现了城市友善的社会精神……

可以说，围绕城隍信仰形成的庙会活动，具有极强的功能地域性，历史延续性、文化渗透性和社会功能性，作为最贴近苏州城市居民心理，最能表达苏州城市居民意愿、最能反映苏州城市居民的生活追求，对于苏州城市的人文塑造具有重要影响。

游石湖习俗 "游石湖"习俗据传有约七八百年历史。以农历八月十八日"白天游石湖上方山，晚上行春桥下看串月"最为著名。2015 年 7 月入选姑苏区非物质文化遗产代表作保护名录，保护单位为姑苏区吴门桥街道文化站。

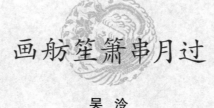

画舫笙箫串月过

吴 泠

引言

"望湖亭望石湖波，月串长桥月愈多"，这是晚清吴中风俗诗人袁学澜《姑苏竹枝词七言绝句一百首》中描绘"石湖串月"奇观的诗句。作者在诗后的自注中是这样写的："八月十八夜，群往楞伽山望湖亭，看石湖行春桥串月，画船笙歌，行穿桥洞。"这首竹枝词反映的就是江南地区游石湖习俗的精华内容。

游石湖习俗是流行于江浙沪地区、近代以农历八月十七、十八前后白天游玩上方山庙会、晚上欣赏石湖行春桥洞串月奇景，具有七八百年历史的传统习俗。该习俗于 2015 年 7 月 21 日列入苏州市姑苏区非物质文化遗产代表性项目保护名录。2021 年 9 月 28 日至 10 月 3 日，由中共苏州市委宣传部、苏州市园林和绿化管理局、苏州国家历史文化名城保护区管委会共同主办的"吴门运河最江南·石湖串月"江南民俗文化旅游节在行春桥东侧的渔家村上演。据悉，这已经是姑苏区成立以来在石湖渔家村周边举办的以"石湖串月"为主题的第四届民俗文化节了。

鸟瞰石湖景区

一、游石湖溯源

远追游石湖的起源，具体时间已不可考，但据留存的文献记载，可以追溯到南宋时期。石湖本来籍籍无名，自从南宋名臣、参知政事、诗人范成大退隐石湖，他把宋孝宗御赐的"石湖"二字镌刻在上方山磨盘屿东麓的崖壁上，吴郡石湖因之声名大震。范成大《重修行春桥记》载："石梁卧波，空水映发，所谓行春桥者，又据其会。胥门以西，横山以东，往来憧憧，如行图画间。凡游吴中而不至石湖、不登行春，则与未始游无异。"元末明初诗僧妙声所著《东皋录》云：石湖山水为吴中伟观，昔范文穆公乐而居之，固自号石湖居士，至今钓游之迹约略可考。士大夫之过吴者，必一至焉。用范石湖老人家的原话来说：凡游吴中不至石湖，则与未始游无异。通俗点说，就是到苏州不游石湖，就是白来一趟。

明正统四年（1439）进士莫震、成化元年（1465）举人莫旦父子二人合著的《石湖志》，则把游石湖习俗加以具象化：每岁清明、上巳、重阳三节，则游者倾城而出，云集蚁聚，不下万人。舟舆之相接，食货之相竞，鼓吹之相闻，欢声动地以乐太平，此则西湖之所无也。我们可以想象石湖周边一下子蜂拥上万人的热闹场景，必定是人头攒动，盛况空前。

感谢《石湖志》用文字给我们刻录了这一段历史的"影像"资料，给后人连线了一场跨越时空的"实况转播"：舟者、舆者、骑者、步者，贸易者、博塞者、剧戏者、吹弹歌舞者，而饮者、谑而笑者、醉而狂酗而争者，祭于神、祷于佛、哭于墓者，放棹而鸣锣击鼓者，张盖而前呵后拥者，吊古而寻基觅址者，挟妓而招摇过市者，累累然肩摩踵接至阻塞不可行，喧盛不减都邑。作者还把石湖跟杭州西湖作了一个对比，认为"太平气象虽西湖恐亦无此"。

从上述记载来看，游石湖习俗到了明代中前期内容已经丰富多彩，尤其在春秋两季，已经形成了很大的规模。这个人潮人海的盛况，放在今天怕也就只有名列"姑苏三宝"的古胥门元宵灯会、轧神仙庙会和苏州端午习俗堪可比拟，但是"三宝"的举办地都在市区，与石湖周边不可同日而语。我们今天在中秋游石湖习俗中欣赏到的、品尝到的、体验到的船拳表演、昆曲雅集、特色小吃、非遗市集等活动，不过是明代游石湖习俗的活动的"升级版"，比如融入了时代标识、科技元素、灯光声电等，这也正体现出了"游石湖"非物质文化遗产代表性项目的传承和保护意义。

江苏省非物质文化遗产专家委员会委员、苏州市非遗保护专家组成员蔡利民先生，一直关注吴地民俗文化研究。他在《苏州上方山的民间信仰习俗》这篇调查报告中指出，游石湖习俗与上方山的民间信仰息息相关，到明代"上方山五通神民间信仰活动与游石湖习俗已经十分活跃"，同时也指出："相传农历八月十七、十八夜，当满月偏西时分，行春桥九环洞北面，每洞均现以月影，金波万迭，明灭激荡，九月成串，蔚为奇观。"

二、游石湖习俗的基本内容

明代性灵派文学创始人之一的袁宏道曾把石湖上方山与虎丘相提并论，他说："虎丘如冶女艳妆，掩映帘箔；上方山如披褐道士，丰神特秀。"唐宋以来，历代诗人才子对石湖、上方山景色多有题咏。南社著名文学家周瘦鹃也曾说：杭州的西湖，名扬世界，而苏州的石湖，实在也不在西湖之下。那么，游石湖习俗究竟涵盖哪些内容呢？参阅各种资料整理如下：

1. 白天游石湖逛庙会

历史上游石湖庙会从农历八月十一开始有小商小贩云集，上方山庙会中的集市，为民间商品交易的临时集结地。现在的庙会交易街市，主要集中在吴越路、上方山国家森林公园、石湖度假村附近。旧时的街市则从行春桥起经过石佛寺、治平寺，沿着山路直到山顶。山脚下比较集中，搭棚设摊的小贩，密密麻麻，数不胜数。其中的风味小吃有：骆驼担子卖糖粥、鸡鸭血汤、豆腐花、五色汤团、小馄饨、桂花芋艿、烘山芋、梅花糕、海棠糕、酒酿圆子、糖切糕、糖炒栗子、热白果、南塘"鸡头"（芡实）、水红菱、药汁梨膏糖、玫瑰粽子糖、焙酥豆、长生果（花生）、糟乳腐、萝卜……应有尽有，价廉物美。而各种特色摊点的叫卖吆喝声，也是不绝于耳：小热昏（民间街头说唱滑稽的艺人）吆喝："百草梨膏糖，吃仔勿生倍子（痱子）勿生疮，勿吃我的梨膏糖，回家就要生疔疮……"拉样片（拉西洋镜艺人））唱："快点来看！往里厢张（看）嗳！看看岳飞枪挑小梁王、潘金莲毒杀武大郎，还有跳舞场里的大姑娘啊……"卖炒货的叫道："香是香来糯是糯，糖炒栗子热白果，吃仔俚（他）格肉，还仔俫格壳……要买五香豆嗳！先吃味道慢还……"卖小百货的叫道："引线（缝纫针）要买真老牌，老牌引线大减价，我个老板本钿大，蚀脱两钿不在乎……"其他百货杂品也是琳琅满目：绣花童鞋、襄衣箬帽、扁担草鞋、春耕农具、古董旧货、香炉蜡扦、野生草药、日用瓷器……还有各种民间街头艺人来摆场子，其中有：打莲湘、走高跷、舞龙灯、嬉双狮、猴子骑羊要戏文、"变戏法"（魔术）、唱"滩簧"、弄毒蛇、吞剑弹、开硬弓、甩石锁、舞刀枪、走钢丝等，各显其能。当然，在商品极大丰富、快递朝夕上门的今天，原来这种城乡间的小商品交易市集已经不复存在，但是特色小吃、独具匠心的文创产品成为民俗活动的主角。

2. 晚上赏石湖串月奇景

石湖串月是与平湖秋月、卢沟晓月、三潭印月相齐名的四大赏月胜地。农历八月十七、十八子夜，皓月当空之时，行春桥九个环洞各映月影一轮于湖水之中，形成"九月一串"之奇观，令人赏心悦目，这是"横串"的说法。另有一说，行春桥九个桥洞，串月十八环，是指月光照在桥洞里，以不同时间而产生时而在桥南、时而在桥北，甚至同时在桥两侧形成串月之景，故称十八环，这是"竖串"的说法。关于串月，也有说从上方塔铁链中看的，也有说是在宝带桥看到的，还有说从上方山看宝带桥串月的，甚至城里的某处桥洞、常熟的一些桥洞，都能看到串月的奇观，而且不限九月十八，二月十八夜也能看得到。

《清嘉录》《吴郡岁华纪丽》对石湖串月的宣传居功至伟。顾禄《清嘉录》卷八收"石湖串月"条有记载：十八日，游石湖。昏时，看行春桥下串月。袁学澜《吴郡岁华纪丽》卷八："行春桥在茶峒山下跨石湖上，与越城相近，有石洞十八，亦名小长桥。"所以有"长桥串月十八环"之说。每年农历八月十七前后，来自苏州城乡、上海、无锡、常熟甚至浙江嘉兴、湖州等地的游客蜂拥而至。据新郭村原住民徐金和老人回忆，20 世纪 50 年代初，他小的时候在行春桥看到过石湖串月，八月十七日子夜，月亮到了楞塔寺塔尖的时候，桥洞里的影子，呈现出十八个月亮的奇景。

3. 看船拳表演听石湖棹歌

"吴人以舟船为艺，出入江湖，动必以舟。"自古以来，船一直是苏州重要的交通工具，这和当地发达的渔猎活动和稻作生产关系紧密。石湖越溪一带多船，制船技艺极高，这为船拳的形成提供了条件，蠡墅本来就是打造漕运船只的江南基地之一。船拳即在船上表演打拳等武术和杂技，而以拳术、腾跃为主要表演项目。"飞刀投枪""飞叉过桥""拳打巨石"等都是非常吸引人的节目。其中最精彩、最惊险的，是将钢叉飞过行春桥。此时船飞速穿过桥洞，拳师在桥的另一头正好接

游石湖走新郭老街

住钢叉继续飞舞，滚绕于胸背颈臂之间，左盘右旋，哐啷哐啷之声不绝于耳，岸上的男女老少无不拍手叫好。《苏州府志》载：每年的农历八月十八，越溪各村的拳船开始集结，到石湖为上方山庙会助兴。那一天，湖面河心，轻舟快橹，往来如飞。标旗飘展，鼓乐齐鸣，方圆百里的乡人，均驾着各自经过装饰的大小船只，集中在石湖的行春桥下。拳手在船头献艺，船队敲锣打鼓，由石湖出"越城桥"，再由"九环洞桥"回到石湖。船队穿行于桥洞，来回三次，才退到停泊地方。越溪船拳虽然在小小的船头表演，但因为是为上方山庙会助兴，有石湖这个大舞台，所以知名度极高。但随着时代的变迁，"飞叉过桥"已经失传。苏州市非遗馆介绍"游石湖"习俗的影像资料中，"飞叉过桥"的影像据说是用电脑合成的。苏州江南船拳已于 2016 年 1 月 14 日列入第四批江苏省非物质文化遗产代表性项目名录，而越溪船拳作为江南船拳的重要组成部分，必将不断发展壮大。

石湖棹歌属于吴歌的一种,是生活在石湖地区的渔民外出打渔时所唱的山歌。《石湖志》载"桥路透迤,千陌鳞次,洲渚远近,与夫山與水舫之往来,农歌渔唱之响答,禽鸟鱼鳖之翔泳,皆在岚光紫翠中,变态不一"。吴歌是广大吴地劳动人民在长期的劳动生产中集体创造的宝贵文化遗产,也是吴地传统文化的重要组成部分。吴歌的历史源远流长,见诸文字记载已在千年以上,而棹歌口口相传、代代相袭,具有浓厚的地方特色。石湖棹歌则是吴歌百化园中一朵烂漫的山花,它是勤劳纯朴的石湖渔民在繁重的渔业捕捞和枯燥的渔家生活中,交流、宣泄情感,协调渔捞作业,以及青年男女表达爱慕之情的一种文化形式,具有浓郁的乡土气息,带有纯朴的平民色彩。晚清布衣诗人许谔常住石湖周边,他所创作的《石湖棹歌百首》虽系文人创作,但却忠实记录了旧时石湖地区的棹歌风情,"不减范石湖《田园杂兴》之诗"。新郭村原住民徐金和老人有一个绝活,他能即景生情,随编随唱石湖棹歌。

4. 灯船品船菜听曲

苏州在历史上有各种类型的游船画舫,最为人称道的是灯船。八月十七前后的夜晚,装饰华美的灯船泛舟于石湖的水面上。据顾禄的《桐桥倚棹录》记载,清代苏州的灯船,宽大舒适,富丽堂皇。船上搭有灯架,海船悬明角灯100多盏,犹如点点明星。船中间有摺门,两旁有侧门。舱中有丝绸的帷幕,绣花的窗帘,中舱有卧炕,炕边又有小巷直通船尾。舱顶开有天窗,光线明亮。炕侧有小榻,并设有红木或紫檀的桌椅,上面镶有大理石。门窗之上,刻有黑漆白底的书画。船厅中的陈设雅致华美,有挂钟、镜屏、瓶花、茶具。船上还备有精美的酒馔。清代道光年间,苏州有大小灯船30余艘,式样各异,互相争奇斗胜,为水乡苏州增添了光彩。灯船中常有歌姬或唱着婉转的昆曲、或弹拨着悠扬的琵琶,游人在画舫中赏月、听曲、品船菜,不亦快哉。

石湖的船菜堪称一绝。吃船菜在中舱,烹调菜肴则在船尾厨房。后舱内设靠床,供吃客休憩。吃船菜的规程是:船主先上茶水糕点,数量极少,每人再上一小碗"鸡头米"(芡实)汤或莲子银耳羹,这是让吃客开胃。接下来船娘烧的菜就一只只上来了，都是用产于石湖中的水产品制作的，例如银鱼、虾、螃蟹、甲鱼（鳖）等，还有精巧美味的船点。每道菜的名称也很高雅，数量不多但烹制精细。最后送上应时果品，如水红菱、白糖藕、小月饼。明代唐伯虎在游览石湖、品尝船菜后，还写过这样一首诗："柳沉雾气蒙蒙湿，月落湖光晃晃明。翠幕船楼红拂妓，越城桥醉夜三更。"所谓"石湖串月"，很有可能就是这群文人欢饮达旦、醉眼朦胧中的惊艳发现。不过船菜价格相对较为昂贵，以前都是有钱有闲人家才能消费的，近年因环保问题，太湖、石湖周边的船菜项目基本被"一刀切"了。但船菜作为极具江南水乡一种特色饮食文化，在做好环保的前提下，有条件的把它部分恢复起来还是必要的。石湖原住民陈留根说，20世纪60年代上方山还有庙会，松鹤楼菜馆也会到石湖画舫卖菜。

三、石湖串月何时成为游石湖的重头戏

《石湖志》中没有提到"石湖串月"。

我们当前可以查到的"石湖串月"的最早记录，是顾禄《清嘉录》所引述的卢志，即卢熊所编《洪武苏州府志》。该志载："十八日昏时，登楞伽塔望湖亭，士女为串月之游。"笔者几次查证卢志，未见到有石湖串月的记载，曾请教点校这本府志的市地方志办公室副主任陈其弟先生，他说也未见相关记载。那么，卢志是否是嘉靖吴县进士卢襄纂修的《石湖志略》呢？经查证该志，也未见相关记录。

有一分证据说一分话。

游石湖习俗与"石湖串月"紧密联系到一起，应该是明代中后期的事情，具体当在嘉靖朝前后。从目前可以查到的文献资料来看，明确记载"串月"的诗文均在万历、天启年间。如张宏的《一串月》："碧落千寻圆玉洗，清波一串碎浮金""览胜别疑探月窟，重重倒映水晶球"。姚希孟的《石湖泛月记》："是日，游人颇集，因十八夜有上方观串月之说，俗子所竞赏也。"

尽管石湖串月声名在外，但是需要指出的是，石湖串月的奇观，在明代就难得

石湖串月唱昆曲

一见。

　　据崇祯二年刻本《横溪录》所载，一位叫徐波的苏州诗人，在天启丙寅年，即1626年秋，邀集友人登上方山观串月，终于得偿所愿，后来专门写了一篇古风来记录此事。在前言中他感慨地说："吴中数十年来盛传楞迦山八月十八夜一串月，余年三十七矣，未尝一见。"《横溪录》收集了文徵明咏月诗十多首，诸如咏月、赏月、玩月等，且老夫子也画过《石湖秋月图》之类，但未见其有串月的记载。石湖串月的记载，尽管在清代的地方志、诗文笔记中日渐增多，但很多人估计一辈子也没有看过，以至于发出"秋风十里绿蒲生，串月看来虚有名"的感叹。晚清《南洋官报》曾对"石湖串月"进行考证，结论也是虚有故事。

　　但也许得不到的就是最好的，越是难得一见的奇景，越是受到人们的追捧和青睐。再加上后来石湖串月与上方山的民俗信仰有意无意地捆绑在一起，石湖串月并不因为难得一见就销声匿迹，反倒更加名闻遐迩。对于石湖串月与民间信仰的关系，是要一分为二来看的。尽管官方对上方山民间信仰屡加禁止，如康熙江苏巡抚汤斌毁禁上方山淫祠，但游石湖习俗与石湖串月活动的生命力却十分顽强，总是能够"野火烧不尽，春风吹又生"。

前文说过，《石湖志》载游石湖在明代就已十分盛行："自行春桥至薇村、陈湾诸处人家，俱有两人竹轿，陆行者多倩而乘之，轻便安稳，随高下远近，无适不宜。水行有舟，大则楼船而两橹四跳；小则短棹而风帆浪楫，行住坐卧任意所如。尝观他处，舆于山者，未必有水；舫于水者，未必有山，不能两备。惟石湖有山有水，可舫可舆，诚佳处也。……石湖当山水会处，游人至者，无日无之。"

尽管游石湖者"无日无之"，但游石湖习俗发展到后来，其高潮则在每年农历八月十八前后的上方山庙会。这几天人们到上方山烧香祈神，同时游石湖，形成苏州所独有的"八月十八游石湖、看串月"的习俗。《百城烟水》载："至十八日，群往楞伽山望湖亭看串月为奇观。"中秋节前后游石湖的这几天里，笙歌喧阗，彻夜不绝，四近各方均有游客赶来。与此同时，城乡摊贩也蜂拥而至，沿山临湖结亭搭棚，聚为集市。清代诗人蔡云《吴歈》诗云："行春桥畔画桡停，十里秋光红蓼汀，夜半潮生看串月，几人醉倚望湖亭。"另一位清代诗人沈朝初《忆江南》词云："苏州好，串月看长桥。桥畔重重湖面阔，月光片片桂轮高。此夜爱吹箫。"从这些诗词中可以看出当日盛况，难怪范成大要说："凡游吴不至石湖，不登行春，则与未始游者无异。"

上海《点石斋画报》有一段报道，从中似可窥见晚清（光绪十九年）游石湖风情的概貌："苏州石湖，以宋相范成大得名，别墅诸胜载在府志，今自庚申（1860）乱后，荒凉甚矣。八月十八日为串月之期……是日，宿雨初晴，画舫笙歌群集于此，游船络绎不绝，约有数百。竟有满江红峨峨大艑，容与中流；小轮船，汽筒鸣鸣驰驶湖际；又有乡人弄刀弄棍，群击锣鼓助之，谓之打拳船……堤上有行春桥，洞门凡九，上方山治平寺一塔亭亭，近则海潮寺，鉴湖阁亦小而有致。游人皆不上岸，一若数千百人是日只准酬嬉水际者，日晡即归，东舸西舫，无一留存。"日晡即归，无一留存，也显示出国难当头，人已全无看月雅兴，数百游船群集于此，只是一部分人应景之举而已。到20世纪50年代"大跃进"以后，游石湖日趋式微，特别是"文革"期间，在极左思潮影响下，发生了严重违反自然规律、破坏生态平衡的"围湖造田"和"开山采石"活动，湖山遭到严重破坏，游石湖看串月的环境已不复存在。改革开放以来，苏州市相关部门把石湖开发为一大风景旅游区，近几年又不断有自发性的串月活动举行，庙会迷信色彩的内容逐渐淡化，举办诸如篝火晚会、烧烤活动、歌舞表演等，但规模远不如从前。2018年9月吴门桥街道举办"石湖串月"民俗文化节，至今已连续举办四届，"石湖串月"依然是最靓丽的一张节庆民俗名片，具有重要的推广价值。

四、游石湖习俗的主要价值

石湖地区山温水软，景色明丽，游石湖习俗尚有其他元素可供玩赏，试总结如下：

1. 科学考察价值 石湖景区是太湖国家级重点风景名胜区13景区之一。作为真山真水城市山林，既有自然山水之美又有世外桃源般的田园风光。景区规划面积22.35平方千米。景区内文化积淀深厚，拥有省、市文物保护单位多家。苏州文化学者王稼句认为：石湖还有许多历史文化资源没有得到很好的挖掘和利用，应该通过进一步的论证和资源整合、包装，让这里不仅成为游客呼吸新鲜空气、放松身心的好地方，更应该成为触摸苏州文脉——包括史前文明、吴越春秋、唐宋风雅、明清繁华和当代发展的绝佳去处。《苏州日报》载：2003年10月太湖淤泥中发现大批铁疙瘩、铁质管状物，被南京大学地球科学系陨石专家王鹤年认定为陨石撞击太湖的直接物证。北京大学博士生导师陈永超教授也曾陪同台湾学者到石湖进行考察。苏州民间文艺家协会的收藏家，据说收藏了一部分石湖里的"陨铁"。

2. 历史民俗价值 游石湖习俗作为传统民俗文化节，包涵着特定的时令气候（每年中秋前后）、特定的文化活动场所，特定的民俗文化习俗，表现了吴地先辈在大自然的时节变迁来临之际，依靠劳动智慧和生活知识积累，用朴素的行为方式，去适应大自然的变迁，去追求人与自然的和谐共生，这对我们坚持人与自然和谐的科学发展观和构建社会主义和谐社会，具有现实的意义。对了解苏州人的民间信仰、生活形态有历史价值；游石湖习俗作为传统民俗活动，极大地强化了劳动人民的文化认同与社会和谐，培育形成了人与自然和谐发展的文化理念。同时，游石湖作为非物质文化遗产传承平台，包含吴地船文化、船拳、说唱表演、民间工艺展示等诸多内容，传承意义重大。

3. 文学艺术价值　如同苏州端午习俗纪念伍子胥一样，石湖串月具有鲜明的苏州地方特色。石湖素有"石湖佳山水""吴中胜境""黄金嵌碧玉""石湖胜似西湖"的美誉，苏州市地方志办公室原主任徐刚毅先生曾说过：苏州石湖，是中国江南最美的地方。石湖历史人文底蕴丰厚，从范成大隐居石湖开始，范石湖就与石湖紧密联系在一起。石湖是范大成归隐之地，他不仅自号石湖居士、石湖老人，还根据地势高下，在石湖建造亭台楼榭，遍栽花木，有千岩观、天镜阁、盟鸥亭、玉雪坡、农圃堂诸胜。宋孝宗题"石湖"二字赐之，遂有石湖别墅之称。别墅因人而名盛，与湖山风光相得益彰，为时人所倾倒，一时间文人竞相赋诗作文，成为一时盛事。淳熙十三年（1186），范成大在石湖所作《四时田园杂兴六十首》，是他一生田园诗的代表作。据苏州博物馆研究员沈建东统计，范成大著有《石湖集》一百三十六卷及《骖鸾录》《吴船录》《桂海虞衡志》《吴郡志》等。

4. 旅游经济价值　在商贸不够发达的古代，游石湖逛庙会极大地活跃了城乡商贸，满足人民群众的生活需要，既活跃群众文化生活，也推动商贸的发展。石湖新郭一带曾是苏州制造眼镜的基地之一。《吴门补乘》就有记载："眼镜作在新郭"。历史发展到今天，石湖串月作为中国四大赏月胜地，蕴含巨大的旅游价值，这对进一步发展苏州旅游业，展示提高姑苏形象十分有利。石湖、上方山风景区作为吴城、越城遗址，《吴县志·横山条》载：山之岭九，九岭各有墩，中空，为藏军处。《图经续记》载：此山镇郡西南，临湖控越，实吴时之要地。苏州博物馆考古考察报告确定磨盘山与郊山之间的古城墙为吴城古址。几百年前古人就把石湖与杭州西湖相提并论并驾齐驱，现在，西湖的名气、价值品牌要远远大于石湖。作为苏州国家历史文化名城保护区，姑苏区要处理好经济社会发展和文化遗产保护的关系，制定具有前瞻性的"游石湖习俗"的保护计划，坚持保护文化遗产的原真性和完整性，要着眼于石湖的农耕文化和田园风光做旅游推广，统筹规划、分类指导、突出重点、分步实施。

五、存在问题及建议

游石湖具有悠久的历史、深厚的群众基础，但是，在传承保护的过程中也面临一些问题。

1. 要打破"三国四方"的壁垒。游石湖习俗作为集体传承为主的非物质文化遗产项目，具有自发性、断续性与分散性的特点。虽然"游石湖"习俗从产生、形成到流传完全是民间自发的，找不到历史上有官方出面组织的记载，但是毋庸讳言，游石湖与上方山的民间信仰是密不可分的。自发性也导致了活动的断续性、分散性特征，游石湖习俗的延续不仅会受到自然气候的影响、同时也会受到政治气候的影响。姑苏区文联艺术指导委副主任梅锦煊就指出，历史上清朝康熙间江苏巡抚汤斌大破五通神、毁淫祠，"游石湖"势必会受影响。再比如"文革"期间的影响等。分散性的特点决定了群众参与游石湖目的性难以相对统一。"游石湖"作为一种习俗，它的民间信仰是什么？它的精神内核是什么？它要传承的是什么精神内质呢？都值得好好思考。目前，石湖在管理体制上条块分割、四分五裂，徐刚毅总结为"三国四方"（吴中区、姑苏区、高新区、园林局和宗教界）。这样的管理现状，不利于游石湖习俗的传承保护和发展，也直接导致了游石湖、看串月活动没有办法恢复到以前的盛况。但是，上述景区产权都属于苏州市，就为我们解决问题提供思路，迫切需要一个部门统一规划、统一管理，以达到政令畅通。如果可能的话，需要市级领导担任协调小组组长，牵头成立联席会议，共同做好游石湖习俗的组织工作。这个问题如果得不到有效地解决，将来会掣肘游石湖习俗整体工作的布局与推进。

2. 正确处理民间信仰与传统习俗的关系。非遗有很多类别，"民俗"是一大类，包含很多方面，其中"游石湖"应当属于"民间娱乐"类，而民间信仰属"民间信俗"或"庙会"类。历史上的"游石湖"广为流传，"白天游石湖，晚上看串月"是苏州市民最大的出游活动之一，是与群众生活密切相关、世代相袭的传统文化表现形式，是非常有价值的吴地习俗。"游石湖"习俗是如何形成的？是先有上方山民间信仰，还是先有游石湖习俗？综合分析下来，应该是民间信仰的风行，才使得上方山、石湖地区在农历八月十七、十八集聚了大量的游客。大量游人的到来，要吃要喝要玩要有娱乐项目，具有敏锐嗅觉的商人从中看到了商机，这些因素的集成之下，才有了上方山庙会，才会有晚上欣赏"行春串月"奇景。历史上的上方山庙会、"游石湖"习俗实际上包含了上方山祈福的民间信仰，我们要正确处理好这三者之间的关系。游石湖与"行春串月"的关系容易处理，即把"串月"作为游石湖的重点、亮点来安排。但需要淡化"上方山民间信仰"问题，逐步加以引导，要逐步剔除民间信仰的迷信色彩，移风易俗。

六、保护思路

除解决上述问题之外，在推进游石湖习俗的传承保护过程中，还要把握以下几个思路。

1. 以石湖串月为引领，打造自然山水之胜。作为苏州西南的"绿肺"，要着力突出石湖风景区真山真水的特点，自然风光独特。明文徵明诗：贪看粼粼水拍堤，扁舟忽在跨塘西。千山雨过青犹滴，四月寻春绿已齐。湖上未忘经岁约，竹间觅得旧时题，晚烟十里归城路，不是桃源也自迷。明莫旦《苏州赋》谓："吴俗好邀游，当春和景明樱花烂漫之际，用楼船箫鼓，具酒肴，以游上方、石湖诸处，上已日为最盛。"清乾隆《吴县志》："十八日昏时，游石湖，观宝带桥下串月。"八月十八游石湖看行春桥串月，画舫徵歌，欢游竞夕。借串月之名，邀游山水，饱览自然风光。但是，因为受到时间、环境等限制，石湖串月的景象难得一见，因此要进一步突出"月亮"元素，可以常年举办此主题的全球性的摄影作品、文学作品征集活动，把"串月"作为主打内容，以"拍月""赏月""颂月"为基本框架设计策划活动，分时期分阶段进行表彰，进一步扩大石湖串月的影响。

2. 以时令节令为序，欣赏民俗风物之美。石湖自然风光四季不同：看月、泛湖、雅集、游石湖登上方治平等。"惟石湖有山有水，可舫可夷，诚佳处也。"除自然风光之外，要探求其文化空间，搜求现象背后的推动因素。围绕元宵节、上巳节、清明节、观莲节、中秋节、重阳节、冬至节等时令节令，重点在上巳、中秋、重阳三节上做足功夫，上巳游春，中秋赏月，重阳登高等。其他如清明节踏青、六月廿四荷花生日观莲节，亦可培育："荷花荡，在茶磨山西麓，亦名黄山南荡，广数百亩，土人种莲，每花时，红白弥望，香气袭人，游人鼓棹入锦云之乡，真仙境也。"视保护进展情况，如条件允许，可剔除迷信因素，增加活动内容，适当恢复上方山庙会。

3. 坚持传承创新，彰显历史文化新优势。非遗世代相传这一特点必须依靠群众来完成，延续的主体是群众，尤其是当地社区、在一定范围内的群众。非遗在传承中会不断再创造，结合时代赋予新的内容，从而增强对民俗文化活动的吸引力和热爱。游石湖习俗也是如此，要大力挖掘石湖景区悠久的历史、丰富的内涵，坚持在传承中创新，在创新中传承。石湖、上方山风景区积淀了深厚的帝王文化、宗教文化和民俗文化，历史底蕴深厚，要结合当下积极拓展休闲、文化旅游空间，探索更加适应现代旅游市场的深度游、体验旅游项目，设计出旅游专线、微旅游路线，拉长产业链，凸显历史文化新优势。在节庆活动的举办上，可突破"石湖串月"的局限，适当拉长活动举办时间，姑苏区可联合吴中区、高新区、市园林和绿化管理局，通盘考虑如下因素，共同恢复举办上方山庙会和游石湖习俗。

（1）古迹遗址：马家浜文化遗存、郊台遗址、宋孝宗御书、乾隆御道、石湖行宫、范成大故宅、摩崖题刻、名人墓地、吴越争霸遗址、余庄、宗教道场、横塘驿站……石湖最精彩的人文故事，首推南宋范成大。范成大是南宋著名诗人，他晚年隐居石湖时所作的大型组诗《四时田园杂兴》，堪称中国古代田园诗的集大成。范成大还是一位古代杰出的地理学家，出使金国有日记《揽辔录》，另有《石湖诗集》《石湖词》《桂海虞衡志》《骖鸾录》《吴船录》《吴郡志》等著作传世。目前，关于范成大的著作，目前有上海古籍出版社的《范石湖集》《范成大年谱》，又有中华书局的

《范成大笔记六种》，其他各类选注的版本，更是琳琅满目。建议牵头搜集整理收集出版范成大全集，围绕开发范成大文化 IP 做文章。

（2）石湖风物：石湖湖鲜、范村梅、范村菊、官城梅、茭白、藕等不一而足。《石湖志》卷六土物对石湖特产进行归纳总结；许锷的《石湖棹歌百首》可以看作石湖地区物产、民俗、节令的汇编。清人顾嗣协《溪上》诗云："十里青山五里溪，短桥前过接长堤。网鱼入市争先卖，野饭炊香获稻齐。两岸晚风芦叶老，一林秋雨豆花低。远滩漠漠轻烟里，无数人家住水西。"石湖地区目前保留了城区近郊较为少有的山水田园风貌，可借鉴 QQ 农场的经验，做大做靓标志牌，可以把渔庄零散的土地出租给附近的居民，种植各类农作物，打造石湖田园风光。

结语

通过对石湖周边原住民、苏州部分文化学者、民俗专家、吴门桥街道部分领导、社区挂职干部的走访调研，可以得出如下结论：游石湖习俗与群众生活密切相关，是世代相承的传统文化表现形式，非常有价值。虽然游石湖习俗现在有些淡化、散落，但是姑苏区切实加强组织领导，按照《关于实施中华优秀传统文化传承发展工程的意见》要求，坚守中华文化立场，传承中华文化基因，坚持古为今用、推陈出新，举办"石湖串月"民俗文化节，坚持有鉴别的对待、有扬弃的继承，有信心、有计划做好游石湖这一习俗的传承保护和发展，为建设社会主义文化强国，增强国家文化软实力，实现中华民族伟大复兴的中国梦，建设苏州国家历史文化名城做出新贡献。

（本文部分内容参考王稼句、徐刚毅、龚平、蔡利民、沈建东、梅锦煊等专家学者在吴门桥街道历史文化研讨会上的发言，特此鸣谢）

祭孔仪式　每年孔子诞辰前后在苏州文庙举办的纪念孔子系列活动，主要内容有社会各界人士祭孔、礼乐和佾舞表演等。2013 年 6 月入选苏州市非物质文化遗产代表作保护名录，现保护单位为姑苏区双塔街道文化站、苏州文庙管理所。

文庙祭孔致中和

燕华君

伍子胥相土尝水之后，紧急着建造阖闾大城。修筑苏州大城时，伍子胥沿用外城套内城的格局，"吴子城"就是苏州内城。《吴越春秋》说，"筑小城，周十里。陆门三，不开东面者，欲绝越明也。"子城旧址东至公园路，西抵锦帆路，南临十梓街，北傍干将路，位于古城中轴线上。

子城就是今天的双塔区域。

日出推窗喜见塔影，夜深闭户静听橹声。作为政治、教育、文化、科技、旅游中心城区，解梦双塔，她有三个关键词：文化，教育，人才。双塔，她和其他街道有些相同，更有一些不同。文化就是她最特别之处，文化既是她的外衣更是她的内衣，文化既是她的细节更是她的内心，年华流逝，雕刻时光。

泰伯奔吴之前，苏州人被称为蛮子，断发、文身、尚武、轻死曾是苏州人的性格特征，所以有吴戈、吴钩之类的冷兵器雪藏于虎丘剑池底下，历史上更有铸造干将莫邪剑传奇、专诸刺王僚、要离刺庆忌故事，强悍民风，有史记载。唐以前，苏州没有学校，学生主要请私塾老师"传道、授业、解惑"。

从尚武、轻死到郁郁文风、彬彬文士，苏州民风从强悍到温软之大裂变、大转换，可以说范仲淹开设的府学功不可没。

创府学以兴教育，闻弦歌而知深意。北宋景祐二年，范仲淹创府学于南园一隅，历经拓垣扩地，至明清时已是深广巨丽。范仲淹创立的苏州府学不仅在苏州地区是最早的一所官办学校，在全国范围内也属第一所州府级学校。

史载：天下之有学，自吴郡始也。

至圣先师

高山仰止，水流千年。沧浪亭五百名贤祠，以春秋时期的吴国公子季札为吴中第一贤人，以清道光林则徐压轴，共计五百九十四人。

清康熙五十二年（1713），张伯行在府学尊敬阁后创办紫阳书院。乾隆帝弘历六次南巡，六次驻跸，就是今天的苏州中学。

光绪二十七年（1901），在地方官绅的支持下，在天赐庄建东吴大学堂，其校训是：为社会造就完美人格，即是今天的苏州大学。

包天笑《钏影楼回忆录》记：苏州有一个考场，称之为贡院，在今葑门内双塔寺前。双塔细而高，正像两枝笔，这是天下文风称盛的象征。

清末，教会学校兴起，天赐庄一带形成了从小学景海女子师范附属小学，中学东吴大学附属中学；中等职业技术学校景海女子师范、博习医院护士学校；到大学东吴大学的完整型教育体系。范仲淹所创府学已在苏州生根、开花、结果，并在双塔区域长成参天大树、巍峨栋梁。

双塔，她的园林文化、故居文化、桥梁文化、碑刻文化、街巷文化彼此交相辉映，形成深厚的文化底蕴。

最能体现完美人格的是廉石，它讲述三国东吴名臣陆绩为官清廉、勤政爱民的故事；苏东坡的双塔禅院，张士诚的皇废基宫殿，金圣叹哭过的文庙，望星桥堍程小青，王长河头周瘦鹃，青石弄叶圣陶、章太炎、袁学澜，居住在双塔辖区的政治家、思想家、教育家、文学家组成了一部厚重的文化史。人文荟萃，书香盈邑。双塔，为其提供了一种诗性、松散、有趣的生活场景。

漫步塔园回廊，探寻沧浪清溪，叩问文庙书声，浏览西花园石径，走过官太尉桥、寿星桥和进士桥，仰望瑞云峰，脚步停留在文庙前面，心绪凝重。

文庙即是范仲淹创办府学的老底子。

文庙保留下来的重要建筑有棂星门、戟门、大成殿、崇圣祠、七星池、明伦堂。文庙里的一切，华表，石屏，参天古树；明代宋代的连理杏、福杏、三元杏；大成殿，殿里的编钟大鼓；东、西、北侧墙上，镶嵌清代雕刻《论语》：君子食无求饱，居无求安，敏于事而慎于言；"道冠古今"甬道；这一切一直在那里，仿佛静止不动的树梢间的风声，是欢喜、自由的状态。

走近文庙，隐约有歌：兴于诗，立于礼，成于乐。

学而时习之，不亦说乎

如果，把始建于北宋太平七年的双塔比喻成两支如椽大笔，那么，它在姑苏城画出曼妙文化、婉约园林、优雅街巷、繁华市井；如果，把文庙为代表的宋代府学看作人才的摇篮，那么，其周围形成的良好文化生态已绵延千年。

一个城市看重顶层设计，且文化在魂、根、本、人四个方面下功夫，引领和支撑硬实力、软实力一起发力，才能达到"父子笃，兄弟睦，夫妻和，家之肥也"这样的境界。

做文化，就是要落到细节去做。比如一个概念的提出，要有一整套内容和内涵去丰富它、充实它，使其真正成为一个经典案例，一种独特思想，一套规范体系。

姑苏孔子文化节已经成为一种象征，将文化气息奉献给辖区居民，这是对遥远历史的祭祀，对绵长文化的尊重，对朴素人文的关怀，对现代生活的注解。

为此，面对祭祀孔庙这桩大事，双塔街道上上下下可谓动足脑筋。

在双塔街道文化站，找到关于祭孔的两个时间节点：第一，2006年9月24日，苏州文庙举办了中华人民共和国成立以来苏州首次祭孔文化活动；第二，2013年"祭孔仪式"成为苏州市非物质文化遗产代表性项目。

疏理一下历代祭祀孔子的史迹。

祭孔始于两千五百年前的春秋时代，即孔子去世那年按"岁时祭祀"；宋代，苏州文庙秉承礼制，每年春秋仲丁二祭，行祭祀孔子之礼；元至元二十九年（1292），苏州府学教授李淦受命督造文庙祭器，这是元代祭孔祭器的最早记录，也是苏州文庙府学一次重要造祭器阶段；元大德年间，朝廷及地方政府对儒学高度重视，称修庙祀孔为"圣人之道，如天地父母"，元时，祭孔规模之大，属官方祭孔。苏州最高行政官员郡侯戎益率文武百官参加文庙祭孔大典，达到什么程度？

苏中学子佾舞表演

"诸生骏奔走执豆笾，六民聚观"；明成化以前，祭孔属诸侯中祭规格；在明成化十二年（1477），苏州文庙祭孔尊朝廷诏令，改中祭为大祭；清末，即1906年祭孔正式升为大祀；清光绪三十二年（1906），祭孔已至鼎盛，祭孔正式明文规定由中祭定为大祭。

定为大祭祀后，文庙祭孔的神位、殿瓦墙、月台、礼器、乐器、佾舞等皆以提升。苏州文庙大成殿顶饰黄瓦，应递升于此时。由此，祭孔与祭太庙、祭天地等同，祭孔达到了国家最高礼制，可谓登峰造极。

改革开放后，1999年苏州市人民政府拨巨款重修苏州文庙大成殿及佾台；2002年重新设计完成"大成殿孔子文化陈设"；此年，曲阜孔庙率先恢复民间祭孔；2006年9月24日，苏州文庙举办中华人民共和国成立以来苏州首次祭孔文化活动。

婉约庭园是文人避世的桃花源，以文庙为主体的府学则是学子入世的风水宝地。兴盛于北宋的府学曾经名冠江南，学子数千。园林和府学不仅仅是文人私人订制，更是社会价值观的共同取向。

自 2006 年起，双塔街道已成功举办 12 届孔子文化节。至 2011 年，逐步发展为孔子文化节系列活动；

2012—2013 年，文庙大修，活动暂停；

2013 年，"祭祀孔子诞辰大典"成功入选第六批苏州市非物质文化遗产代表性项目名录；

2014 年，围绕"千年府学、百年梦想、传承经典、共筑和谐"主题，开展纪念孔子系列活动，首次出现"六佾舞"。设在泗井巷市民会馆内的市区首家社区孔子学堂正式成立；

2015 年，祭孔大典正式升级为"姑苏孔子文化节"，祭孔大典恢复"三献礼"；

2016 年外国学生首次参与祭孔典礼，其中，开笔礼和 2016 级新生"大成·启蒙"入学礼是礼仪展示方面的新内容；

2017 年的主题是微旅游。姑苏区与苏州市旅游局合作，规划三条微旅游主题线路，其中有"小巷悠悠""民国风情""高义风流"苏式生活体验游；

2018 年，在向至圣先师进馔、奠帛、敬香的环节中，由孔子 77 代孙孔德胜先生进香，孔德胜先生还恭读了祝文。有意思的是，2018 年 6 月开始，葑门片区发起"寻找圣贤后裔"活动，寻找圣人孔子及曾经学习、工作、生活在片区辖区内的先贤陆绩、范仲淹、冯梦龙这四位圣贤的后裔。通过征集寻找，他们中的八位后人此届来到活动现场，共同参与《大学》片段的诵读；

2020 年，双塔街道文化站负责人季赵量介绍，在发布会上，一部《儒行双城》纪录片震撼现场众多市民。纪录片以苏州及上海嘉定两地孔子文化为主线，通过修正养心、崇德尚文、儒韵和风、风雅礼乐四个部分展现法华塔、双塔、秋霞圃、沧浪亭、紫阳书院、潜研堂等两地著名历史文化景点。

自 2006 年恢复举办祭孔仪式活动以来，从最初的几百人参与到如今万余人参与，规模日益扩大。无论老苏州、新苏州、洋苏州都会入乡随俗参与到"祭孔仪式"活动中来，苏州祭孔活动已经随着人口流动、文化交流影响流布到海外。

祭孔，不仅仅只是此一项活动，它把双塔周边的一些文化活动也带动起来。因为地处苏州市政治文化经济的中心城区中心街道，毗邻苏州大学与苏州中学，体育场体育馆凤凰街十全街文庙会议中心，各类活动较多，定慧寺巷书画一条街，双塔之春文化节，一年一度祭孔，还有各种节：凤凰美食节、电脑节、体育节、校园文化节等。

凤凰街的基本状态是人头攒动，美食兴旺。凤凰街一年中高潮当数一年一度的凤凰美食狂欢节。美食节不仅仅有美食，还有舞狮、民间艺术、大型彩车表演，更有各路商家巡游队伍。双塔民间艺术团表演的是腰鼓、彩马、大头娃娃、蚌壳、荡旱船、挑花篮、打莲厢等一系列民俗活动。大头娃娃扮演者是某家粤菜馆二级厨师，他在想今晚卤水拼盆的新内容；大型彩车过来，蜿蜒华丽，端庄妩媚，仿佛新嫁娘一样的彩车缓缓开过街面，夹杂着老百姓的欣喜和如数家珍：看，双塔号！看，通天府号！

南面靠近带城桥路的地方，名剪师傅在街上出摊，咔嚓咔嚓，帅气姿态，娴熟手法，剪下一地青丝；靠近干将路北面，名厨师傅跃跃欲试，当街炒炒爆爆，或浓油赤酱或清水芙蓉，惹得剪短头发、清爽逼人急跑过来的女孩大朵快颐；除了大餐，还有小吃：海棠糕、豆腐花、蟹壳黄等苏州名小吃齐上阵，新疆烤羊肉串、印度飞饼、海南鲜椰子等南北美食也来凑热闹。

凤凰街好玩，凤凰街好吃。七零后八零后九零后零零后，玩和吃，吃和玩，在凤凰街这里达到极致。年轻人喜欢的才有未来，从这个意义上说，凤凰街美食节的愿景不可估量。

利用文气，吸引人气，提高商业水平。

双塔人做事认真，说到底是一个不断学习的过程，循序渐进的过程，日益丰满的过程。

孔子曰：学而时习之，不亦说乎。

君子欲讷于言，而敏于行

范仲淹认为：国家之患，莫大于乏人，这大概是他创建府学的初衷吧。他自己也没有想到，苏州府学不仅是苏州文脉源头，最后更是成为全国教育兴盛的源头，而他坚持改革，以儒学为宗，迁文庙入学校，让学校和祭祀合二为一，形成"左庙右学"格局。张霞芳《红兰逸乘》里说：护龙街南北直贯城中。形家云：街为龙身，北寺塔为龙尾，府学为首，双塔为角，取辰巽之气也。府学正门前双井为目，旁地为脑。

钱穆先生云：宋学精神，厥有两端：一曰革新政令，二曰创通经义，而精神之所寄则在书院。

就是说，宋代治学精神的确立，"革新政令"是其精髓，以及宋代"书院"的兴起，实是本之于范仲淹。

恩泽海宇，造福后人。

文庙祭祀，它属于特殊艺术的范畴，其一它具有真实性，所有程序、舞蹈、音乐、道具都有基本依据或文化依托，活动大体框架能充分体现历史真实性；其二它具有地域性，结合历史文献记载，整个祭孔大典活动既保持历史原貌，又加入体现苏州地域特色的新的文化元素；其三它具有艺术性，极力展现祭孔大典的文化品位和艺术魅力。

用文化活动的形式举办各种各样的节，这并不是双塔街道老文化站长陈维康的创举，但是他有一句著名的言论却在姑苏区广泛流传：有节过节，无节造节。陈站长说，大节是双塔之春文化艺术节；小节有电脑节、美食节、书画节、体育节等。

这个干瘦、弱不禁风的文化站长，印象最深的是：吃饭时间到了，他说我不想吃饭，吃不下，我一直不大吃饭。陈维康基本不吃中饭或者说即使吃也吃得很少，是一个幼儿园小朋友的量。问他为啥不吃中饭，他说习惯了吃得少，脑子里事情多，中午安静，正好想想手里要做的事情。有节过节，无节造节，这八个字就是陈维康站长为双塔文化工作付出的全部。

年年祭孔，岁岁不同，虽说每年祭孔主题都不一样，其结果却大同小异，六个字：教育，助人，励志。陈维康说，祭孔时三个元素绝对不能少，那就是敬献三牢、佾舞表演、演奏大成乐。祭孔仪式在细节上越来越讲究，越来越考验脑细胞。比如孔子圣像的选择；祭孔时，绝对不能穿官服和监服；孔子后裔都会赶来祭孔，要做好一整套接待工作；整个大成殿要用不同色彩的灯光照亮；露台四周用红、黄绸带围栏；参与人数的统计等。

陈站长，他对文化有一根筋的精神。当然他不是一个人在战斗，他的背后是文化双塔的旗帜，是人民群众的汪洋大海。陈维康说，我不知道除了做文化站站长我还能做什么。

文庙祭孔，文化双塔，这个用语，比文化甲某或乙某文化更能隐喻吴文化即苏州文化的个性。从历史角度来说，"沧浪"二字会让人想起《渔父》，想起苏舜卿，想起《浮生六记》，想起沈复和芸娘；从现实的角度来说，"沧浪"二字当然更联系着沧浪亭，让人联想到苏州园林。

不过，这些都还只是明喻而不是隐喻。"文化双塔"这四个字更应该让人想到的是人和自然，——人被自然化，自然被人化，这样化来化去化出来的东西就是所谓的"文化"。

文化双塔四个字，"文化"在先，"双塔"在后，意味着"人"是主动者。想一想，如果没有人以及人的主动性，可能连我们这个世界都不会有，又何来什么"双塔"呢？风盛草长，岁月悠扬。

一段文字说：文化，是一个国家的心灵和大脑。一个民族要屹立于世界民族之林，主要是以文化方式体现。一个地区的经济实力，最后都归结到文化上面，体现为文化力量，精神力量。

这一段话如果幻化成画面是这样：一个朋友要来苏州游玩三天，电话通知你。放下电话，脑子里飞快打转：三天在苏州，你想让你的朋友看到什么？当然，带他去游玩的地方都是文化，吃的也是文化，最后他要走了，送出的礼物更苏州更文化。你朋友满意地走了，他说：你们苏州真经济，其实他的潜台词里还有一句：你们苏

弦歌不辍

州真有文化。

有的文化很广泛也很中国，比如电视上看到介绍秘色瓷，它是一种大唐皇帝专用器皿。它的神奇在于：远远望去仿佛永远有半碗水盛在里面，揭秘后才知道，它的烧瓷里含了金属。

在外国人眼里像一把普通汤匙似的东西，居然是四大发明之一的指南针。

有的文化既地域更苏州，比如像文庙这样一个场所。

特别想说说祭祀时用的礼器乐器以及那个魂荡神驰的佾舞。

据陈维康介绍，孔子圣像必须用磨漆画；大成殿匾额有康熙皇帝御书"万世师表"匾、嘉庆皇帝御书"圣集大成"匾、光绪皇帝御书"斯文在兹"匾；大成殿楹联右边是雍正皇帝御书"气备四时与天地鬼神日月合其德"，左边是"教垂万世继尧舜禹汤文武作之师"；大成殿礼器有爵、镫、簠、簋、豆、硎、香炉等，大成殿乐器有编钟 32 件、特钟一件、编磬 32 枚、特磬 1 枚，"八音"枞、敔、甄、丝、竹、匏、晋鼓、建鼓、应鼓、搏拊。

看似烦琐，真正演奏时，所有乐器仿佛睡醒的雄狮、脱缰的野马，气势如虹，震撼空间，音若细发，响彻云际。在听觉享受的同时，五官全部打开、释放、舒畅，心灵更为之颤动，顿觉沧海桑田无边沉静，宇宙天地悠悠辽阔。

观看佾舞表演则是另一种极致享受，是一场视觉盛宴。

产生于夏、殷、周三代之前的佾舞，"礼"作为一种无形的象征，表现出来却是有形的乐舞。佾舞，视礼为治身，视乐为治心，实现心身调和为一的"礼乐一致"，这才是最终目标。

孔子说"成于乐"，主张以乐促成礼的完成，蕴含着通过乐的学习来完成个体的人格意义。佾舞就是以这种恭敬、辞让和谦让事例表现出的哲学背景为内容编排而成，充分体现文庙祭孔舞蹈具有深奥的哲学思想。

群贤毕至，少长云集。诵星月之诗，歌窈窕之舞。

意蕴、视觉、传达，既和谐又统一；空间格局疏朗明快、气韵合一，达到了情、景、境三位一体互动布局；祭祀活动中出现了市民互动这个环节：从回顾到展望，从解读到品读，从关心到关注，从学习到行动，从参观到参与……

想到文化与城市文明关系，文化姑苏提升居民素质和城市的文明程度。在姑苏区有许多文化场所、文化节日和文化活动，这三种灵活多样、不断更新、愈演愈烈的形式，好像一根根金光锃亮的金线，而辖区居民则像一粒粒珍珠，被这一根根金线快乐、诗意地串在一起，继而织成一张文化姑苏的庞大网络。

天街小雨润如酥，才下眉头，却上心头。就是这样，用文化营造温馨氛围，增加人的归属感；用文化满足人的精神需求，提高人的幸福感；用文化教化人，提高人的价值感。

苏州人性格使然，体现在文庙祭祀这件事上，是一种执著和坚持，柔情似水中隐隐地含着坚韧若钢。

君子欲讷于言，而敏于行。姑苏文化，她具有这种特别的质地和气息。

礼之用，和为贵

以史为鉴，可以知兴亡；以人为鉴，可以照得失。

孔庙，静卧在人民路一片树丛中，沧桑看云，花开花落。

它先前围墙的颜色是鲜艳黄，现在是深沉的褐色，这让我想到孔子。"老者安之，朋友信之，少者怀之。"这几句话是孔子自述的"志"，实际上也是对"和谐社会"所作的高度概括。当然提出希望和实现希望是两回事，但是，老人得安定，朋友讲诚信，少年有理想，除了疯子狂人和极端主义者，哪个国家、哪个民族的人群不愿意自己身处这样的社会呢？一个2600年前的人，三句话就把全人类的"心事"说得这么透彻，这应该是人类的骄傲吧。

文庙，确实是一块风水宝地。但大家心知肚明，风水毕竟虚妄，宝地的说法却是实实在在。

每年农历八月廿七孔子诞辰日，在苏州孔庙举行祭奠仪式，更多意义是一种自觉的、警醒的文化行为。几年过去了，祭孔仪式场面越来越恢弘，它已经成为姑苏文化重要的、不可分割的一部分。祭孔虽说用的是现代手段，但它的表现形式却亘古不变且有着惊人的相似：祭祀、歌舞、音乐、戏曲。所有的仪式都在文庙大成殿完成。寄托于忆、韵、梦这三种形式，祭孔仪式分为九个部分：

入场前全体佩戴祭孔礼带；

司仪官宣布祭孔典礼开始；

为祭祀活动敲响文庙大成殿特钟；

主祭人宣读并供奉祭文、主祭人敬香；

演奏《大成乐》、唱诵《大成乐章》；

"至圣先师"敬献三牢、帛爵、谷米、酒水；

祭祀嘉宾及各界代表向至圣先师敬献花篮；

全体祭祀人员向至圣先师行三鞠躬礼；

司仪官宣布佾生就位，祭孔佾舞表演开始。

当大成殿钟声敲响，一切都慢慢安静下来，时光如初，岁月若昨。在一缕缕清香气味中，神圣自天而降，好听得犹如福音一般的祭文令人神往，灵魂出窍：

> 文圣吾祖，恩泽海宇。
>
> 千古巨人，万世先师。
>
> 欣逢盛世，物阜民熙。
>
> 高岸秀木，惟恐失序。
>
> 居安思危，重振纲纪。
>
> 以德治国，德法兼济。
>
> 杏坛春晖，泮池桃李。
>
> 三坟五典，六经古籍。
>
> 薪火传承，百代不熄。
>
> 而今吾辈，见贤思齐
>
> ……

随后是演奏《大成乐》和唱诵《大成乐章》，此时祭祀仪式到达高潮。孔庙祭典音乐的使用，是源于隋文帝时代；乐章、乐词是由北宋徽宗之大晟府正式编纂乐曲。其乐八音齐全、古朴纯正、曲雅悠扬、金声玉振。

佾舞以颂扬孔子生前业绩为内容，集"歌、舞、乐"为一体，舞生左手执龠，右手执羽，每一个舞蹈造型，代表一个字，比如：自、生、民、来、谁、底、其、盛、维、师、神、明、度、越、前、圣。而在佾舞图上，标绘的动作是每个字的最后一拍即第四拍。佾舞与圣乐并起，边唱边舞，整个大成殿庄重肃穆，气宇轩昂，简直美到不可方物。

敬香，敬献三牢，献花，鞠躬，唱诵，佾舞，现代人演绎古代章法，一切都是那么自然、随意，没有违和感，这才是最强烈的传统，最美好的品格，最应该赞美的行为。

看到一段文字说，祭祀二字，"祭"侧重向祖先、向天地汇报工作；"祀"侧重希望天地祖先，对自己未来新工作给予指导、教诲和启发。

说得蛮有道理。

此时，范曾说的话浮现在眼前：人得以修身养性，要记得五种境界：博学之，审问之，慎思之，明辨之，笃行之。窃以为，要实现这五种境界，苏州文庙是一个特别适合的场所。因为传统文化最终的落脚点是人，春风化雨，雨润心田，感染、熏陶的是人的素质和品位。

传统文化不仅仅是故纸堆里的追寻，坐在客厅里的交谈，窗里一只锈迹斑斑的铜鼎，或是墙上的几幅书画，也不仅仅是藏在抽屉里的计划，挂在嘴边的口号，大街上的标语，它是完完全全可以触摸、亲近和感悟的。

传统文化渗透在双塔每一个社区、每一个"邻里情"会馆，读书、讲座、展览、

非遗项目祭孔仪式

歌舞、体育健身，自娱自乐，和睦同乐，洋溢着其乐融融的人文景象。居民参与文化活动多了，自身素质逐步提高，小区里"脏、乱、差"的现象就少了。正如英国哲学家培根所说的："读书或音乐欣赏，虽然不能马上使你变成另一个人，但它一定可以使你的行为变得文雅，谈吐变得高雅，姿态变得优雅。"

礼之用，和为贵。

姑苏，双塔，自始至终、自上而下、由内及外，有一种开放、宽容和充满自信的文化氛围，这是一种源与流的关系。文化对于姑苏对于双塔而言，从前是源渊，现在是提升和发展，文化建设的可持续发展。

源远流长，薪火相承。

往后看是成果和辉煌，往前看是愿景与蓝图。文化，她既有来的地方，更有去的方向。其目的是造就一个开放、宽容和充满自信的文化氛围，承上启下，使得文化姑苏的这幅长卷得以延续。城市，让生活更美好；文化，让城市充满意义。

祭孔仪式，有规范化的一套程序，传统的戏曲演唱，非物质文化遗产展示以及大型歌舞表演，将这些丝丝缕缕的文化气息，将这桌盏盏碟碟的文化大餐，奉献给辖区居民。

中国古代宇宙观最基本的三要素是天、地、人。今天祭祀孔子最主要的还是祭祀一种精神，即孔子所倡导的人文精神。

易中天认为，苏州人性格与孔子非常相似，都是温和派。其实，温和的背后是冷静，温和的极致也是冷静。冷静的苏州人每年九月里温和地祭祀一下孔子，同时完成自己精神上的一次飞跃和提升。

文庙的对面是沧浪亭，站在文庙褐色的墙壁之下——只有天地能以鲜明的调子写暗淡的情绪，如秋色红黄。远远闻到清冷沧浪之水，遥想铿锵五百名贤。文庙，这一缕幽长且深厚的文脉，穿越历史风尘，对望，沉没，百年如一，源源飘香。再一次想到文化姑苏的内涵：文脉延续，精神守望，名人辈出。

学而不思则罔，思而不学则殆

阮仪三教授认为，"活态保护"是苏州古城最适合的保护路径。历史葑门，文化双塔，品位街巷，幸福社区，这是葑门历史文化街区的工作思路。

在人世间何处可求调和、美丽、真实和不灭？而调和、美丽、真实、不灭，即在矛盾、丑恶、虚伪、无常之中。

文庙与苏州碑刻博物馆比肩而邻，存碑甚多。两个文化场所放在一起，彼此映照，倒也相得益彰，和谐安稳。以前贴隔壁还有一个古玩市场，它是苏州人放逐自己，玩乐精神的另一个绝妙场地。

苏州碑刻博物馆内比较有名的碑有《吴郡重修大成殿记》碑，《祭器碑》《平江路重修至圣文宣王庙记》碑，《重修平江路儒学记》碑，《苏州府学重修庙貌记》碑，《正乐舞修祭器乐器记》碑等。这么多绝好的碑竖靠在一起，交相辉映，昼长夜短或昼短夜长，莫名地涌现一种历史感、沧桑感和浓郁的文化情怀。

《天文图》是世界上最古老的东方星象测绘图，《地理图》是世界上最早的全国性地图之一，《帝王绍运图》则是中国目前发现的、古代唯一的帝王世系图。苏州碑刻博物馆镇馆之宝是宋代碑刻《平江图》，这四幅图分别代表天、地、城，人，被称为四大宋碑，再次体会到苏州是一个吉祥福地。

《平江图》碑砖雕尽管是复制品，但是看到它的一瞬间，还是怦然心动，仿佛初爱。墨黑的碑，粗犷的碑，高四米宽二点四米，自下而上，整整占据了两层楼面——六门三关五鼓楼，七塔八幢九馒头，三宫九观廿十四坊，甚至如《盛世滋生图》的腹稿景色，应有尽有，各自欢喜。《平江图》碑刻精致地描绘了当时苏州城格局，河道、桥梁、道路、城墙、官府、寺观、园林、兵营等。苏州，自元以来，三横四直、街河平行、前街后河、水陆相邻的双棋盘格局基本没变。这块著名的碑，是苏州古城的重要图腾，也是世界城市史上的奇迹。

不由得又想到孔子。

孔子曰：仁者人也。孔子所说的人不是个人，他说的是人人之间的人，或者说，是他说的社会的人、人群的人，他思考的也是人群的和谐生存，而不是个人的人。严格地说，老庄是一种"哲学"，而孔子却只是"思想"。细想想，孔子说的是众人的活法，而老庄说的是个人的活法，所以孔子的思想才能成为中华文化的核心思想，其影响才能波及全球，"己所不欲勿施于人"也才能刻在联合国成为全人类的一句箴言。

看到一张文庙传承保护人的名单：

濮仁卿：苏州文庙看护人，文庙祭孔仪式的传承；

濮全福：苏州文庙看护人，文庙祭孔仪式的传承；

陈维康：苏州双塔街道文化站原站长，文庙祭孔仪式的传承和讲授；

张劲雷：苏州文庙管理所副所长，文庙祭孔仪式的传承和讲授；

严建中：苏州文庙市场部主任，大成殿内编钟、编磬的演奏技艺传承和传授；

惠礼：苏州文庙陈列部，大成殿内"八音"的演奏技艺传承和传授；

邱杰：苏州青春舞蹈团教师，佾舞的传承和技艺传授……

还有许多名字，还有许多传承与保护。所谓古城，它维系的是一种千年文化，万年传统。苏州古城，她以道家的深奥哲理和思想宗旨为纽带，维系着历代谪宦逸士的精神世界。

沧浪濯清，府学晨读，道前怀古，子城梦痕，双塔写云，市桥听橹，十泉流辉，乌鹊晚眺……

古景双塔，分外迷人；今日双塔，令人侧目。文化，有或没有，都像月光一样确凿无疑，仿佛这天地还如从前一样清新。假山与漏窗，曲廊与门洞，枝干与芭蕉叶，说的是园林又何尝不是文化？细细诉说，诉说苏州自南宋以来的兴衰、轮回、尘嚣、静寂萦绕其间，苏州文脉源头直接来自文庙，这个文化十二时辰震动感官、细细密密的神圣之地。

越过文庙深长门框，一种宽大的礼仪已经降临。阔大气象，福祉心灵。暮色之中，老式门闩、飞翘屋顶、灰色砖瓦、朱色栋梁，以及意味深长的字里行间，叙说远古美好的品行。

不管世事如何变换，文庙总是如此云淡风轻，花开不败。这种冷静的沉着，暗暗的，就是一种文化的力量。朱大可说，这种寻求自我的分裂智慧，就是维系东方社会运转的心灵秘密。

"屋中书卷满架，屋外花开嫣然，池中锦鲤三两条，亭内闲壶一二把。"有酒有茶有诗有花，这是地道苏式生活。老苏州的一天常常这样度过：同德兴吃面，大公园散步，感受同德里同益里民国风，圣约翰堂静默，最后走到双塔菜场，买荤腥时蔬，聊家长里短；五卅路云淡风轻，十全街十全十美，凤凰街多彩多姿，道前街银杏叶好看，图书馆安静，体育场热烈……

黄昏时分，终于落脚到文庙。文庙，深褐色墙面配以秋天银杏黄叶，既浓郁又哲学。孔夫子唱吟：兴于诗，立于礼，成于乐。学而时习之，不亦说乎。君子欲讷于言，而敏于行。礼之用，和为贵。学而不思则罔，思而不学则殆。范仲淹一旁和之：先天下之忧而忧，后天下之乐而乐。一唱一和，铿锵有力。

千年文庙，屹立不动，鼓乐齐鸣，日晖月华。

文脉绵延，世代回响。

苏州冬至习俗 苏州地区特有的民俗活动,有"冬至大如年"之说。其主要内容有祭祖、吃汤团、喝冬酿酒等鲜明的民俗印记。2020 年 4 月入选苏州市非物质文化遗产代表作保护名录,保护单位为姑苏区平江街道文化站。

吴地冬至大如年

李希文

一、是节似年话冬至

进入公历 12 月的下旬,冬至节也就随之而到了。

冬至是个节气,二十四节气当中的一个,苏州人却一直把它当作节来过。过冬至,苏州人就叫"过节"。

冬至日一般是在公历 12 月的 21 日或 22 日,也有是 23 日的,不过极少,一百年都不一定能遇得上一回。最近一次 12 月 23 日逢冬至日,还是 20 世纪 1951 年的事。

二十四节气源于我国古老的星象文化,是古人智慧的结晶,对历法、农耕、岁时风俗等都有着极其深远的影响。

作为诠释一年当中四季交替,以及自然界物候变化之时间规律的二十四节气究竟出于何时?不同的研究资料里有着不同的说法。有的说始于商,有的说始于周,也有的说始于汉。但不论何种说法,有一点是相同的,那就是:二十四个节

贺冬祭祖大典

气是采用圭表（土圭），测量正午时候太阳的高度角，获得日影的长度变化后制定出来的。

在河南省登封市的嵩山地区，有个"天地之中"历史古迹群。群内建筑建成的时间，从汉代一直至清代，时间跨度达 2000 年之多。其中，在距登封市东南 13 千米的告成镇，有个用青石制成，高 3.91 米，上有屋宇式盖顶的"周公测景台"，这个测景台跟其北侧的观星台一样，都是中国最为古老的道教建筑遗址之一。

"景"是个古字，通"影"。"测景台"其实也就是"测影台"的意思。据《周礼》记载：西周时，被后人尊为"元圣"的周文王第四个儿子周公姬旦在营建东都洛阳的时候，曾在那里以"筑土圭、立木表"的方式，测日影，求地中，验得四时。

土圭是三千多年前我国古代天文学者察天、观地、测时令的一种工具。"圭"为用土堆起来的五尺方正的台子，"表"为立在"圭"上的八尺高木杆。由于堆土而成的"圭"和木杆制成的"表"经受不住日晒雨淋，极易受损，汉代的时候，人们就改用坚硬的石头来制作"圭表"了。

相传，周公姬旦在观测日影变化的过程中，发现了日影由长到短，又由短变长的周期性规律，以及这个规律与四季变化之间的关系。于是，他把日影从长到短、又从短到长的一个周期定为一"年"，并将冬天正午时太阳高度最低，投射的影子最长的那天定为"冬至"；把夏天正午时太阳高度最高，投射的影子最短的那天定为"夏至"。又将春天和秋天日影长短变化中的两个等分点，分别定作"春分"和"秋分"，并以此进行划分，定出二十四节气，作为四季变化中农业生产和人们日常生活的指导依据。

这是关于二十四节气来历的一个可信度比较高的说法。

周公姬旦当年测日影、求地中、验四时所用的是土圭木表。如今立在"周公测景台"上的石圭石表，是唐开元十一年（723），由当时的天文学家太史监南宫说（音 yuè）用石料重新建造的。

在我们所处的北半球，夏至日是一年中白昼最长、夜晚最短的一天，冬至日则正好相反。从天文历上可以看出：在地处太湖之滨的苏州，夏至日的日出及日落时间分别为 4 点 53 分和 19 点 04 分左右，全天有日光照射的时间约为 14 小时 11 分。而冬至日那天，日出与日落时间分别为 6 点 51 分和 16 点 58 分左右，全天日光照射的时长仅为 10 小时 07 分左右，比夏至日少了 4 个多小时。所以，民间有"要玩夏至日，要睡冬至夜""做在夏至，睡在冬至"之说。因为，冬至那天拥有一年中最漫长的夜晚。这绝对是个睡懒觉的"好日子"。

在人们的印象当中，二十四节气是从立春开始算起的。"一年四季春为首"嘛！然而，在秦以前，排在第二十二位的冬至才是真正的一年之首。因为，冬至是第一个被确定下来的节气，且周历以仲冬月（也就是现在农历的十一月）为正月，以冬至为岁首。所以说，冬至这个节气自诞生之日起，就带着新年的印记。在周代的时候，人们也确实把冬至当做一年之始的。

把冬至定为下一个季节轮回起始点的另一个原因，就是古人们把冬至这一天视作大自然里阴气渐退、阳气开始回升的日子。

唐代诗人杜甫在《小至》一诗中写道："天时人事日相催，冬至阳生春又来……"阴阳是源于我国古代的一种朴素而博大的哲学思想。"一阴一阳谓之道""世间万物，皆有阴阳之道"的学说，诠释着蕴藏在自然规律背后，推动着世间万物发展变化的内在因素和其中的哲理，对阴阳家、道教、中医等理论的形成都产生过重要影响。古人认为，冬至是天地间阳气战胜阴气的日子，是季节轮回的新开端，故把这一天视作新一年的开始。

另外，在古代的干支纪月法中，正月为寅、二月为卯、三月为辰、四月为巳、五月为午、六月为未、七月为申、八月为酉、九月为戌、十月为亥、十一月为子、十二月为丑。《说文》中说："子，十一月，阳气动，万物滋，人以为称。"子为十二地支之首，子的本义为滋生，十一月为"子月"，这也合乎"一年之始"的说法。所以，苏州人自古以来把冬至这个节气放在与过年同等重要的位置上，把冬至节当做"年"来过，也就不难理解了。

冬至到来之际，正是一年中最最寒冷的时候。或者说，从冬至开始，我们就进入到一年中最冷的日子里了。

冬至起九嘛！

老话说：热在三伏，冷在三九。三伏天和三九天，分别是一年中最为酷热和最为寒冷的两个时间段。这两个时间段，又分别跟夏至和冬至这两个节气关系密切。

夏有三伏，冬有九九。在历法上，"伏"是从夏至的第三个庚日开始算起的。比如，2021年的夏至日是6月21日。这一天，正好是庚子日，也就是夏至后的第一庚日。"庚"出自于天干，十天一轮回，以6月21日往后推十天是7月1日，那么这天就是第二个庚日——庚戌日。再往后推十天，也就是7月11日，便是第三个庚日——庚申日。因此，7月11日这一天也就是进入初伏的日子，所以民间有"夏至三庚数头伏"的说法。数九则不同。"九"是从冬至那天开始算起的。比如，2021年的冬至日在12月21日，那么这天便是"一九"的头一天。

不过，在古时候，有"夏至三庚入伏，冬至逢壬数九"的说法。古时候的"九"，是从冬至后的第一个壬日开始算起的。在北方一些农村，民间至今还保留着"冬至后逢壬日开始数九"的习惯。

有句话，叫做"三九严寒"。跟公历1月上旬的"三九"相比起来，刚刚起"九"的冬至虽还算不上最冷，但也已进入寒风凛冽、遍地冰霜的隆冬了。冬至，是一个站立在寒风中的日子。

由于冬至在天文、历法、农耕、祭祀、民俗等诸多方面有着极其重要的地位和影响，自古以来就得到上至朝廷，下至民间的高度重视。几千年的农耕社会，是个"靠天吃饭"的社会，自然界的阳光、风雨、气温等气候要素，关乎着农作物的生长。尤其是日光照射时间的长短，对人们的生产和生活有着非常重要的影响。黑夜长，阳光就少；白天长，阳光则多。阳光一多，气温便会升高。有了适宜的气温和光照，农作物的种植和生长才能有良好的保障。所以，冬至这个白天开始变长的日子，对农耕社会的人们来说，意义是非常重大的。

《汉书》中说："冬至阳气起，君道长，故贺。夏至阴气起，君道衰，故不贺。"意思是说，到了冬至，阳气开始复苏、回升，是吉祥的，值得相互道贺。而夏至时，阴气开始萌生，阳气则渐渐消退，所以也就无需庆贺。

在古人看来，冬至起日照时间变长，这是阳气始盛、阴气渐衰的象征，是值得庆贺的。因此，人们会通过祭拜天地、祭拜祖宗等方式，来表达他们对神鬼、大自然以及先人的敬畏和感恩。

周代以冬至为新年，那时候，官方和民间的冬至祭祀活动是非常隆重的。《周礼·春官·神仕》曰："以冬至日，致天神人鬼。"《周礼·注》中也有"冬至日祀五方帝及日月星辰于郊坛"的记载。

周以后，周历被颛顼历、太初历、乾象历、大明历等历朝历代五花八门的各种历法所取代，但《周礼》中流传的冬至祭祀、贺冬等习俗，却一代代相传了下来。

汉代的时候，朝廷将冬至定为"冬节"。《后汉书》记载："冬至前后，君子安身静体，百官绝事，不听政，择吉辰而后省事。"这一天，朝廷和官府都要放假休息，举行"贺冬"仪式。百官向皇帝呈递贺表，官员之间互相投刺（投递名帖）祝贺。同时，边塞闭关，将士待命，商铺歇业，亲朋之间相互拜访，并相赠食物礼品。

小辈们则穿上新衣，去拜谒长辈，俨然一番过新年的景象。

晋代，冬至的庆贺活动也非常隆重。《晋书》上记载："魏晋冬至日受万国及百僚称贺……其仪亚于正旦。"

唐、宋时期，冬至成为一个祭天、祭祖的日子。这一天，皇帝要到郊外举行祭天大典，百姓们也要在这一天行祭祀先祖、叩拜父母尊长之事。南宋时，冬至的节日气氛比过春节时更为浓郁，甚至有"肥冬瘦年"之说。南宋的孟元老曾在《东京梦华录》写道："十一月冬至。京师最重此节，虽至贫者，一年之间，积累假借，至此日更易新衣，备办饮食，享祀先祖。官放关扑，庆祝往来，一如年节。"宋末元初的周密在其所撰的杂史《武林旧事》中，也有"朝廷大朝会，庆祝排当，并如元正仪，而都人最重一阳贺冬，车马皆华整鲜好，五鼓已填拥杂于九街。妇人小儿服饰华炫，往来如云，三日之内店肆皆罢市，谓之像过年"的描述。

明清两代，冬至仍然是一个举国上下高度重视的重要节庆日。每年冬至这一天，皇帝都要亲自主持祭天大典，并于次日颁布来年的新历法，这也是民间把旧历称作"皇历"的原因。辛亥革命后，帝制被推翻，"皇历"也就改称为"黄历"了。

在清代，冬至和皇帝的诞辰及元旦（时宪历正月初一），被称为一年中的"三大节"贺朝。顺治帝在位的时候，朝鲜还在每年冬至这一天，专门派出"冬至使"朝见清帝。京城的旗人们也会在冬至日五更时分，举家齐聚于庭院之内，供上"天地码儿"和牌位，祭天拜祖。

可见，从历朝历代来看，无论是朝廷还是民间，冬至都不仅仅是一个单纯意义上的节气。"冬节""长至节""亚岁"这些称呼，似乎也为冬至为什么"大如年"作了很好的注解。

二、苏州人的冬至习俗

"冬至大如年"是一句挂在苏州人口头上的老话。尽管这句老话不仅仅是苏州人在说，在全国的许多地方也流传了许久，但能把这句话落实在行动上并坚持到

"冬至大如年"祭祖

现在的，恐怕只有苏州人。专门将这句话写进书里，并进行详尽阐述的，也只有苏州人顾禄。

顾禄是清代道光年间的一位文人，所著的《清嘉录》一书，以月为序，记述了苏州及附近地区的节令、习俗等，被誉为"中国民间岁时节令的百科书"。在这本具有社会史、地方史研究价值的著作中，就有对"冬至大如年""冬至团""拜冬""连冬起九"等苏州人过冬至的节俗，以及与冬至有关的民间谚语等详细记述。

苏州人也确实把冬至当年来过的。每年冬至节到来之时，苏州城里就会洋溢着一种不亚于过年的节日氛围。这样的情景，在别的地方是看不到的。尽管把冬至当年过的习俗源自周代，但曾为周朝都城的西安（镐京）和洛阳（成周），人们在过冬至的时候，也只是吃顿饺子，喝碗羊肉汤什么的。只有苏州人，确切点说是居住在老城区（今姑苏区范围内）的苏州人，才会把冬至过得那么有仪式感、节庆感、隆重感。而这一切，都跟三千多年前的泰伯奔吴有关。

《史记·吴太伯世家》记载："吴太伯，太伯弟仲雍，皆周太王之子，而王季历之兄也。季历贤，而有圣子昌，太王欲立季历以及昌，于是太伯、仲雍二人乃奔荆蛮，文身断发，示不同用，以避季历。季历果立，是为王季，而昌为文王。太伯奔荆蛮，自号勾吴。荆蛮义之，从而归之者千余家，立为吴太伯。太伯卒，无子，弟仲雍立，是为吴仲雍。"

泰伯（也称太伯）和其弟弟仲雍，分别是周太王古公亶父的长子和次子，季历的兄长。他们弟兄二人为了成全父亲传位于季历，继而传位给季历的儿子姬昌的意愿，就离开周原，来到被称为荆蛮之地的江南。泰伯、仲雍将先进的中原文化带到了当时还处于蛮荒状态的江南，并断发文身，带领当地的人们在沼泽密布、草木丛生、野兽出没的土地上兴修水利，拓荒耕地，饲养禽畜，赢得了人们的拥戴，建立了"勾吴"，泰伯也被人们尊为"吴太伯"。

泰伯、仲雍奔吴，带来了中原的先进文化，也带来了周朝的历法及民间的习俗。把冬至当年来过，便是从那个时候开始并流传至今的。在苏州人的心目中，泰伯被认作是吴地的人文始祖。冬至文化和节俗的传承，体现了苏州百姓对泰伯这位吴地文化开拓者的敬仰之情。

跟许多地方不一样，苏州人过冬至，过的不是冬至日，而是冬至日前一天的晚上，叫做"过冬至夜"。这一点，跟年三十过"大年夜"完全相同。由此来看，苏州人确实是把冬至当"年"来过的。

在《清嘉录》里，顾禄对此记叙得也比较详细："郡人最重冬至节。先日，亲朋各以食物相馈赠，提筐担盒，充斥道路，俗呼'冬至盘'。节前一夕，俗呼'冬至夜'。是夜，人家更速燕饮，谓之'节酒'。女嫁而归宁在室者，至是必归婿家。家无大小，必市食物以享先，间有悬挂祖先遗容者。诸凡仪文，加于常节，故有'冬至大如年'之谚。"

这段文字，记载了苏州人过冬至的一些主要习俗。

阖家团圆。团圆是苏州人过冬至的第一要素。在苏州，有冬至夜全家欢聚吃团圆饭的习俗。这一天，跟过年一样，家里所有的人，无论远近，都要齐聚到父母长辈的家中，祭拜祖先，吃冬至夜饭。已婚的妇女，也必须回到婆家，跟家人们一起过冬至团圆夜。

祭祀祖先。祭祖是苏州人过冬至一项十分隆重、有仪式感的内容。老苏州人把过冬至称之为"过节"。"过节"时，先要准备好一桌丰盛的菜肴，摆放好碗筷酒盅，斟上酒。在"上座"的位子摆上祖宗先人的遗像，燃香点烛，迎请祖宗先人"入座"。随后，全家人从老到小依次一一叩拜，求祖宗先人保佑家人安康。其间，还要为祖宗先人添酒三次。最后，焚烧锡箔，将祖宗先人们"送"出家门。

吃冬至夜饭。吃冬至夜饭是苏州人过冬至的一场"重头戏"。这顿饭，也被叫做"团圆夜饭"。之所以把冬至夜的这顿饭称为"团圆夜饭"，是因为这顿夜饭跟大年三十的年夜饭一样，是全家老小热热闹闹围坐在一起吃的。在苏州民间，有"吃了冬至夜饭长一岁"的说法，俗称"添岁"。所以，冬至也被称做"亚岁"。在隆重而有仪式感的祭祖仪式完毕后，把桌上的菜肴放到锅里热一下，再重新摆上桌子，全家人围桌而坐，冬至夜饭也就开吃了。

除了阖家团圆、祭祀祖先、吃冬至夜饭外，以前苏州人过冬至还有别的一些跟年节相似或相近的习俗。

拜冬。拜冬相当于春节时的拜年。东汉崔寔《四民月令》就曾写道："冬至之日进酒肴，贺谒君师耆老，一如正日。"在苏州民间，小辈们还要在冬至日穿上新衣，去长辈、师长处拜谒。过去长洲、元和及吴县的地方志里，也皆有"冬至，尊长处贺节"的记载。

这一习俗，在《清嘉录》中也有记述："至日为冬至，朝士大夫家，拜贺尊长，又交相出谒；细民男女，亦必更鲜衣以相揖，谓之'拜冬'。徐士铉《吴中竹枝词》云：'相传冬至大如年，贺节纷纷衣帽鲜。毕竟勾吴风俗美，家家幼小拜尊前。'"

担"冬至盘"。苏州人过去在冬至时有担"冬至盘"的习俗。"担"是"送"的意思。这跟人们过年时"送年节"十分相似。

"冬至盘"的"盘"，实际上就是节日里向亲友馈赠礼品用的礼盒。有钱人家的礼盒比较讲究，用红木等贵重的木料精雕细制而成。普通人家的礼盒一般用竹篾编制。"冬至盘"中的礼品，为酒肉饭菜、糕团点心之类的时令吃食。亲友间的互相馈赠，不仅增加了彼此之间的亲情，也增添了节日的气氛。

在冬至，苏州民间还流传着与这一节气有关的谚语。

如："干净冬至邋遢年，邋遢冬至干净年"。意思是如果冬至那天天晴，过年的时候就会下雨；要是冬至日下雨的话，那么过年时天气就会晴朗。

还有："冬前弗结冰，冬后冻煞人"；"头九暖，九九寒"。

这两句谚语的意思比较相近。都是说如果冬至前，或者冬至起九的时候天气比较暖和的话，那么后期，甚至是冬末春初的时候，就会较为寒冷。

这些谚语虽然不是百分之百准确，但对人们的生产和生活，还是有一定参考价值的。

三、苏州人过冬至的那些吃食

吃，是苏州人过冬至的一大乐事。苏州人有句老话："有得吃，吃一夜；呒没吃，冻一夜。"

作为苏州人过冬至"重头戏"的冬至团圆饭，是一点都不逊于过年时年夜饭的。跟吃年夜饭一样，在老苏州人的冬至夜饭上，一只热气腾腾的苏式暖锅是绝对少不了的。暖锅一般用紫铜或黄铜制成，中间有锅膛，内置炭火，用以加热锅内的食材。冬至夜的苏式暖锅，许多人喜欢以白菜和粉丝做锅底，再将蛋饺、火腿（或咸肉）、爆鱼、肉圆、冬笋、蹄筋、鹌鹑蛋等食材整齐码放在暖锅里，然后注入高汤，用炭火慢慢烧煮。

苏式暖锅里的食材，都是有各自寓意的。蛋饺颜色金黄，形似元宝，寓意着"财源滚滚"；"鱼"与"余"谐音，爆鱼就象征着"年年有余"；"蛋"在苏州话里与

冬至大如年，市民们在元大昌排队购买散装冬酿酒

"代"谐音，所以有"代代相传"的意思；冬笋有节，代表着一家人生活"节节高"；圆溜溜的肉圆，则寓意着全家团团圆圆，家中诸事圆满。

冬至夜吃卤菜，也是苏州人过冬至的一大特点。在冬至夜，卤菜绝对是餐桌上的"半壁江山"，一般都要有五六种，甚至七八种之多。除了酱牛肉、卤鸭、叉烧、咸草鸡、油爆虾、白切肚、熏鱼这些卤菜里的"当家品种"外，还有一样是过冬至必不可少的，那就是：羊糕。

羊糕是冬季里苏州人最喜欢的特色美食，也是冬至夜家宴上的必备佳肴。甚至有"不吃羊糕，就不像过冬至夜"的意思。羊糕的做法非常有讲究，先要把整只羊切成几大块，与适量猪肉皮一起放入大锅中，加水旺火烧开，撇去浮沫后取出，用冷水清洗后再重新入锅，用原汤细煮慢炖，并放入盐调味。待汤浓肉烂后，出锅拆去骨头，再将羊肉和浓汤盛入方形容器内，使其凝结成糕状。

切片装盘后，就可以享用了。每到冬至夜那天，生意最好的地方，就是那些卖羊糕的店铺和摊位。

喝冬酿酒，吃羊糕，是苏州人冬至夜最美的享受。冬酿酒一年一度，只在冬日里酿制，冬至前几日上市，时令性很强，可以说是苏州人过冬至的"专属饮品"。

冬酿酒是一种低度米酒，酒精度约为 8 度，甚至更低，用当年的新糯米加适量秋后采撷的桂花，采取传统的自然发酵法酿制而成，酒味清爽香甜，很适合大众饮用。甚至连孩子们也要在冬至夜喝上几口冬酿酒。

关于冬酿酒，顾禄在《清嘉录》里曾有记载："乡田人家，以草药酿酒，谓之冬酿酒，有'秋露白''杜茅柴''靠壁清''竹叶清'诸名。十月造者，名'十月白'。以白面造曲，用泉水浸白米酿成者，名'三白酒'。"

从这段文字来看，《清嘉录》里的冬酿酒，跟后来苏州人过冬至必饮的冬酿酒，还是有所区别的。书中记载的冬酿酒，其实是产自苏浙一带，酿制于冬季的低度米酒的统称，并不是真正意义上苏州人冬至节必喝的冬酿酒。现在的桂花冬酿酒，是在当年那些冬季酿制的低度米酒的基础上，经过改良和发展而成的，而且它真正的名字，应该叫做冬阳酒。冬至节喝冬阳酒，有庆贺阳气回升的意思。事实上，在许多老苏州人的口中，也是把冬酿酒叫成"冬阳酒"的。

除了暖锅、卤菜、冬酿酒这冬至夜饭上的"三大件"外，苏州人的冬至食谱里还有这样几种吃食：

冬至团。冬至团又被叫做"稻窠团"，是一种在冬至时用于祭祀、食用和馈送亲友的米粉团子。《清嘉录》卷十一·十一月"冬至团"中，有专门的介绍："比户磨粉为团，以糖、肉、菜、果、豇豆沙、萝卜丝为馅，为祀先祭灶之品，并以馈贻，名曰冬至团。"

外地人，尤其是北方人，往往会把团子和汤团当成同一样东西。其实不然。团子比汤团要大许多，而且是隔水蒸熟的。

冬至节做冬至团、吃冬至团的习俗，主要流行于苏州城郊一带的农村，城里人则相对较少。以前有斜塘、光福、越溪等农村人家做了冬至团，"担"给城里亲友的。

也有一些糕团店，会在冬至时做冬至团出售，以满足人们的时令之需。

馄饨。冬至吃馄饨，也是苏州人的一个习俗。北方人冬至吃饺子，有"冬至不端饺子碗，冻掉耳朵没人管"之说，而苏州人冬至不吃饺子，吃馄饨。苏州有句老话："冬至馄饨，夏至面"。夏至吃面，有"吃过夏至面，一日短一线"的意思，而冬至吃馄饨，则与道教神话中的"天地混沌"有关。

什么是"天地混沌"？道教中的解释就是宇宙开辟前的状态。《太上老君开天经》中是这样描述的："盖闻未有天地之间，太清之外，不可称计，虚无之里，寂寞无表，无天无地，无阴无阳，无日无月，无晶无光，无东无西，无青无黄，无南无北，无柔无刚，无覆无载，无坏无藏，无贤无圣，无忠无良，无去无来，无生无亡，无前无后，无圆无方，百亿变化，浩浩荡荡，无形无象，自然空玄，穷之难极，无量无边，无高无下，无等无偏，无左无右，高下自然……"

也就是说，"混沌世界"是个"天地难分，不清不爽"的世界。这样的世界，显然不是人们喜欢的，所以要把它"吃"掉。怎么吃呢？包起来吃！

古人认为：天是圆的，地是方的，所以有"天圆地方"之说。于是，人们用方型的馄饨皮作为"地"，把馅料当作"天"包起来，成为一个"天地不分"的"混沌世界"。在冬至这个阴消阳长的日子里，把"混沌世界"吃进肚子，寓意着消除旧岁里的种种烦恼，来年神清气爽，享世界之清平。

关于馄饨，还有一个与吴王和西施有关的传说。相传，吴王夫差吃腻了山珍海味，胃口欠佳，不思饮食，西施就包了一种点心让其品尝。吴王食后，大为赞赏，问这种好吃的点心叫何名字？西施想：这夫差整日浑浑噩噩，如混沌不开，便随口说道："混沌。"久而久之，这种食品便被称做"馄饨"。

酱方。酱方是苏州人"四块肉"中的第四块。所谓的"四块肉"，就是苏州人在四个不同的季节里，用四种不同的方式烹制的猪肉佳肴。

苏州人讲究"不时不食"。在不同的时节、月令，都有特定的吃食。吃肉也不例外。春天吃酱汁肉，夏天吃荷叶粉蒸肉，秋天吃扣肉，到了冬天就吃酱方。冬至时节，正是酱方上市的时候，人们的餐桌上自然也就少不了这道美食了。

酱方是苏菜当中的一道特色名菜，用一整块一斤半左右的方形五花肉，经腌制后，加入绍酒、酱油、冰糖、盐以及葱、姜等调料，通过煮、焖、蒸的方式精心烹制而成。然后，以炒熟的菜心、豆苗等绿叶菜作为配饰，再淋上汤汁，这才成就了这道吃起来爽滑不腻、入口即化，软润鲜美、余香绵长、色香味俱全的时令佳肴。

四、吴地冬至习俗的保护与传承

民俗文化是地域文化的重要组成部分，是一个地方历史文脉源远流长的纽带。如何对流传了三千年之久的吴地冬至习俗进行挖掘、保护和传承，体现着政府部门、文化学者、民俗专家及当地百姓的智慧，以及在苏州历史文化名城保护方面所做的努力。

因道教名观玄妙观而得名的观前街，是一条位于苏州市中心，至少有七百余年历史的古老商业街。自 2015 年起，肩负着"苏州国家历史文化名城保护区"重任的姑苏区，就在冬至节，借观前街这个平台，举办"冬至大如年"民俗文化节活动。至 2021 年，已成功举办了七届。

把吴地冬至民俗文化活动放在苏州最繁华热闹的观前街上举办，除了第一届活动的承办单位是当时的观前街道办事处这个原因外，还有个更主要的因素，那就是观前一条街上，几乎集中了与吴地冬至文化相关的所有元素！

相传，冬至是道教的最高尊神元始天尊的诞辰，冬至节气里的阴阳之道又与道家的理论有关，而观前街上就有创建于西晋咸宁二年（276），享有"江南第一古观"之誉的著名道观——玄妙观。

卤菜在苏州人冬至夜的餐桌上占了"半壁江山"，不吃卤菜就等于没有过冬至，而观前街上就有苏州最负盛名、初创于清康熙二年（1663）的"陆稿荐"卤菜店。

苏州人过冬至夜离不开冬酿酒，而观前街上就有最受苏州人喜爱的百年老字号"元大昌"酒店。

观前街"冬至大如年"活动

苏州人有冬至吃"冬至团"、吃馄饨的习惯，而观前街上就有创建于清道光元年（1821），享誉江浙沪的中华老字号"黄天源"糕团店。

苏州人冬至要担"冬至盘"，而观前街上就有"采芝斋""叶受和""稻香村"等多家百年老字号茶食糖果店。

苏州人冬至爱吃"酱方"，而观前街及旁边的太监弄里就有"松鹤楼""得月楼""王四酒家"等数家百年苏帮菜馆。

这么多与冬至有关的元素汇集在一条街上，为每年一度的"冬至大如年"民俗文化节的举办，提供了一方不可多得的沃土。而且"冬至大如年"这一民间习俗，千百年来主要流传在苏州古城区内。观前街正好又地处古城的中心区域，群众对这种传统民俗活动的接受度高，参与的意愿强，可谓如鱼得水。

2015年的首届"冬至大如年"民俗文化节，至今仍让许多住在观前街附近的老苏州们记忆犹新。那年冬至夜的一早，玄妙观棂星门前举行了有姑苏区各街道13支太极拳代表队参加的迎阳太极比赛。上午10点，玄妙观内响起寓意"九九"的81响钟声，观内道士展示了传统古典的入门仪式，为天地及百姓祈福。街道还与苏州民俗博物馆一起，共同创作、印制了一册展示吴地冬至文化起源和风俗习惯的精美连环画，并赠送给现场的活动参与者。根据民间流传的"九九消寒歌"重新创作、编排的"冬至大如年"主题曲，也在活动上唱响。由多家老字号推出的"冬至盘"，也让许多人，特别是年轻人"开了眼"。

此后，每年的姑苏"冬至大如年"民俗文化节，都会有一些新的内容加入。尤其是2017年街道合并，"冬至大如年"民俗文化节改由新的平江街道承办后，姑苏区以"整合节庆资源、打造姑苏品牌、活跃商圈市场"为定位，围绕"姓苏、姓民、姓商"三个根本和"民俗文化、字号文化、美食文化、文创时尚"等要素，深入挖掘观前文化和吴地冬至节庆文化的特色，突出"节庆庙会、时尚文创、过年大集"等元素和符号，将大运河文化带城市民俗活动融入其中，活动的规模、内容等，都得到了进一步拓展和充实。"冬至大如年"民俗文化活动也更加有滋有味、有形有色、有"礼"有"节"。

群众的认可、参与、喜闻乐见，是对活动是否有生命力的最好检验。祈福法会、迎阳太极、群文汇演、汤团比拼、包馄饨大赛、爱心送暖、冬至书画雅会、节气图集、自拍集赞、冬至美食展销、冬至盘推广等各种活动的推出；情景剧《冬至来了》、情景舞蹈《冬至大如年》的编创；原创主题歌曲、标识、伴手礼、"冬至爷爷"卡通形象的一一亮相，把"贺冬大典、消寒大赛、群艺大会、冬至大礼、冬至大集"五大活动主题完美地融为一体，也让商家、社会组织、群文团体及普通市民主动参与其中，打造了一个文商融合发展，文化与传统、民俗与商贸、人文与现实水乳交融的冬至民俗活动盛典。

2018 年冬至夜，平江街道还通过媒体，将辖区居民、时年已 93 岁高龄的古籍版本专家江澄波老先生，四世同堂，按老苏州传统习俗过冬至节的情景搬上银屏，为吴地冬至习俗作了最为直观的展示。

缅怀先祖是苏州人过冬至的"重头戏"，也是中华孝道文化的重要内容。举办冬至民俗文化活动，自然也少不了"祭祖"这一必不可少的环节。

"冬至大如年"民俗文化节是一个地域性的大型民俗文化活动。这里的"祭"，必须是公祭，而且祭祀的对象要与吴地的历史人文有关。泰伯是苏州人公认的吴地人文始祖，是吴国的缔造者和吴文化的开拓者，为人们世代敬仰。所以，把泰伯定为姑苏"冬至大如年"民俗文化节的公祭对象，既贴近历史，又顺应民意。

位于西中市皋桥附近的泰伯庙，是江南地区第一座奉祀吴地开发始祖泰伯的庙宇。在那里举行的"贺冬祭祖大典"，也成为了每年"冬至大如年"民俗文化节的开场大戏。

祭祀吴地先祖泰伯的仪式十分庄严隆重。活动现场鸣锣舞狮，礼乐奏鸣。至德殿前的供桌上，摆放着猪头、水果等祭品。各界人士依史料及规制，敬献花篮，净手上香，鞠躬致礼，恭读祭文，表达对吴地先祖泰伯的缅怀和感恩之情。

在印有曹操《善哉行》中"古公亶父，积德垂仁。思弘一道，哲王于豳。太伯仲雍，王德之仁。行施百世，断发文身"之句的旗幡下，身着宋代书童服饰的小学生们齐声朗读《颂泰伯》一文，感怀和赞颂先祖泰伯肇建家园、开创吴地文明之恩德。中学生们身着古装的乐舞表演，也为祭祖大典注入了古代吴国的文化元素。

由姑苏区及平江街道倾力打造的"冬至大如年"民俗文化节，在传统的节气文化和节庆文化中，融入了"道、孝、祭、礼、俗、乐"的人文意义和民俗特色，让老百姓真正参与其中，成为民俗文化活动的主人。同时，也让更多的人通过活动，增加了对苏州冬至习俗的了解，并从这一传统节日中找到了更多的文化情趣，活动的文化内涵得到了升华，也对探寻保护传统民俗，产生了积极而深远的意义。

冬至大如年，年如冬至大。

苏州腊八习俗 腊月初八是进入腊月后的第一个重要岁时节令。熬煮、品尝、赠送腊八粥成为其主要节俗。2017年7月入选姑苏区非物质文化遗产代表作保护名录，保护单位为姑苏区虎丘街道文化站。

腊八粥暖姑苏城

陈巧新

　　人间有味是清欢，腊八粥香暖人间。无论是最早的祭祀敬神，还是当下的邻里守望，腊八无不以一碗粥的软糯和香醇，寄托着人们对自然馈赠的悯惜、岁月赐予的感恩、幸福生活的期盼。腊八，虽迎着凛冽的朔风如约而至，一粥一餐却弥漫着姑苏城最温暖的人间烟火，承载起人们记忆深处家的温馨，赓续着中华民族的文明经典。

一、腊八民俗的会意和认知

1. 腊八民俗源远流长

　　"腊八"在中国古代是由来已久的传统习俗，并最早与祭典相关，祭祀对象是祖先和神灵，祈求丰收和吉祥。《礼记·月令第六》记载在"孟冬之月"时，"天子乃祈来年于天宗，大割祠于公社及门闾，腊先祖五祀，劳农以休息之。"

　　周代有"八腊"，亦称"八蜡"，即腊月初八祭八方八神，祈求来年避灾迎祥、风调雨顺、五谷丰登、平安顺遂。现在留下来的有古代神农氏部落蜡祭辞，据《礼记·郊特牲》《蜡辞》："土反其宅，水归其壑。昆虫毋作，草木归其泽。"

古人多在腊月的某个戌日举行腊祭，周礼《礼记·郊特牲》说："蜡也者，索也，岁十二月，合聚万物而索飨之也。"夏代称腊日为"嘉平"，商代为"清祀"，周代为"大蜡"；因在十二月举行，故称该月为腊月，称腊祭这一天为腊日。"腊者，接也，新故交接，故大祭以报功也。"

"腊日"在早期虽没有固定的日期，但一般在岁末的最后几天，用来祭祀祖先和神灵。先秦的腊日在冬至后的第三个戌日，在东汉时期，"腊日"也被固定在冬至后的第三个戌日上。《说文解字》释"腊"："冬至后三戌腊祭百神。"随佛教盛行，南北朝开始将腊日固定在腊月初八。东汉蔡邕《独断》云："腊者，岁终大祭，纵吏人宴饮。"

随着佛教传入，到了唐宋，此节被蒙上神佛色彩。相传释迦牟尼成佛之前，绝欲苦行，饿昏倒地。一牧羊女以杂粮掺以野果，用清泉煮粥将其救醒。释迦牟尼在菩提树下苦思，终在十二月八日得道成佛。从此佛门定此日为"佛成道日"，诵经纪念，相沿成节。北宋孟元老《东京梦华录》记载："十二月初八日，各个寺院送七

腊八粥食材

宝五味粥让门徒斗饮，称之为'腊八粥'，又称'佛粥'。"南宋陆游《十二月八日步至西村》诗云："腊月风和意已春，时因散策过吾邻。草烟漠漠柴门里，牛迹重重野水滨。多病所须唯药物，差科未动是闲人。今朝佛粥交相馈，更觉江村节物新。"

2. 腊八谱系汇聚民间智慧

华夏大地品味腊八粥的历史，至今已有一千多年。最早开始于宋代，宋人孟元老的《东京梦华录》记载，开封的寺院选用"胡桃、松子、乳蕈、柿栗"等食材，煮成"腊八粥"，赠送给施主之家；寻常人家也会做"腊八粥"，相互馈赠邻里。另一位宋人周密在《武林旧事》中最早披露了腊八粥里的"七宝"为胡桃、松子、乳蕈、柿、粟、栗、豆，又因其中有五种味道，称"七宝五味粥"。清代诗人富察敦崇《燕京岁时记·腊八粥》记载："腊八粥者，用黄米、白米、江米、小米、菱角米、栗子、红豇豆、去皮枣泥等，合水煮熟，外用染红桃仁、杏仁、瓜子、花生、榛穰、松子及白糖、红糖、琐琐葡萄，以作点染。"

腊八粥的主要食材为谷、豆和果仁，其中常用的谷类有粳米、糯米和薏米等；豆类是腊八粥的配料，常用的有黄豆、赤小豆等；果仁具有食疗作用，常选用花生、核桃等。这些腊八食材，可增可减，没有统一标准，以合适口味为宜。一碗碗喷香可口的腊八粥是千百年来中华人民智慧的结晶，赋予了人类舌尖上的美味，并历经岁月积淀，固化为腊八节俗品尝腊八粥的传统民俗文化活动。作家老舍先生在《北京的春节》写到："在腊八那天，人家里，寺观里，都熬腊八粥。这种特制的粥是祭祖祭神的，可是细一想，它倒是农业社会的一种自傲的表现——这种粥是用所有的各种的米，各种的豆，与各种的干果（杏仁、核桃仁、瓜子、荔枝肉、莲子、花生米、葡萄干、菱角米……）熬成的。这不是粥，而是小型的农业展览会。"

江苏地区腊八粥的味道主要分甜咸两种，而熬煮方法一样。只是咸粥是加青菜和油。苏州人煮腊八粥要放入茨菇、荸荠、胡桃仁、松子仁、芡实、红枣、栗子、木耳、青菜、金针菇等。清代苏州文人李福曾有《腊八粥》诗："腊月八日粥，传自梵王国，七宝美调和，五味香掺入。"正是因为其中添加的众多丰富的食材，腊八粥除了解决温饱、保暖驱寒外，更具有养心安神、健脾和胃、补肾健脑益智等诸

备料，准备熬煮
腊八粥

多功效。

位于姑苏区虎丘街道辖区的西园戒幢律寺创建于元代至元年间，始名归元寺，距今已有七百余年历史，寺内五百罗汉堂为中国四大罗汉堂之一，于 1982 年被江苏省人民政府公布为江苏省文物保护单位。西园寺至今仍保留每年腊八节布施腊八粥的习俗，在全国都有一定的影响力，前来领粥的市民络绎不绝，至今演变为传承至今、独具地域特色的腊八民俗文化、粥文化、健康养生文化等传统民俗。街道、社区近年来每年开展的一系列腊八活动，也有着一定的群众基础，形成了辖区独有的腊八传统民俗文化。

西园古寺腊八粥原材料主要包括白糯米、红糯米、红豆、白果、桂圆、莲心、栗子、红枣、核桃肉、蜜枣、芸豆、瓜子肉、花生、白糖等。

腊八粥烹饪步骤主要分为：先将大米等主要原材料清水淘洗干净，将莲子、红枣、薏米等材料提前蒸煮七分熟备用；豆、花生米等清水浸泡 2 小时，然后捞起；加水适量放入锅中煮开，水沸后放入之前备好的米、豆等原材料，待粥将要黏稠时，再放入准备好的枣、栗仁、芝麻、核桃仁、杏仁、瓜子仁、葡萄干、桂圆及蔗糖，改用文火再煮 40—45 分钟，边熬边搅，期间适当加入温水，防止锅底粘结变焦；最后根据个人口味，再加少量桂花、玫瑰、椰丝、椰蓉等，以增添腊八粥的色、香、味。熬煮腊八粥的过程，作家沈从文有精彩描写："提到腊八粥，谁不口上就立时生一种甜甜的腻腻的感觉呢。把小米，饭豆，枣，栗，白糖，花生仁儿合并拢来糊糊涂涂煮成一锅，让它在锅中叹气似地沸腾着，单看它那叹气样儿，闻闻那种香味，就够咽三口以上的唾沫了，何况是大碗大碗地装着，大匙大匙朝口里塞灌呢！"

烹饪、盛放、品尝腊八粥的器具大致有老灶台、铁锅、盆、缸、钵、碗、勺、筷等。

腊八民俗是来自民间的智慧结晶，故而传承谱系为集体传承，主要代表为西园寺明开长老、安上长老、普仁大和尚等。当前暂无代表性传承人，代表为现任西园寺方丈普仁大和尚等存续传承。

作为江南文化中心地，苏州腊八民间习俗受佛教影响甚深，当地民众非常重视腊八节。在腊八节吃上一碗热腾腾的腊八粥成为其主要节俗，当地的寺院也会在当日向过往行人施粥。"过了腊八就是年"，人声鼎沸、欢声笑语之中，品尝过一碗美滋滋的腊八粥，也就只等新年的到来了。

3. 腊八风俗蕴含深意

优秀的传统习俗是华夏五千年中华文化中一个极其重要的部分，承载了中华文化发展的历史轨迹和丰富成果。作为其中一分子，纵观腊八传统文化习俗，和其他传统习俗一样，具有不可替代的生命力、凝聚力、感召力和向心力，让传统文化历久弥新、滋养民风、汇聚人心，其包含的传统风俗主要内容有祭祀敬新、祈福迎春、感恩祈福、济困守望、孝老爱亲、邻里和睦、勤俭节约、健康养生等优秀中华传统文明和美德。

祭祀敬神。释迦牟尼在菩提树下苦思，终在十二月八日得道成佛。从此佛门定此日为"佛成道日"，诵经纪念，相沿成节。到了明清，敬神供佛更是取代祭祀祖灵、欢庆丰收和驱疫禳灾，而成为腊八节的主要内容。其节俗主要是熬煮、馈赠、品尝、分享腊八粥，在粥香四溢中庆丰年。同时自此拉开春节的序幕，许多人家忙于杀年猪、腌鱼、腌肉、蒸年糕、备年菜等，置办好年货，过年的气氛逐渐浓厚。

祈福迎春。从先秦开始，腊八节就有祭祀祖先、神灵，祈求丰收和吉祥的习俗。腊八作为新年前夕的一个极其重要节气，腊八节里迎新年，有着腊八讨好彩头，祈求家庭、个人平安顺遂、幸福安康的美好愿景。腊八节前一天或当天，民间还有驱傩除疫的风俗，其初衷出于驱鬼逐疫、除灾呈祥，而内涵则是通过各种仪式活动，达到阴阳调和、风调雨顺、五谷丰登、人寿年丰、国富民强和天下太平。我国幅员辽阔，腊八节在不同的地方存在着风俗文化、民风民俗、庆祝形式等差异，甚至在每个城市都有所不同，但是庆祝丰收、祝福家人平安以及迎接新年到来的喜悦等这一最基本的内涵则是共性的。

感恩祈福。腊八节与"感恩文化"渊源深厚，古代民间腊八活动，大都祭祀天地、祖先、神灵，感恩上苍一年来的恩泽庇佑，并祈求来年继续得到福佑施恩。如今的腊八节则是多了倡导知恩、感恩、报恩的精神思想，多感亲恩、感师恩、感友恩和感情恩，来回馈他人、回馈社会、回馈自然。在感恩社会、自然、他人的馈赠中，期盼丰衣足食，崇尚知足常乐；在常怀着一颗感恩之心中，保持乐观包容，向往安居乐业。

济困守望。从喝粥惜福到施粥于弱势群体，腊八习俗又延伸出了公益捐赠、慈善博爱的内容，包含济困守望、扶弱助贫（残）等精神内涵，更体现了中华民族邻里守望、代代相传的传统美德。与此同时，将施粥视之为一种回馈，同时唤醒大家惜福感恩、济困悯贫、平和朴素、返璞归真之心，进一步递增人与人、人与社会相互关爱、相互帮助的温暖和谐氛围。

孝老爱亲。兴家风、淳民风、正社风，一碗碗热气腾腾、喷香扑鼻的腊八粥，从形式上看，包含着糯米、红糖、赤豆、花生、红枣、桂圆等众多的食材；究其实质，一碗碗暖心暖肺、甜润爽口的腊八粥，一方面包含着长辈对下一代人的福佑和思念，另一方面表达了晚辈对长辈、父母、亲人等尊敬与爱戴，传递的是中华民族孝老爱亲、尊老爱幼的传统美德。

邻里和睦。熬煮出的味美腊八粥，其乐融融不在于独乐乐，而在于众乐乐。

寺庙向百姓施粥

　　邻里和睦是社区和美、社会和谐的基石，也有助于家庭和顺，腊八民俗活动的开展，不仅进一步弘扬了邻里之间互敬互助、团结友善的传统美德，而且积极倡导了科学、文明、健康的生活方式，努力构建了新颖和谐的人际关系和社会关系，营造安定祥和、温馨和谐的"邻里一家亲、共享邻里情"氛围。

　　勤俭节约。"不积跬步，无以致千里；不积小流，无以成江海。"腊八传统民俗活动，既有芸芸百姓日积月累日常勤俭持家的朴素行为，也有家庭、社会崇尚艰苦朴素的中华传统美德。"农耕时代，秋收冬藏，这个时候家家户户会收拾准备过年，扫罗一年的豆米，收集囷囵，熬成一锅最滋润的腊八粥，孩子舔着碗沿，翘首等待除岁。"积少成多，聚沙成塔，汇聚起平时节俭下来的粮食、干果等，一起熬煮一起分享一起品尝，树立起了节约粮食为荣、浪费粮食为耻的俭以养德的优良传统。富时莫忘贫时苦，勤俭持家永和美。腊八传统民俗活动，还把腊八节日内涵与现代人的理性节约、低碳环保等观念有机融合了，进一步发扬光大腊八传统民俗文化，承载华夏儿女对生活的美好祝愿和期盼。

　　健康养生。清代营养学家曹燕山撰有《粥谱》，详尽记载了腊八粥是"食疗"佳品，有着和胃补脾、养心清肺、益肾利肝、消渴明目、通便安神的食疗功效。中国饮食文化中有秋冬进补的风俗，秋冬季节的节日食品，很多都与养生和滋补有关。

民以食为天，食以粥为先。中国关于粥的文字，最早见于《周书》："黄帝始烹谷为粥。"稠粘绵密、口感顺滑的粥，作为一种传统食品，与人类生活息息相关，并历来列为第一滋补养胃之物，以粥养生已经成为民族的重要饮食传统。腊八节正值数九寒冬，食粥除了增加食欲、御寒保暖的功能，一碗腊八粥更多的有着滋补养生、保健强身、益智健脑等功效，深受百姓的欢迎，并特别是适合老年和儿童食用。腊八粥添加的各类谷、豆、干果等也都有着各自和健康养生功效，其中红豆和绿豆不仅富含维生素 B，还含有优质的植物蛋白质，而红豆具有养血清热、健脾益胃的作用，绿豆富含钙、磷、铁等无机盐，可以补充体内电解质。花生和莲子中，花生含有丰富的不饱和脂肪酸，其油脂不易在体内储存，可以改善高血压等心脑血管疾病，莲子具有养心安神的作用，莲子心具有祛火解毒、清热降火的功效。红枣和桂圆中，红枣具有补充气血的作用，并富含葡萄糖、果糖、蔗糖等糖类物质，可以改善腊八粥口感，甜甜糯糯的口味也适合老苏州的胃口；桂圆也是一样的道理，可以有效改善腊八粥的口感同时，又兼具补益心脾、养血安神、润肤美容等功效，并含有维生素 K，具有抗凝血的作用。

二、腊八记忆的保护和守望

1. 崇尚推陈出新的腊八习俗

苏州腊八民俗具有悠久的历史和广泛的影响力，在民众的心中留下了深刻的民俗记忆，是传承至今的独具辖区特色的民俗文化。被誉为"姑苏八子"之一的姑苏区腊八民俗文化节，自 2016 年 12 月举行首届腊八民俗文化活动以来，姑苏区虎丘街道大力弘扬优秀传统节庆民俗精粹，积极传承传统民俗文化内涵，倾力打造"苏州人自己的感恩节"。

2016 年 12 月至次年 1 月，首届腊八民俗文化节突出"感恩、慈善、养生"三大主题，围绕"一碗腊八粥、温暖一座城"的主线，融合浓情腊八、传承腊八、乐活腊八、指尖腊八等多种元素，正式开启腊八文化品牌在新时代跨越发展的序幕。首届活动通过征集"腊八"节日LOGO，创作产生主题曲《情谊腊八》、连环画《过了腊八就是年》、童谣《腊八到·春不远》、腊八文学脚本解说词《腊八节里的春意》等精品力作。

2017年12月至次年1月，在圆满举办首届活动取得成功的基础上，虎丘街道举办第二届腊八民俗文化节。分"腊八忆·幸福传承、腊八义·感恩同享、腊八译·情聚乐活、腊八益·暖冬大爱"四大板块，在有机整合辖区单位、学校、社区等各方资源基础上，又加入曲艺文化资源，邀请演艺名家、民俗专家、社会各界代表，共同录制《"一碗腊八粥、温暖一座城"祈福贺岁》宣传片，增添特色，打造亮点。著名相声演员姜昆在开幕式上现场连线，祝贺腊八民俗文化节的成功举办。

2018年12月，在延续经典品牌民俗活动同时，第三届姑苏区腊八民俗文化节结合大运河申遗，主打"爱在大运河畔"主题特色，推出"知·爱腊八 美丽传承""绣·爱腊八 意趣香浓""缘·爱腊八 幸福暖冬""聚·爱腊八 情满山塘"等活动，让"腊八"民俗传统文化与运河畔山塘枕河人家烟火生活相结合。活动中，虎丘街道主创发布"腊哥·八妹"吉祥物，并与对口帮扶乡镇——贵州省铜仁市怒溪镇加强合作，设计制作"姑苏原味"和"江口风味"腊八福袋，联合举办"东西协作·互惠共赢"农产品展销活动，进阶推动"腊八"文化输出与对外交流。

2019年11月，第四届活动继续延伸"感恩、慈善、养生"文化内涵，分为"祈福腊·幸福感恩、寻梦腊·美丽传承、添运腊·情聚乐活、过年腊·暖冬大爱"四大板块，融入幸福民生的场景，采用"人间有味、腊八粥香"文化访谈方式，邀请苏州民俗专家、文化学者等讲述苏州"腊八"前世今生，展望文旅融合的发展未来。

受疫情影响，2020年第五届腊八民俗文化节活动推出线上活动，"腊哥·八妹"吉祥物衍生出腊八快乐、新年祈福、年年有余、新年大吉等活泼可爱的微信表情包，走进网络世界，融入百姓生活，一年四季，温馨相伴。以时间轴为纵向，强化"今年与往年、当年与明年"的延续和创新，一以贯之，一脉相承，巩固提升腊八品牌的带动效应；以空间轴为横向，强化"本地与外地、一地与多地"的交流和互动，条块合作，整体联动，着力彰显腊八习俗的特色亮点。

2. 烙印传统特色的腊八情怀

姑苏区腊八民俗文化节至今已连续成功举办五届，始终注重演绎、传承腊八传统习俗的精神内核，弘扬其中蕴含的诸如感恩、济困、孝老、勤俭等优秀因子，在姑苏城内城外进一步传唱邻里守望、孝老爱亲的传统美德同时，大力传播新时代的社会正能量，弘扬社会主义核心价值观。

"恭喜您成为腊八送福活动的幸运客户，这是您的腊八暖心粥，请收好。"寒风中出门打车，收获暖暖祝福，家住园区的李女士对于爱心礼物感到意外又惊喜。在持续 20 天的第四届姑苏区腊八民俗文化节之"腊八送祝福，粥香飘苏城"活动中，每天会发出 10 辆惊喜车，前 15 名用户都获赠两罐腊八"暖心粥"。活动期间总计向 3000 位打车市民赠送 6000 罐"暖心粥"。一时，腊八的粥香荡漾在整个苏城上空，让更多的市民分享到腊八粥的好滋味。

浓情腊八，粥暖入心。每年的腊八民俗文化节期间，街道、社区联合共建单位、辖区单位，通过线上、线下多渠道、多层次广泛宣传，开展丰富多彩的特色节庆活动，营造好浓情腊八氛围的正确打开方式。街道通过全城派粥、赠粥孤老等形式，连接起了党群间的情感纽带。广济公园和山塘街古戏台设立的两处施粥点，分别向过路市民分发腊八粥，一时腊八"暖心粥"近距离丰富、芬香了老苏州的舌尖；"爱心敲门"腊八行动，工作人员上门为孤老、困难群众赠送爱心腊八粥、腊八米福袋时，还张贴春联，新年的喜庆气息提前降临。别有意趣的是，为增加腊八活动趣味性、参与性和互动性，施粥活动还增设闯关环节，参与者在山塘古戏台三处闯关点完成指定任务后，可领取一份腊八粥；完成全部三个任务后，获得五谷杂粮大礼包后，还能秒变腊八"爱心使者"参与爱心传递环节，接过大勺，为其他市民盛上一碗腊八粥。从街道到社区，上下联动开展的"孝亲睦邻"推荐、评选活动，突出孝老爱亲，表彰了 20 个温良恭俭和睦家庭和 20 位古道热肠文明市民，树立身边看得见的典型和榜样。

虎丘山下，山塘河畔，社区各项腊八活动蓬蓬勃勃开展。嘉业阳光城社区广邀社区美食家，为社区居民摆出一桌天南海北腊八宴；桐星社区的民俗集市花样繁多，剪纸、糖画、对联、评弹，配上喷香的美味腊八粥，再现冬季热闹大集；湖田社区、曹杨社区联合举办的"邻里腊八节"上，居民们捐款捐物，一份爱心配一碗暖粥，品尝更觉香甜……还有开展的爱心义卖、慈善募捐、探望孤老等一系列慈善活动，新颖、有趣、充实，吸引了越来越多的辖区居民参与到腊八民俗活动，心怀感恩、孝亲睦邻等腊八传统文化精神在全民参与中"遍地开花"。

辖区书香的校园里，又多了喷香的腊八粥香飘荡，代际交替中延续古老民俗。1000户家庭参与绘画腊八大赛现场，孩子们以"碗"为画布，画笔下尽情发挥想象力，"烹饪"出一碗碗满载童趣的"腊八粥"；"知农时话感恩"趣味运动会上，8支中小学代表队同台角逐，脱胎于腊八"冰嬉"和农耕文化的5个比赛项目让学生们斗智斗勇，大呼过瘾有趣；"百米长卷绘腊八"活动现场，近百户亲子家庭巧用五彩画笔、五谷杂粮等，共绘腊八百米长卷；"指尖上的吉祥物"儿童创意手工艺大赛，辖区幼儿园120名孩子以"腊哥八妹"为原型，使用棉麻布线、泡沫塑料、五谷杂粮等材料创作心目中的吉祥物。

3. 寻访姑苏百姓的腊八情缘

"霜降牵连五九风，粥名腊八菜名冬。调和百果成佳味，有碗先盛曝背翁"。一年一度的腊八节俗，以孝之道，以爱之名，成为了社区爱心人士的"慈善日"。

在山塘河畔的虎丘街道清塘新村，"姑苏好人"孙为龙连续十余年煮粥送邻里的温馨故事感人至深，她以善良之心诠释人间孝道真情。因为婆婆一直喜爱喝粥，尤其偏爱腊八粥，每到腊八节前夕，她都会早早准备好糯米、桂圆、花生、百合、莲子等十多种食材烧煮腊八粥。"买食材时，想到社区里的老人，有的年纪大，有的身体不好，所以就多买一点，煮好后和老人们一起分享。"这个善良的贤女子，朴素的行动中包含着爱心，凌晨4点半就摸黑起床煮粥，只为让社区老人们早喝到腊八粥；为了口味更符老人们胃口，她加入营养麦片，更适合她们方便食用。猛火煮，文火熬，数小时熬煮成粥后，她会趁热用上一个上午在社区分发一百多碗腊八粥。"看着大家香喷喷地喝着腊八粥，心里觉得特别温暖。和老人们相约，明年这个时候，再一起喝腊八粥。"

无独有偶，仁安社区的季金良、严毛头伉俪对于腊八粥的热忱一直都在。每逢腊八到来，他们都要给街坊邻里不辞辛劳地煮粥、送粥、派粥，送出的一碗碗腊八暖心粥，"焐热"了邻里心。难能可贵之处在于，这对伉俪的爱心之举迄今为止已持续二十余年，送出的腊八粥超过 2000 碗。

家住山塘街 802 号的百岁老人常学愚同样有一份难以割舍的腊八情结。在过去的 20 年里，每到腊八这天，他都要亲自掌勺，煮上一大锅腊八粥后，挨家挨户分赠邻里，还送给社区保洁员、社区工作人员。许多乔迁多年的老街坊念念不忘这碗"金乡邻爱心粥"，常会以腊八之名雷打不动赶回社区打牙祭，品味老寿星烹饪的"真正的老苏州味道"！随着爱心老人常学愚年岁渐长，山塘社区朱兴男从他手里接过这把大勺，爱心接力这份腊八情缘，暖心邻里情继续在山塘河畔演绎。

胡金媛、吴金秀、沈玉英是硕房庄社区三位美食达人，提前精挑细选红豆、莲心、黑豆、黑米、小米、花生、桂圆、胡桃肉等十多种食材，加入吃口糯软的地产大米后，文火熬煮五个多小时，熬制一大锅喷香的营养腊八粥，给邻里们精细化烹饪一锅美味腊八粥。几位老年居民因为担心血糖指标超标，一度多年不敢吃腊八粥，面对社区三姐妹烹饪的腊八美味，禁不住尝了一碗后，又都添了半碗，边吃边赞不绝口："这一碗腊八粥，软糯香甜，是记忆中的那个味道！"

家住清塘新村的冯惠娟钻研食谱后，熬煮出的"桂圆红枣薏米粥"，特别适合冬季老年人养生。她的这道驱寒养胃粥在熬制过程中，会特意先把铁锅加热，起到了养胃健脾、治疗胃寒的功效。这款个性化定制的养生粥烹饪方法，她一次次传授给邻里街坊，让大家一起共享美食的好滋味。

米、豆、干果等各类可口食材的相聚，不仅仅是数量上的增加和堆积，更是人间大爱力量的聚合。经过水的抚慰，炉膛火苗的舔噬，原本质地坚硬的食材变得异常糯软可口。食材的变化之中，情牵着一位位社区热心人士的腊八情愫，而一

定慧寺腊八粥

碗碗喷香的腊八暖粥及其背后的暖心故事，更足以让无数人敌得过寒风和冰雪的侵袭，温暖人心。

三、腊八文化的传承和发展

1. 活态保护下的腊八民俗

传统民俗活动世代相传于各地人民群众的长期生产实践和社会生活中，始终伴随着他们对于幸福生活的追求，能够极大地丰富他们的生活日常，增强社会的和谐和民族的凝聚力。然而随着城市化进程的加快，活跃于农耕时代的传统民俗文化活动由盛而衰，并因活动内容、表现形式的越发单调而失去吸引力、向心力，以至于逐渐在人们的记忆中消褪、视线中消失。秉承"还俗于民，还节于民"宗旨，姑苏区虎丘街道积极致力于腊八民俗文化的活态保护，整合资源，汲取精华，以参与性、广覆盖开展好群众喜闻乐见的腊八民俗节庆活动，用科学的方式延续古老节庆的传统习俗。

为丰富又鲜活地延续好腊八传统民俗活动，作为非遗责任保护单位，虎丘街道活态保护和传承活动一直在行动，努力探究腊八节庆民俗蕴含的吴文化密码。街道邀请民俗专家及老苏州，围绕"源远流长话腊八、新老苏州看腊八、吴韵声中听腊八、幸福民生在腊八、文旅融合论腊八"五个板块，共同探讨腊八传统民俗的"活色生香"，以顶层设计开启新时期的腊八传统民俗特色活动，以鲜活的腊八元素，辐射、吸引不同的人群，特别是青少年参与。

致力于腊八传统习俗更为生动形象的传播，虎丘街道在创新理念、社会化参与等方面作了积极有益的尝试。面向全社会广泛征集姑苏区腊八民俗文化节吉祥物，发布了腊哥和八妹这一对可爱的小兄妹形象。腊哥和八妹吉祥物造型灵感来自于清代苏州桃花坞"一团和气"木刻年画，形象设计上充分体现腊八民俗特色和苏州特色，设计汤碗的青花纹样和衣服的绣花图案，非常鲜明地形成了腊八粥各种食材和传统吉祥图案的有机结合，点睛又传神。手捧盛满腊八粥的青花汤碗、馋嘴舔碗的两兄妹可爱形象中，以女孩代表甜味，男孩代表咸味，正好契合苏州腊八粥甜、咸两种口味。

针对社会老龄化加剧，虎丘街道加大健康养生文化传播活动，丰富腊八节庆文化。邀请资深老中医进社区，为居民特别是老年居民普及冬令滋补、延年益寿的养生之道，满足人民群众日益增长的健康养生等多元化需求。老中医程大建分享了"四要"养生理论：冬季养生饮食要温热、运动要适量、保暖要重视、节奏要放慢；终身享受国务院特殊津贴的退休教授赫炎光传授了自创的冬季饮食口诀：菠菜补血通便、白菜通便治心烦、芹菜降压，卷心菜治溃疡等；从医二十余年的李银根医生深入浅出地讲解了大寒时节养生的要点和注意事项：保持室内空气流通、冬季膳食要摄取充足、尽量早睡晚起保证足够睡眠时间、避寒就暖、冬令进补尊重医嘱，以免适得其反。

2. 镌刻时代精神的腊八记忆

千余年来，传统腊八习俗，生生不息，源远流长，老习俗中不仅蕴含着独特的文化魅力，也成为中华民族文化发展不竭源泉的一个重要组成部分，并呈现出奋发有为、昂扬向上的时代精神，在新时期新时代增强了人民群众的幸福感、获得感。

虎丘街道注重进一步挖掘吴地腊八传统习俗特征，努力在民俗文化与大众文化、当下流行元素和时代精神上寻找结合点，深化腊哥八妹形象，征集腊哥八妹文创产品创意设计，通过集思广益、众筹智慧、专家研讨等形式，对传统文化的产业化运作开展初步的有益探索。收集到来自全国各地作者投稿 32 件，从设计主题、构思创意、设计效果图、工艺材质、商业价值、产业化前景等方面对应征作品进行择优评选，脱颖而出的有冬季限定款——暖手宝、热水袋、"腊哥八妹"花纹图案设计应用、剪纸红与青花蓝的情侣设计系列、不倒翁、腊哥初版配色应用、紫檀木书签 6 个文创作品，入市后，受到市民和游客的欢迎。

街道依托"互联网＋"，扩大腊哥和八妹吉祥物等腊八元素的传播。随着腊哥和八妹两兄妹形象深入人心，以及腊八民俗文化节活动一重重惊喜接连放送，冬日里的腊八节庆充满暖意和惊喜。描绘腊哥和八妹兄妹俩迎新春、过腊八生活画卷的表情包，一经上线就受到热捧，打招呼、拜早年用的是"腊哥八妹"动态表情，浓浓的腊八元素"霸屏"苏州人的朋友圈，特别是受到了青年人网络社交的青睐。同期上线的还有"集'料'抢好礼"活动，玩游戏集腊八食材，了解腊八文化的同时，还能赢取红包，收获意外惊喜。从链接分享、集赞砍价，到晒出获赠腊八"暖心粥"合影，社交圈里洋溢着欢声笑语和腊八温情。

还通过创意无"线"、成立"智慧虎丘"文创设计沙龙，搭建"文化＋设计＋运营"的互联平台，让新材料、新工艺、新设计与传统文化碰撞出创新火花，赋能城市文化产业、文旅融合高质量发展，助推民俗文化产业化、民俗 IP 商业化创新发展。

腊八传统民俗活动还主动对接非遗文化。社区多功能活动室成为传统手工艺展示现场，老艺人们纷纷秀起绝活，扎棕编、吹糖人、剪彩纸……与品尝腊八暖粥活动交相辉映，一时舌尖上的美味和传统非遗珠联璧合，大家其乐融融共同提前感受到新年将至的喜悦。

3. 传承好腊八文化任重道远

受城市化进程加快、西方洋节冲击以及社会物质条件的日益丰富等诸多原因叠加，加上腊八节又不比春节、中秋等重大节日影响深远，近年来，腊八习俗传统面临着淡忘化、表面化、断代化的困境。一方面众多蕴含丰富文化内涵的腊八传统习俗和仪式活动等逐渐被人们淡忘；另一方面腊八节俗的氛围正加剧淡化，以致传统农历腊月初八"无所谓过不过腊八、喝不喝腊八粥"成为一个不争的事实。

姑苏区虎丘街道致力于腊八民俗文化活动的保护和传承，从保护内容、经费落实、保障举措、工作机制等方面制定了五年行动计划，任重道远传播好腊八民俗活动。继 2016 年腊八民俗文化节投入约 70 万元后，以后几年的腊八民俗文化节分别投入 80 万元、78 万元和 98 万元。2020 年因受疫情影响，主要以线上开展腊八民俗节庆活动，仍投入 35 万元。举全街之力持续举办好一年一度的腊八民俗文化节活动的同时，已采取保护措施的还有：进一步挖掘腊八习俗的文献资料；走访腊八习俗相关的代表性传承人；征集腊八粥的食谱、老式器皿以及老照片，并整理建档；邀请专家研讨论证等。随着腊八民俗文化节庆活动的深入持久开展，既循古向新，赋予了农耕时代传统民俗节日的时代性，又笃行致远，吸引了越来越多的不同人群参与。据悉，年参与姑苏区腊八民俗文化节的人数达 8 万余人，特别是随着腊八活动进校园的深入开展，腊八粥香飘校园，深入幼儿们心田。

千余年来，苏州腊八传统习俗伴随着汩汩流淌的大运河，不仅赋予了鲜明的姑苏运河文化地域特色，而且还构成了江南文化的主要一分子。虎丘街道既注重围绕江南文化与虎丘发展的结合点，梳理可用资源，依托各类载体，融入先进理念，创新对接模式，形成"文化＋产品""文化＋商业""文化＋载体"的新型产业结构，以腊八元素推动文化产业高质量发展；又重视腊八传统民俗蕴含文化精髓的挖掘，围绕吴地水文化、水生态，依托纵横交错的江南水巷地域优势，创新开展好集生活与生态、文化与宜居、民俗与传统相融的传统特色民俗活动，不断增强了人们对腊八传统节日的亲切感和零距离感。

风物长宜放眼量。在姑苏古城，一年一度的"腊八"已不仅仅是一个传统民俗节日，还成为姑苏古城有深厚群众基础、有鲜明文化特色、有丰富时代符号的地域性文化品牌。随着这场隆重又喜庆"年终的压轴大戏"激情上演，小小一碗暖心粥有大乾坤，成为了不断优化为民服务、弘扬社会正能量的重要窗口和载体，大大提升人民群众幸福感和获得感，也为传统民俗地域文化在融合传承发展中，助力"硬核"姑苏建设。

苏州船点制作技艺　苏帮菜制作技艺之一。运用苏州特有的食材制作的各式点心，特点为香、软、糯、滑、鲜，且造型精美，惟妙惟肖。2009 年 6 月入选苏州市非物质文化遗产代表作保护名录，保护单位为苏州吴门人家饮食文化有限公司。

得月楼糕点制作技艺　相传起源于明代，采用米粉、面粉捏成各种动、植物形象，在游船和各种宴席上作为点心供应，既可观赏又能食用，因而得名。2021 年 8 月入选姑苏区非物质文化遗产代表作保护名录，保护单位为苏州得月楼餐饮有限公司。

苏州船点任客指

怀 念

如果不是从事了几十年民族民间文化保护工作，乍一看见那些申报材料，确实会有点懵圈。单单是苏州玄妙观小吃和苏州船点，又是区级，又是市级；又是代表性项目，又是代表性传承人；又是申报单位，又是保护单位……彼此之间有的有关联，有的几乎没有实质性关系，此非彼，彼非此，确实有点晕的。写之前，我自己先整理出了一条思路：不管是哪个系统哪个单位扎口申报，按时间先后顺序采访相关人物、照实际情况客观分析现状，依自己的眼光来陈述相关故事。

沙奶奶的情结

今年七十多岁的吴门人家当家人沙佩智女士，行内人称沙奶奶，过去我听朋友陶文瑜用苏州话直接称呼她老太的。文瑜说起老太，我们就知道他特指沙奶奶。沙奶奶出名，是因为她对苏州织造官府菜的执著。在她的不懈努力下，2011 年 9 月，苏州织造官府菜入选江苏省非物质遗产代表性项目名录。

沙奶奶说，自己后来入餐饮这一行，是从好奇到喜欢到践行。退休前，她是一家工厂的会计，会计工作一般是月初月尾比较忙，在工作空闲时间，她就一直在学习和收集各种关于苏州饮食的资料。老百姓是以吃记载历史的，苏州人的食俗，新石器时代就形成了饭稻羹鱼，主副食分开，以蒸煮为主的特征。苏州人吃粽子是为了纪念伍子胥而不是屈原，吃青团子是为了纪念大禹治水（传说大禹治水后，为冬小麦生产创造了条件，于是老百姓开春时吃青团子纪念）。一只粽子两千年，一个青团子四千年，说来都是传奇。后来受到吴门画派、吴门医派等文人影响，苏州人吃时鲜菜，讲究养身、防病、治病，追求原汁原味等逐渐形成特色。沙奶奶小时候，家里的房东是贵族出身，她亲眼看见房东把桂圆、红枣等好东西珍藏在灰缸甏里保存，到时候拿出来熬八宝粥。也看见他们煮的鸭子粥、燕窝粥。乾隆皇帝下江南，写下过《八宝粥记》，粥里的宝贝，可谓味味入药的滋补药方。因为一直痴迷苏州饮食文化，2000 年沙奶奶退休以后，执意要开一个八宝粥店，致力于苏州小吃文化。她母亲一开始不同意，认为开店不体面。先生劝丈母娘说："还是让她开吧，不然要变成神经病了。"苏州老一辈文化界领导和文化名人钱璎、顾笃璜、金煦等也一直鼓励她，顾老说："你就做吧，不做要失传了。"于是，她的八宝粥店在洙泗巷开张了。当时她请的厨师是一位烹饪学校的老师，江阴人，过去就是卖糖粥的，因为师傅嫌他个子矮小挑不动糖粥担，所以最后让他去饼馒店做了。这位师傅在沙奶奶店里做了十六年，直到去世。

清代宫廷中有两个苏州厨房：一个在紫禁城神武门外东侧——苏造（灶）铺外铺，不仅供应苏州菜和苏式点心，而且还是早上官员上朝的候朝之地。一个在紫禁城神武门内东侧——苏造（灶）铺内铺，供宫内人享用的苏州菜和苏式点心，现在是故宫的小卖部。苏式点心，是苏州菜不可分割的一部分。

苏州这座历史文化名城自春秋时期吴王阖闾建成以来，已经度过了 2500 多个

八宝饭

赤豆糊圆子

春卷

豆腐花

春秋。苏州地处水乡，东北有阳澄湖，西南有太湖，全城为外城河环绕，城内人工开凿的河道纵横交错，形成河街并行的格局。从前人们出行，动辄必备舟楫。"处处楼前飘管吹，家家门外泊舟航""绿浪东西南北水，红桥三百九十桥"，这是唐代对苏州的写照。无论是官船、民船、游船，后梢都备有炊具炉灶，于是形成了苏州独特的船菜、船点，而且大多是男的摇船撑篙，女的掌刀掌勺。随着阊门外七里山塘河的开凿，城内游人坐船到虎丘山游览更为方便。沈朝初《忆江南》词云："苏州好，载酒卷艄船。几上博山香橼细，筵前冰碗五侯鲜，稳坐到山前。"明清时，船上设宴成为苏州文人墨客的时尚，一些商贾也附庸风雅，尤喜在游舟中洽谈贸易，于是船菜船点越办越丰盛、越办越精细。游船也越造越精致，船中舱桌椅都十分讲究，书画楹联，杯箸碗壶无不高雅洁净，酒茗肴馔任客所选。游船大致分为灯船、快船、荡湖船，宽大的可容三桌，小者一二桌，还有只能容三五游客的荡湖船。人们乘船结伴同行，春赏两岸百花，夏乘湖上凉风、秋看水中明月，一面交谈观景，一面享受着一道道美味船菜、船点。苏州船点，是苏式宴席间的一道必备菜肴。船点小巧玲珑，制作精美，可以分为粉点、面点。粉点，以米粉制作，采用天然植物色素，配成各种粉艺材料，以花卉植物、鱼虫鸟兽为造型，古人称饾饤。白案名厨，常将船点捏塑成苏州著名园林风景名胜以飨客人。面点，以面粉制作，有合子酥、眉毛酥、四喜蒸饺（四种颜色：红用火腿末，黄用蛋黄末，青用青豆末，黑用香菇末）、藕粉饺等。菜馆宴席常用点心还有一品大包、水晶大包、松子猪油枣泥拉糕、薄荷扁豆糕、栗子糕、八宝甜饭、三色豆茸、花边水饺、橘酪圆子、什锦细米、冰糖莲子羹、桂花百果栗子羹等。

2009 年 6 月，由当时的平江区教育文体局为申报单位，以吴门人家饮食文化有限公司为保护单位的苏帮菜制作技艺（苏州船点制作技艺）、玄妙观小吃制作技艺两个项目，被列入苏州市第四批非物质文化保护代表性项目名录。申报材料做得十分规范和详尽，很有水准，也十分有趣。下面摘录一些供读者参考。

苏州船点属苏州船菜中的点心部分，苏州船菜、船点有着悠久的历史。苏州是著名的水乡泽国，有东方威尼斯之誉，自古以舟楫为交通，苏州人好水上游，苏州的船点就在游船上发展了起来。相传吴王夫差曾与爱妃西施江湖宴游，开了船菜、船点之风。到唐代，山塘河开凿后，溯七里山塘而游虎丘，成了数百年不衰的习俗。到后来，石湖看月，胥江放棹，消夏弯留梦……水上游览的节目越来越多。苏州人有"飞船会饮"之俗，所谓"艄舱有灶，酒茗肴馔，任客所指"，船点便是在这样的背景下产生发展。船点有粉、面之别，但"皆制成各种鲜果、花卉、人物、动物等形状，如桃子、佛手、柿子，还做'暗八仙'，如铁拐李的'葫芦'、吕洞宾的'雌雄剑'、汉钟离的'风火扇'、何仙姑的'荷莲'等，形态古朴，色调鲜艳。馅心以玫瑰、夹沙、薄荷、水晶为最多……"甚至有人以为，苏州船点有吴门画派之妙。

船点具有极显著的苏州地方特色。就其产生与发展的生态环境而言，它发端于苏州水文化，与姑苏的舟楫文化紧密相连。苏州是典型的江南水乡城市，河多、水多、桥多，现在仍然保持着路河平行的双棋盘格局和三纵三横加一环的骨干水系以及小桥流水的独特水巷特色。船只，曾是苏州主要的交通工具，船上游览曾是苏州重要的休闲娱乐形式，这为苏州船菜、船点的发展，提供了广阔的舞台。苏州地区气候条件温和，适应各种动植物的生长、资源较为充足、水陆交通便利、工商业发达，在相当长的历史时期内，曾是我国南方地区政治文化和商业中心，这一切给包括传统小吃在内的苏州饮食文化带来了生机。

船点便是在这样的背景下产生发展。明清时期，随着经济商贸的日益繁荣，市民文化也得到空前发展，舟楫不仅成了主要的交通工具，即使是外出游玩，也常以船代步。有时，水上船舫本身就成了人们休闲娱乐和商贸应酬的重要场所。当时胥门万年桥、阊门外山塘河、野芳浜、虎丘、阊门一带就有大量船只停泊待雇。雇船的游人大多聚于舱内，或作牙牌之嬉，或请名媛弹

御赐鹿筋

莲子鸭

水中二宝

姑苏非遗·民俗美食卷　143

唱，或杯盘宴饮。这时，水面上笙歌盈耳，倍感风雅。这种船，大多船艄厨具毕备，且有专事烹饪的船娘。船娘手艺高超，河鲜海味、山珍野蔌，都能做出脍炙人口的佳肴，苏州船点也得到了空前的大发展。厨师深谙席间吃客心理，点心小巧玲珑，不仅有美食之味，更讲究观赏之美。清人顾禄在其《清嘉录》中写到虎丘灯船时说："舟中酒炙纷陈，管弦奏，往往通夕而罢。"袁景澜《吴郡岁华纪丽》卷三也写到："或以大船载酒肴船娘特善烹饪。后艄厨具，凡水笕帚、西灶箸、酱瓿醋、茱萸芍药之属，靡不毕具。湖鲜海错、野禽山兽，覆压皮阁。于是画舫在前，酒船在后，篙橹相应，放乎中流。传餐有声，炊烟渐上，飘摇柳外，掩映花间，水㳇回环，时往而复，谓之行庖。"沈朝初更在《忆江南》中赞道："苏州好，载酒卷艄船，几上博山香橼细，筵前冰碗五侯鲜，稳坐到山前。"

民国以后，船菜船点仍然风行。据刊于 20 世纪 20 年代的《吴中食谱》的记载："苏州船菜，驰名遐迩，妙在各有真味，而尤以点心为最佳，粉食皆制成桃子、佛手状，以玫瑰、夹沙、薄荷、水晶为最多，肉馅则佳者绝少。饮食业之擅扬者，往往以'船式'两字相诩，盖船式在轻灵精致，与堂皇富丽之官菜有别。"

20 世纪 50 年代后，苏州游船渐少，船菜、船点也日趋衰微，部分厨艺人员移往岸上，将船菜船点制作技艺带到饭店酒楼，随着人员流动，外来菜系和国外餐饮的影响，苏州本帮菜肴、点心，船点制作技艺已少有传人。

制作方法：

一、选料

船点的原料主要是米。米分类的方法很多，按其生长所需环境，可分为水稻、旱稻；按成熟期，可分为早稻、中稻、晚稻；按品种，可分为籼米、粳米、糯米等。籼米的纤密粘性差，船点一般不用。粳米的粒形短圆，长宽之比约 1：4：1，颗粒丰满肥厚、横断面呈圆形，透明或半透明，硬度较高、涨性中等，具有一定的黏性。主要产地在江苏及东北、华北诸省。新米洁白，滋味适口，有光泽，米糠、虫害和夹杂物少。陈米色暗，米糠多，容易染有虫害和夹杂物，且口感粗糙。稻谷精碾后，可分为特白粳、漂白粳、次白粳。其他品种的米，分类与其相似。

二、米粉的配制

苏式船点的主要原料为糯米粉和粳米粉。粳粉的黏性较弱、涨发性大。糯粉胚乳多含支链淀粉，易糊化，黏性强，较软，涨性小。这两种原料各有不同特点，各有不足之处。要制作成品，必须把两种原料掺和成混合粉，可以取长补短，以改善其特性这种混合粉叫相粉。相粉种类很多，按照行业术语来分，则有"一九""二八""三七""四六""五五"几种。所谓"一九"，即一成粳粉、九成糯粉；所谓"二八"，即二成粳粉，八成糯粉。以此类推，可根据实际需要选用。

全糯粉：其特性如前所述，主要用于制作百果蜜糕、猪油年糕、油氽团子等，黏性大、韧性足，油氽制品松散，容易涨发。

"一九"相粉：黏性强，韧性较全糯粉稍大，适宜做青团子、糯韧可口，清香扑鼻。

"二八"相粉：黏性较前者稍弱，硬性稍强，适宜做大方糕、小方糕、小小方糕等，皮子松软，富有弹性，配以五色馅心，色彩斑斓，十分鲜艳。

"三七"相粉：粘性较前者稍弱，硬性稍强，适宜做赤豆猪油糕、糖切糕、肉团子等多种点心，各有不同特色。

"四六"相粉：糯性逐渐减少，硬性逐渐增强，适宜做玫瑰拉糕、枣泥拉糕等点心。成品蒸后不变形，食时不粘牙。还可做薯桃薄荷糕、番茄莲子糕等夏令佳点。

"五五"相粉：粳、糯各半，此粉软硬黏性适中，吃口好，可塑性强，适合制作各种苏式船点。

苏州船点的主要原料米粉的加工方式可分为干磨粉、湿磨粉和水磨粉三种。

三、米粉的加工方式

干磨粉：就是将米（糯、粳或籼配好的原料米）不经过加水，直接上磨子磨成细粉。这种粉的优点是含水量极少、保管方便、不易变质。缺点是粉质较为粗糙、滑爽性较差。

湿磨粉：就是将配好的原料米经过淘洗，然后再磨粉。淘米的目的是除去米中糠、灰等杂质，并使米粒吸收水分。原料米经淘洗后在沥干过程中，谷胶蛋白质能很快把米的表皮所接触到的水分吸收掉，所以仍需继续着水，以致米粒能吸收更多的水分，发松发散，便于细磨。着水方法就是将米淘洗好后，经过几分钟的静止，再洒水或淋水，要重复几次，直到合适为止。湿磨粉的特点是粉质比干磨粉细腻，其成品口感也较软糯；缺点是含水量高，夏天气温高时易变质，难以保存，所以应随磨随用，如要保存，必须要晒干才行。

水磨粉：水磨粉的制作较为复杂，必须经淘米、浸米、水磨、压粉、打粉（也叫做搓粉或筛粉）等过程。前道工序与上面所述相同。所谓水磨粉，即是带水磨粉，磨出的是粉浆，而不是干粉，因此进口处应装有进水器，使米与水同时进入磨盘，并在出粉处装有一只嘴口，把粉袋扎在嘴口上，使粉浆汇集于嘴口，流入粉袋。"压粉"即将粉浆入袋后，将袋口扎紧，压去水分。其方法有三种：一为榨床压，用于大量生产的单位；二为石压，多用于中、小型米粉经营单位；三为吊压，即将粉袋吊起，下接盆桶，使其自行滤去水分。压粉时间一般约需半天或一天左右，每 500 克水磨粉压干后的含水量约 150 克左右。

筵席中的米粉点心，以糯、粳各半的"相粉"为主，将"相粉"置于容器内，用沸水冲下拌和，揉成粉团，取其一半上笼蒸熟，再与另一半米蒸的粉团总和，揉成本色胚料。然后，根据成品的规格和形式等要求，配上各种色彩，做成各种形态逼真、玲珑可爱的苏式船点了。

四、船点的馅心

苏式船点的馅心制作是一道极为重要的工序，历来为点心师傅所重视。馅心制作的把握会直接影响点心的质量。因此，制作馅心不但要注意口味的鲜、洁、美等，而且还要适于制作各种点心的需要。由于制馅的原材料极其广泛，佐料也越来越考究，所以馅心的制作也不断趋向精细中式点心的花色繁多，各地方的特色和风味也各有区别，因此表现制馅的技术、特点、手法等也各有不同。要真正掌握船点制馅技术，首先必须熟悉各种原料的性质、特点、用途，以及初步加工的技术。

此外，还必须掌握刀功和烹调方法。总之，采用不同的技术措施，才能制作出各种精美适用的点心馅心。

（1）原料与分类：制馅的原料可分为动物性和植物性两大类。

动物性原料：家畜、家禽、水产、海味、蛋类等都是动物性原料，即为荤腥原料。此类原料的营养成分很高，富含脂肪、蛋白质等。取用这类原料必须经过选择，质量标准是新鲜肥嫩。如鸡肉须选用胸脯肉，因其最为细嫩。猪肉须选用夹心（前腿），因其肉质肥嫩，纤维短而嫩筋多，吸水性强。其他如虾，必须鲜活个大，虾在深秋时分最为肥美，而且出肉率高。蛋有鲜蛋、冰蛋之分，越新鲜越好。

植物性原料：可以制作馅心的原料有豆类、叶菜类、根茎类、鲜果类、干果类、蜜饯类等六个大类。

豆类：有赤豆、绿豆、大豆、蚕豆等。可制成各类豆粉、豆沙、豆糕等。

叶菜类：有油菜、白菜、荠菜、卷心菜等。

根茎类：有笋、百合、芋艿、薯类、荸荠、萝卜、山药、土豆等。

鲜果类：有橘子、枇杷、苹果、香蕉、樱桃、菠萝等。

干果类：有松子仁、瓜子仁、核松仁、花生仁、芝麻、莲心、枣子、栗子、桂圆、荔枝等。

蜜饯类：有青梅、红绿瓜、橘饼、桃脯、糖冬瓜、糖佛手等，还可分为干的和带汁的两种。此外，还有糖桂花和玫瑰酱。

（2）馅心按口味还可分成甜、咸和甜咸三种。

甜馅：以糖、油（荤、素）为主，经过加工做成甜馅心的有豆沙馅、水晶馅、荠菜猪油馅、玫瑰猪油馅、芝麻猪油馅、荤百果馅、素百果馅、五仁馅、枣泥馅等。

咸馅：各类原材料要确保新鲜、嫩、肥、汁多。船点所用咸馅有叉烧馅、熟鸡脯馅、鸭脯馅、香肠馅、火腿馅、萝卜丝馅等。

甜咸馅：即椒盐馅，是甜中带咸的馅心，即在甜馅的基础上加入适量的盐分，但甜咸比例必须恰当。一般说来上口甜收口略有咸味为最佳。其品种有百果椒盐、玫瑰肉油椒盐、荠菜、猪油椒盐等。

五、船点的色彩

苏式船点的色彩有素色，如小白兔；单色，如小鸡；双色，如金鱼；杂色，如蟾宫折桂等。其所用的颜色一般尽量用天然动植物的色素。从蛋黄、南瓜等获取黄色；用绿叶蔬菜等的汁，获取绿色；用红曲水、苋菜汁、玫瑰花等获取红色；用可可粉、咖啡等取得棕色；用山药肉等取得白色；用"百草霜"（农村烟道中的黑灰，燃烧柴薪所成）、黑芝麻获取黑色。这样不但可确保食品安全卫生，有利于健康，且色彩天然，酷似真品。

六、船点的造型

苏式船点造型有各类水果、瓜果、水生植物、小动物等，每款船点在形态上极其逼真、可爱，以致能以假乱真，令人叹为观止。

制作苏式船点需用以下器具：

粉筛：有绿纱筛、绢筛两种，前者网眼略大，以取出结块和杂质；后者网眼细小，以筛出细粉，制作高级点心。

粉帚、小畚箕：用以扫集米粉等物。

小排笔：用以上光、刷油。

刀：有方头刀、剪刀、水果刀等。用以加工原材料。

钳子：有直夹平钳、直夹尖钳、平口月牙小夹钳、尖齿月牙小夹钳等、半圆形铜管（铝管、鹅毛管亦可）、竹板子、竹签字、木头梳子、刷子等，用以船点制作造型。

得月楼的吕大师

去得月楼访国家级烹饪大师吕杰民，是在出梅第二天，室外气温突然飙升至37摄氏度。我单位原来就在得月楼斜对面，隔着一条太监弄我太知道观前街停车的麻烦了，所以选择公交车过去，下车从观西走到太监弄到达店里，已经大汗淋漓。

中等身高、皮肤黑黑的吕大师，从里面迎出来，楼上还没营业，空调还没开。

他知道我从外面进来，一定很热，就先带我去里面一个操作间。操作间里一位女师傅正在做小馄饨，角落里的搅拌机正在不停地搅拌枣泥拉糕的米浆。吕大师从下面柜子里拿了一只大大的塑料杯子，从冰箱里倒了半杯浅梅红色酸梅汁递给我，他说："这是我们用古方工艺熬制的酸梅汁，不像外面卖的那么颜色深，是因为一般酸梅汁用红糖，我们用冰糖。"我不喝冷饮多年，再热的天，也不喝凉水。但是我很感谢吕大师对我的关心，出于礼貌，我尝了半口，味道真心不错。我拿着杯子跟他先到二楼，找个桌子坐下，那里仍然很热，我们谈了一会。我喝了一会"油腻中年"标配自带保温杯里的热茶，塑料杯子里的酸梅汁就不那么凉了，不知不觉，我就喝完了这杯得月楼特制酸梅汤了。

　　既然是得月楼的吕大师，先容我把得月楼给大家介绍一下。中华老字号得月楼始创于明代嘉靖年间，距今已有四百多年历史了。原址位于苏州虎丘半塘野芳浜口。1982年，得月楼复建于观前街太监弄，改建扩容后，以精致的园林风貌再现姑苏。得月楼传承苏帮菜系，擅长船菜船点。名菜名点有：碧螺虾仁、得月童鸡、西施玩月、松鼠鳜鱼、蜜汁火方、虫草甫里鸭、枣泥拉糕等。20世纪60年代滑稽戏喜剧电影《满意不满意》就是以得月楼为背景拍摄，得月楼因为电影而驰名全国；20世纪80年代，一部叫《小小得月楼》的电影就在得月楼里拍摄了三个月，电影又因为得月楼而风靡一时。2014年《舌尖上的中国2——心传》拍摄的苏式糕点，就是由

玉鹅千姿

金鱼酥

吕大师亲自出镜制作的。2018年《舌尖上的中国3——食》中展示的松鼠桂鱼也是出自得月楼。

1983年7月毕业于苏州市商业技工学校烹饪专业的吕大师，到得月楼工作至今整整38年了。在烹饪界，大大小小的奖项获得了很多次，荣誉也很多。2016年被中国烹饪协会命名为烹饪大师。近来，餐饮界对非物质文化遗产概念逐渐重视起来，2021年3月，吕大师被认定为苏州市第五批非物质文化遗产"苏帮菜"制作技艺代表性传承人，同年，吕大师工作室也在得月楼挂牌。

后来我们又到三楼的一个包厢里，那里有分体空调，总算可以喘口气了。我对吕大师提了一个外行人比较好奇的问题：怎么看苏帮菜与八大菜系的关系？吕大师说："江苏长江以北的淮扬菜位列八大菜系，有一个比较重要的原因，那就是中国最大最早的专门培养烹饪管理和技术人员的教育基地在扬州。其实，现在我们一般不怎么提八大菜系了，从烹饪技术和原材料来分，我们现在习惯说'金陵菜系'（南京菜）、'海派菜系'（上海菜）等。至于苏帮菜，被国人认为甜，是一种较难改变的既定概念。其实，很多人根本没有亲自尝过苏帮菜，只是道听途说而已。苏帮菜的步履跨度还太小，很难走出去，走出去了也很难打开局面。今天，我们在传承苏帮菜色、香、味、形的基础上，也需要不断创新发展。比如，松鼠桂鱼，改良用小桂鱼，每人一味，卫生与国际接轨。橙红色的番茄酱也可以改用黄色的橙汁。苏帮菜因为其特有的地理环境、物产，坚持用时令食材。比如，春天用荠菜；夏天用薄荷；秋天用桂花、鸡头米（鸡头米南方叫芡实，往往是干货，粳性大，淀粉含量高，不像我们这里的鸡头米这样糯软）；冬天用冬笋。好的苏帮菜厨师，以平时操作经验积累技术，传承不守旧，创新不离本。"

吕大师告诉我，苏式糕点分好多种，如小吃点心：包括糖粥、豆腐花、泡泡馄饨等；食品点心（干点心）：机械化工厂生产的饼干、糕点、方便面等；饼馒点心：大饼、油条、馒头、老虎脚爪等；糕团点心：黄天源、明月楼、万福兴等老字号里卖的点心，特点是每个季节品种不一样的；西点：西式点心；菜馆点心（宾馆点心）：原料精细、口感清淡、形状精致、个头（分量）小巧，不以吃饱为主，以品尝为主。

　　苏式船点是苏帮面点中的代表，精致小巧，造型逼真，口味多样。它起源于明代，当时游船上的厨师们用米粉团捏造出各种形象的点心，供游客们泛舟中品尝，故得名船点。船点的馅心，甜的有玫瑰、豆沙、枣泥等。咸的有火腿、葱油、鸡肉等。一般是动物品种用咸馅，植物品种用甜馅。只要是非国家禁止的无害的荤素、家禽、花类都可以用作原料。花类馅心一般以甜为主，花必须先腌渍，因为有些花不处理会有毒。过去，对于水乡苏州来说，船是必备交通工具，路程较远的话，在船上的时间比较长。船上的农村人，以船为家，吃住都在船上。所谓船点，也就是整个面点中的一个品种。对于专业人员来说，就是一种米粉面团点心。对于食客来说，就是在船上用的象形点心。现在普遍认为船点就是苏式点心中最好的，已经不在乎是否是在船上做的了。

　　为了给我解释清楚什么叫米粉面团，吕大师把所有面团基础知识向我速成普及了一下，听得我津津有味，蛮好玩的。

　　水调面团：分冷水、温水（60度）、开水（100度）三种。冷水调面团不破坏面筋质，一般用来做面条等。温水开水调面团，淀粉糊化了，面筋质破坏了，没有筋道了，一般用来做蒸饺等。

　　发酵面团：分化学发酵、物理发酵和生物发酵三种。化学发酵比如过去用明矾现在用无铝泡

枇杷园

玉兔

刺猬小包

蟾宫玉兔

荷花酥

打粉做油条；物理发酵比如靠空气打发面粉做西点类蛋糕；生物发酵比如用酵母发面做包子。

油酥面团：分荤素两种，用来做苏式月饼、袜底酥、眉毛酥等。酥层分暗酥和明酥两种。水油面团或者油酥面团经过烤、蒸产生的酥层叫暗酥。难度系数较高的是层次外面看得见的明酥。

米粉面团：分黏质性和松质性两种，条头糕、青团子等是黏质性粉成熟点，小方糕、定胜糕等是定型过后再成熟的松质性糕点。还有汤圆、元宵、小圆子、糖年糕等品种。

其他面团：一是花类面团：用碧螺春水、桂花水、玫瑰花水与米粉或面粉形成的面团，口感、形式都不一样；二是杂粮面团：比如杂粮馒头、杂粮饼等，就是以紫薯、红心山芋、玉米粉、小米粉等为原料。三是鱼茸类面团：比如鱼皮饺、鱼皮馄饨等；四是澄粉面团：比如虾饺。开水瞬时合成面团，糊化作用，拍皮（拍下去，一捻），没有面筋质，皮透明，口感独特，馅心形态若隐若现，颜值高。

说到这里，吕大师总结了一句：阅历、操作技能、原料，加上创新型可行性思维，摸索，优选法，在不断尝试中找到最好最合适的方法。吕大师给人的总体感觉是沉稳安心，不急不躁，温和靠谱。

2018年4月14日，吕大师在他的一段随笔中写道："烹饪这行业在三十几年前社会地位相对低下，讨老婆也难哦！不过很实在，民以食为天嘛，和吃打交道，一辈子不愁吃喝，饿不死啦！

生长在计划经济时代，人与人之间没有攀比，只需努力工作，手脚勤快，师傅辈们就会指点教导，就会指点技术上的经验、门道。由于大家都没有成家，基本上一天都混在企业里，同事之间也常常交流，技能比拼，调侃。

人嘛还是要多动脑筋，多问几个为什么，这跟文化底蕴也有很大关系。绝对不能死板，顺着别人的思路去走，毕竟是技术活，条条大路通罗马，执著，有韧劲，对技术活要热爱直至敬畏。静得下心，耐得住性子，天道酬勤，不经意间就能累积好的作品，直至技术成果。

"不停地去做，重复地去做，用心地去做，熟能生巧。当你付出了努力也会得到相应的回报，也就是现在所说的'工匠精神'，当然了，我离这种精神还有一段距离。当前行业竞争非常激烈，开拓创新是不可回避的，传承发扬是不可或缺的，更是行业的基础，有传承才能创新发展，这也叫'不忘初心'。本人对生活充满信心，从学校毕业到现在，一步一台阶，从初级厨师到特级厨师再到中国烹饪大师，参与拍摄央视《舌尖上的中国》第二季中的《心传》很是荣幸，人生是积极向上，有盼头的。回首过去我没有遗憾。从业三十几年，领导们及师傅们都是我的长辈，看着我成长起来，也给我提供了这么好的舞台，还有好的同辈和团队，好好培养下一代，要知足，要感恩。

"如今，在浮躁的社会里，任何人都要静下心去思考，勤快、努力、诚实、厚道，做一个对社会和家庭有成的人，而且是一个平凡的人。"

我问吕大师："有人向我介绍说，您能做一千多种船点，真的吗？"吕大师笑了："呵呵，其实常做的也就是30多种单个品类，不可能一下子做出1000多个品种。不过如果要综合我上面所说的各种面团做出来的成品细分，要说1000多个品种也是有的。"

玄妙观小吃制作技艺 梅花糕和海棠糕是苏州名小吃。清袁枚《随园食单》云："梅花糕源于苏州，历史悠久。"一般由米粉加豆沙、青红果、松子仁等配料烘焙而成，因形似梅花、海棠而得名。2009年6月入选苏州市非物质文化遗产代表作保护名录，现保护单位为苏州吴门人家饮食文化有限公司、姑苏区双塔街道文化站。另该项目2017年7月入选姑苏区非遗代表作保护名录，保护单位为姑苏区虎丘街道文化站。

潘玉麟糖粥制作技艺 苏州名小吃。"笃笃笃，卖糖粥"，可谓是贯串几代苏州人的童年记忆。潘氏家族在苏州卖糖粥有一百多年历史，至今传至第四代。2017年7月入选姑苏区非物质文化遗产代表作保护名录，保护单位为苏州市民间文艺家协会。

玄妙观前小吃多

怀 念

    玄妙观，位于苏州市观前街，创建于西晋咸宁二年（276），最初名叫"真庆道院"，后来曾改称为"开元宫""天庆观"。公元1295年元朝皇帝下令改为玄妙观，至今已有1700多年的历史。

    玄妙观极盛时有殿宇30余座，是西晋时期最大的道观。现有山门、三清殿、弥罗宝阁及21座配殿。南宋淳熙六年（1179）重建的主殿三清殿面阔9间，进深6间，高约30米，建筑面积1125平方米，重檐歇山，巍峨壮丽，是江南一带现存最大的宋代木构建筑。在中国建筑史上具有重要的历史价值，1982年被列为全国重点文物保护单位。观内保存有大量各朝古碑，其中有老君像石刻，为唐吴道子绘像，唐玄宗题赞，颜真卿书，由宋代刻石高手张允迪摹刻，可称"四绝"碑，是目前国内仅存的两块老子像碑之一。

玄妙观多数殿宇各有山门、照墙，观内广场商贩与百戏杂陈。玄妙观为全国著名道观，又是历史悠久的传统集市。冯梦龙《警世通言》无碍居士序中说："吾顷从玄妙观听说《三国志》来。"说明玄妙观在明天启年间已有露天书场。至清代设摊者日多，遂演变成为古城中心一处热闹的集市，有小吃、日用杂品、文具玩

桂花豆沙圆子

具、对联字画、花鸟鱼虫的摊店以及医卜星相、江湖杂耍等。三清殿内是传统的年画市场，出售桃花坞出版的各种画张，观内空地经常演出各种江湖杂耍，有变戏法、木偶戏、耍猴戏、西洋镜、唱小热昏、卖拳头、说露天书等。医卜星相更是玄妙观一大特色，有祖传秘方、专治气喘、痨疾、筋骨酸疼的江湖郎中，有拔牙的牙医，有主治跌打损伤的伤科等。算命、相面、测字的集中在东脚门至牛角浜一带，有的当街设一桌一椅，有的设馆，总称"巾行"，七十二巾样样齐全。玄妙观成为与北京天桥、南京夫子庙、上海老城隍庙齐名而又具有苏州地方特色的热闹场所。1985年，玄妙观内有157个摊位。

1912年，玄妙观弥罗宝阁被大火所毁，三清殿后出现了一块三千多平米的废基空地，各种小吃摊店便从正山门、东西脚门，三清殿露台周围等地延伸过来。顾禄在《清嘉录》中，曾对玄妙观小吃摊店情景作过记述："城中玄妙观，尤为游人所争集。支布幕庐，晨集暮散，所鬻多糖果小吃坊及小食店，门市如云。……

托盘供买食品者，亦所在成市。"玄妙观小吃品种繁多，每个摊贩以自己拿手的制作技艺，经营一两种特色食品，1935年《苏州明报》有专文介绍玄妙观小吃，说："五芳斋的排骨很出名，……露台上的糖粥，御道东的海棠糕，东边的小肉线粉，都是玄妙观里出名的食品，至今仍保住盛况……"玄妙观是苏州小吃最为集中的地方。苏州玄妙观小吃，是苏州传统小吃的代表，具有选料讲究、制作精美、重节令讲新鲜和价廉物美等特点。

玄妙观的小吃，名目繁多，如小米子糖、灰汤粽、枭鱿鱼、熏鱼、凉粉、藕粉、千张百页、酒酿圆子、豆腐花、糖粥、梅花糕、海棠糕、焐酥豆、五香茶叶蛋、鸡鸭血汤，其余如面、小笼馒头、锅贴、烧卖、馄饨、汤团等，应有尽有。著名的摊店，有专售梨膏糖的文魁斋、观振兴面店、王源兴酒酿豆浆店、小有天藕粉店、五芳斋、六芳斋、七芳斋等，还有百年以上历史的三万思、品芳两家茶馆。

两面黄、五香小肉、五香排骨、蟹壳黄、糖粥五项小吃制作技艺如下：

1. 两面黄（面条制品）：

锅烧热后，加植物油（约5两），油热后，将4两生面（软）放入，摊平，将两面煎至微黄即可。把多余的油倒干净，再加入高汤约200ml同时加锅盖烧干出锅装盆。另一锅备好，热锅时加植物油，待油热后，将浆好的肉丝及青椒放入过油，滤油后，锅内加高汤，放酱油、盐、白糖、味精，味调好后，等烧开时，将青椒及

苏式糕点

麻酥糖

肉丝（或虾仁等）放入，略炒至锅开，加水淀粉勾芡，淋少许麻油，浇入面上即可。

2. 五香小肉：

用夹心猪肉改刀切好，加黄酒、葱、姜、上等酱油、盐、味精腌渍，约1小时后，将肉拣出，放入锅内加猪油（冷）没过即可，开火加热（火力可适当调整），炸至猪肉熟（发白）出锅装盆洒入五香粉即可。

3. 五香排骨：

将大排骨劈成每块厚约0.8cm片状，加黄酒、葱、姜、上等酱油、盐、味精腌渍，约1小时后将排骨拣出，放入锅内加猪油（冷）没过即可，开火加热（火力可适当调整），炸至排骨熟（发白）装盆洒上五香粉即可。

两面黄、五香小肉、五香排骨传承谱系：章鹤（章小弟）（父）、陈惠珍（母）、章继娟（女儿）、张书超。

4. 蟹壳黄：

原料：水油面（即水油相等与面混合后的面团）、油面（直接用猪油与面粉混合后的面）。

甜馅：板油切成小丁，加入绵白糖，轻揉均匀。

咸馅：板油切成小丁，加入盐、葱花，轻揉均匀。

用以1:1的水油面包裹油面后，擀平长条折三折，再擀平成长条后卷起来，分小块，擀成一片片皮子，根据口味不同，将每一小片皮子中分别包入上述甜馅或咸馅。包好后，再将其擀成一片片椭圆形的面饼，在其表面沾上白芝麻后，将其贴入火炉内壁，烘烤熟至金黄即可。

蟹壳黄传承谱系：陈秋林、史俊生、李汉平。

5. 桂花赤豆糊糖粥：

将赤豆2.5kg加适量水，加食用碱5g上炉煮烂后，倒入网筛上揉擦，使豆沙与豆壳分离，豆壳弃之。用5kg白糖、1kg猪油和豆沙倒入铁锅内翻炒，使豆沙去涩增香，即为豆沙成品原膏。

把豆沙成品原膏2kg再放糖0.5g加水4kg调和，煮沸，加桂花5g，加水淀粉

玄妙观的小吃集市上人山人海

勾芡，即成桂花赤豆糊。

另备1:4的糯米和水的糯米粥一锅。把糯米粥盛入碗内，再盛等量的桂花赤豆糊浇在粥上，即成为香甜可口的桂花赤豆糊糖粥。

桂花赤豆糊糖粥传承谱系：毛福民、史俊生、张书超。

"笃笃笃，卖糖粥"是苏州童谣，说的是以"笃笃笃"梆声为号的骆驼担，走街串巷卖糖粥，姑苏城内弄堂里的小脚好婆牵着小宝宝望眼欲穿，等待一碗香甜糖粥的民俗风情。骆驼担以竹制成，因为形状像骆驼而得名。骆驼担的一头有灶，灶上有铁锅，另一头，是装满着碗筷和各种佐料的小抽屉；担子中间有根微弯的竹梁，正好可供人肩负而行。担子前头，还有盏小小的风灯，供晚上照明。

《吴中食谱》记载："玄妙观为平民娱乐饮食之公共场所，而炒面、豆腐浆，则虽翩翩衣履之青年男女，亦有纡尊降贵以枉顾者。吴苑为零食所荟集，且多精品，如排骨为异味斋所发明，虽仿制者不一而足，俱有一种可憎之油味。异味斋之排骨，其色泽已不同凡响，近长子发明一种肉脯，不及其雅俗共赏，闻此法已为再传，当时其开山老祖所制，更觉津津有味云。"

玄妙观小吃选用原料时颇多讲究。一，讲产地。如糖粥所用之赤豆，就定要选用天津地产的"大红袍"。此地所产赤豆，粒大饱满，颗粒均匀，煮后酥绵，吃口细腻。糯米则要选金坛、常熟等地产的，该处所产糯米黏糯馨香。二，讲品种、讲部位。如加工五香排骨、五香小肉的猪，一定要选用太湖猪。该品种的猪肉，在烹调加工时有特殊的香味，鲜美无比。除品种之外，还讲究部位，如五香大排，定要用猪身上的大排；五香小肉，则要剔除筋膜、肥膘等。

玄妙观小吃的又一个特点是制作精美。有些产品，"每日皆有定数"，绝不粗制滥造，所谓宁缺毋滥。如蟹壳黄，形如大闸蟹，内有猪油、葱花，通体油酥，沾有白色芝麻，刚出炉时，蟹壳微黄，芝香扑鼻，小巧玲珑，趁热食用，松、脆、香、肥，咸淡适度，深受市民欢迎。再如两面黄，选用宽3毫米左右的小阔面，秤好分量后，盘成圆团状，放入油锅煎炸，至微呈金黄色，再配以虾仁、肉丝、蔬菜丝等煸炒，调以卤汁，装盘上席。色泽爽心悦目，咸淡适宜，香脆可口。

玄妙观小吃还有一个显著特点就是重时令，讲新鲜。《吴中食谱》记载："点心，随时令不同。汤包与京醣为冬令食品，春日为汤面饺，夏日为烧卖。""秋日有蟹粉馒头。"再如二月二吃撑腰糕，清明前后吃青团子、酒酿饼，八月中秋吃月饼，深秋时分吃焐熟藕、铜锅菱、热百果，秋冬季节吃糖粥等。玄妙观小吃讲究新鲜，一是指符合节令，二是指原材料的新鲜，三是指要即时食用，如五香排骨、五香小肉、蟹壳黄、两面黄等，都要及时食用，要趁脆吃、趁热吃。

玄妙观小吃价廉物美适合大众消费，如五香排骨、五香小肉、蟹壳黄、两面黄、糖粥等小吃，十多年前价格大多仅在三、五元之间，过去价格更廉。但小吃的品种多，制作精，味道好，因此深受广大市民欢迎。

潘玉麟的糖粥

穿过接驾桥闾邱坊巷，爬山虎缀满的空洞老楼，是当年赫赫有名的东吴丝织厂，往东，过皮市街，进史家巷。雅园里在苏州刺绣厂（徒有金字招牌，厂子早已不在）对面，一条很窄很短的小弄堂里，凌霄花开得正艳。赤豆糊糖粥非遗传承人潘玉麟在弄堂口候着我，他的老伴则在家门口候着。雅园里原先是一片空地，俗称"野园"，清顺治年间刑部主事苏州人顾予咸在此设计建造了私家园林，取谐音"雅园"。后来，雅园里住进了十几户人家，据说有12户人家是做糖粥的，12副骆驼担子，散落在姑苏城大街小巷里。最后，就剩潘玉麟父亲在做糖粥了。

苏州糖粥就是红豆粥，冬至日吃红豆粥的习俗，相传始于一千六百多年前，南北朝时梁人宗懍所著中国第一部岁时民俗志《荆楚岁时记》记载："共工氏有不才子，以冬至日死，为疫鬼，畏赤小豆，故冬至坐粥以禳之。"也就是说，这个习俗是为了预防瘟疫。苏州的红豆粥，红豆和粥分别做，红豆做成豆沙，粥上碗后，红豆沙再浇上去，宛若红云盖白雪。

烧糖粥，米和糖水比例必须一次加准，中间不能加水。先用旺火烧，再用文火焖。米粒开花但不黏，锅里不能上清下沉，下沉了就要结底，有糊味。老法焐酥豆不是用赤豆烧的，是用上好的蚕豆浸胖后加碱、加水，焐烂，连壳也要烂。但是要让它起沙，还必须把热的红糖水冲入沸腾的焐酥豆汤中，才能成功。

20世纪三四十年代，糖粥摊就设在玄妙观十八景中的"一步三条桥""铁钉石栏杆"的露台东北角，三块大门板、三条大长凳，三个铜板一碗糖粥或者焐酥豆。半碗糖粥上加一瓢焐酥豆，叫来碗"鸳鸯"。焐酥豆不是赤豆，是乌黑油亮起沙的豆沙厚浆。过去，为了节约成本，要去娄门、葑门等处的米行寻"滩糯"，就是糯米屯最下面一层的糯米，因存放时间较长黏性不足，倒正好使烧出来的粥不薄不稠。糖用的是南货行拆包后丢下的白糖蒲包或者麻袋，需求量很大，最远的还要向上海十六铺的南货商行购买。先要洗蒲包，将包上残留的糖融化在水中，然后烧开，撇去泡沫残物，再用豆浆冲入，可使糖水在上，沉淀物在下，澄清后，过滤

逛逛玄妙观品尝苏式点心

取出糖水。糖麻袋则还要加几道工序，分离、脱气味才行。

糖粥摊是 20 世纪 70 年代后期，改革开放后第一批进玄妙观摆摊的。那时候潘玉麟和父亲还在单位上班，只有母亲一个人做，他会替母亲把车子推出去，搭好篷布，下班回来，再替母亲把车子推回去。下岗后，他就开始走街串巷卖糖粥了。有一天，在六中门口被城管拦住，问他有没有证，他掏出再就业优惠证、健康证、身份证……城管说，这些证没用啊。这样，你先推到不影响交通、不开车的地方，把今天的粥卖掉，以后就不可以再这样卖了哈。此后，虽然搬过几个地方，不管是在茶楼还是其他地方，都是用的别人的店面、别人的执照，一直没有固定下来。大致就是在皮市街花鸟市场北门，史家巷口。

朋友们注意了哈：潘儒巷的潘玉麟糖粥铺不是潘玉麟开的，是被别人抢注了商标。而浙江台州路桥区金清镇双庙街的潘玉麟也和潘玉麟半毛钱关系木有，网上卖的潘玉麟糖粥都不是潘玉麟煮的哈。老夫妻两个不用手机，不会上网的。巷口水果店老板天天被很多人问得头发昏：糖粥啥时候再有？糖粥已整整一年没做啦。

潘玉麟把一块牌子、一张证书放在我面前的八仙桌上，把牌子竖起来给我看，牌子上的文字是：姑苏区非物质文化遗产姑苏小吃制作技艺（潘玉麟糖粥制作技艺），落款是：姑苏区人民政府、姑苏区文化教育委员会颁发，日期是 2017 年 9 月。证书上的文字是：潘玉麟，姑苏区非物质文化遗产姑苏小吃制作技艺（糖粥制作技艺）代表性传承人，落款是：苏州市姑苏区文化教育委员会、苏州国家历史文化名城保护区文化教育委员会，日期：2018 年 12 月。

写到这里，必须要说明一下，目前，非物质文化遗产保护代表性项目和传承人名录评定等级包括：联合国教科文组织认定的名录、国家级、省级、市级、区级，而保护单位则是另一个概念，也就是说，非物质文化遗产保护代表性项目、传承人和保护单位是三个不同的概念。玄妙观小吃制作技艺与玄妙观小吃制作技艺（海棠糕、梅花糕制作技艺）是 2009 年 6 月评定的第四批市级非物质文化遗产保护代表性项目，保护单位是吴门人家饮食文化有限公司、姑苏区双塔街道。

陈巧文的梅花糕和海棠糕

2010 年被认定为苏州市非物质文化遗产玄妙观小吃制作技艺（梅花糕、海棠糕制作技艺）代表性传承人的陈巧文，大家都习惯称呼他陈老大。陈老大长得很有特点，身材敦实，成天笑呵呵的。有一年他收徒，邀请我们市民协几位主席一起去出席拜师仪式。那阵子我因为正在忙着全国巡展，差点忘了，下午电话打过来，我一惊。这个不能忘的，再忙也一定要去的。不去的话，笑呵呵的陈老大一定会生气的。我赶紧拖着行李箱出门，奔赴举行仪式的现场。当天晚上我坐八点多钟的绿皮火车去河南，我从拜师仪式现场直接去的火车站。出生于 20 世纪 40 年代的陈老大其实 12 岁就开始跟父亲学做梅花糕、海棠糕，19 岁自立门户，几十年过去，正儿八经的徒弟也收过好几个了。陈老大收徒，佳话频传，是有很多故事的。

西汉李谷金在《御民食书》中描述："梅花糕，外形与器具烤，类似饼，圆形似梅花。"东汉刘似畅《食纪史》、北魏贾思勰《齐民要术》、隋谢讽《食经》等史料都有过记载，清代袁枚《随园食单》则明确指出："梅花糕源于苏州，历史悠久。"虽然行内人称"先有海棠，后有梅花"，但只到清代曹雪芹《红楼梦》中，从宝玉描述胭脂的诗句中，才看到文字记载："绣带盈盈隔座香，新裁谜语费商量。海棠糕好依亲裹，寄与郎知侬断肠。"海棠糕只有民间传说。据传，一个乞丐把从大户人家后院乞讨来面粉、果脯屑粒等掺和在一起，在废弃的大门铁臼里用火烤，被大户人家的丫头看到，学了去，最后成了哄小姐、太太开心的私房点心。海棠糕比梅花糕小一点，所以一般太太、小姐们吃海棠糕，老爷公子们吃梅花糕。梅花糕一炉19只，海棠糕一炉7只，梅花糕的每个模具都是一朵梅花状，而海棠糕是7

个模孔拼成一朵 7 个花瓣的海棠花。

梅花糕是用面粉、酵粉和水拌成浆状，注入烤热的梅花模具，放入馅心，馅心一般有豆沙、芝麻、鲜肉、玫瑰等几种，陈老大一般只做豆沙馅心的，他的秘诀是，豆沙和枣泥一起熬制，特别香。至于放果酱、小圆子的，则是他的外地徒弟自创的，不是正宗苏州老法头做法。放好馅心后，再注上面浆，撒上白糖、红绿瓜丝，点缀上半颗金橘干，浇上桂花水，盖上铁盖，再烤。梅花糕呈倒锥形，用铜签钳出模具后，在手里正好盈盈一握。海棠糕是扁平状的，也有馅心，最后也要撒白糖烤成焦糖，原料和梅花糕相似：芝麻、猪油、红枣、冬瓜糖、红绿丝、葡萄干、西瓜子仁、金橘干、核桃肉、蜜枣、桂圆肉、松子仁等。为了节约成本，这 12 样原料，一般省去最贵的核桃肉和桂圆干。至于那粒猪板油，随着时代发展，现代人养生要求，不吃或少吃油腻，所以基本不用了。有些上了年纪的老顾客，有时候会牵记那口焦糖板油香。老顾客里有吃斋念佛的，就不要猪油啦。陈老大说，梅花糕主要吃里面的豆沙，海棠糕主要吃上面的南北货。

到苏州，不吃这一口，不算吃过苏州小吃。即便不爱吃甜食的，趁热咬一口，保证你口齿生香，回味无穷。观前街邵磨针巷人民商场西面这家店，九月份要搬去山塘街乾生元改造的海市山塘。定慧寺巷网红双塔菜场里还有个陈老大女徒弟开的店。网上没有卖的哈，最好也不要让跑腿的带，要当场趁热吃才是最完美的口味。有关部门说，全国各地小吃实在太多，原则上，评到市级非遗，就是天花板了，不可能再上了。我觉得，金杯银杯，不如老百姓的口碑。别小看这一口，一年能做一百多万，你无论如何都想象不到吧。

大暑日，下午五点，西斜的太阳光照进店里，我伏在陈老大小小的店堂操作台上记笔记，陈老大站在我旁边说：西晒太阳进来了，要热了。我抬起头，嗯，真有点亮得睁不开眼了。这时候，一锅海棠糕正好出炉，香气弥漫。那一刻，我感觉自己就在原味姑苏的非遗故事里了。

桂香村大方糕制作技艺 苏州名小吃。方糕一般由八成粳米粉配两成糯米粉混合而成，"开堂"加馅料，鲜肉、玫瑰、百果、豆沙，芝麻、薄荷等，又称为"五色大方糕"。2009 年 6 月入选苏州市非物质文化遗产代表作保护名录，保护单位为苏州桂香村食品有限公司。

和谐美满大方糕

吴 泠

苏式糕点源远流长

"上有天堂，下有苏杭"是盛赞苏州的诗句。苏州是国家历史文化名城和园林风景旅游名城。提到苏州，人们还会说到苏州的"糯"。吴侬软语，是糯。糯到"宁愿听苏州人吵架，也不愿和宁波人说话"的地步。糯笃笃的苏州话引伸出了文化遗

薄荷馅料填入方糕堂中

玫瑰馅料填入方糕堂中

第三代传承人薛惠忠正在筛糕粉

蒸熟装盆的桂香村大方糕

产——评弹和昆曲，可谓最美的声音，绕梁三日，不绝于耳。

苏州的糯，还糯在那香糯美味的苏式糕点。因为地处江南水乡，稻米鱼虾是苏州这座城市的特产之一。苏州不仅风景优美，还有丰富多样的特色美食。

温文尔雅的苏州人喜爱吃糯米食，似乎一年四季都会有品尝糕团的理由，有甜味的，有咸味的，还有薄荷味的，有实心馅的，也有夹心馅的。而且做糕团的师傅还像能工巧匠一样，巧手会把糯米变化成各色各样、造型惟妙惟肖、出神入化的糕点，让人不忍下箸。

在苏州，用米粉制作糕点的历史要比用面粉制作糕点的历史长。据有关史料记载，苏式糕点萌芽于春秋，起源于隋唐，形成于两宋，发展于明清，继承、发扬、创新于现代。

长期以来，苏州糕点，一直以制作精良、口味香糯、甜软可口、花式繁多而名扬四海，可以说，苏式糕点的影响不亚于苏州菜肴，而其类别之多、名目之繁，堪称"中华第一"。

苏式糕点是江苏省苏州市及周边地区所产的特色糕点的统称，因其馅料多种，以天然植物调香，吃口香甜，而形成独特口味，其代表品种就有苏州大方糕等。

苏式糕点在中国传统糕点发展史上占有重要的地位，是中国传统糕点之一。从秦代开始，到隋文帝废吴郡改称苏州。再由隋朝至唐朝三百多年间，苏州因地理位置上得天独厚的优势，土地肥沃、物产富饶、交通方便、商贾云集、市井繁荣，成为江南一大繁华都会。正是在这样的条件下，苏州的糕点行业蓬勃兴起。隋唐是苏式糕点的提升时期，也是苏式糕点开始兴旺、发达的时期。

到了宋代，苏式糕点作为一个独特的传统特色糕点帮式已经形成，并形成了商品生产，又有茶食糕点供应。历代文人墨客，在赞美姑苏旖旎风光的同时，也对精巧可口的苏式糕点赞美不已。著名文学家和诗人都曾对苏式糕点怀有特别的感情。苏式糕点到两宋时期已逐步成为我国主要食物品种之一。

明清时期，苏州工商业的发展居于全国的前列，因地处江南水乡，苏州盛产稻米，在现在的苏州工业园区所辖的草鞋山遗址中就曾发现7000多年前的水稻种子，这也充分说明了早在新石器时代，稻黍就已经是苏州先民生活中的主要食物之一了。所以，做个大胆的推测，苏州各式点心里面，使用米粉制作糕点的时间远远要早于面粉制作糕点。而这主要归功于苏州地理位置优越，风调雨顺，五谷丰登，百姓勤劳，农业生产在全国领先，稻米供应充足。

"苏湖熟，天下足"的谚语就反映了太湖流域的苏州曾是重要的粮仓。随着农业生产的发展和农副产品的商品化，为城市手工业生产提供了源源不断的原料，为工商业繁荣提供了条件，加之农副产品资源丰富，商品经济发达，也使得各种茶食糖果店里的品种日益增多。正是在这样的大背景下，江南的茶食糖果店、糕团店也越开越多，而以苏州人所制作的糕团为最佳，因品种、形色、口味多样，受世人称道。据记载，著名茶食糖果店有稻香村、桂香村、野荸荠、王仁和、湘城老大房等。据不完全统计，明、清时期的苏式糕点分炉货、油面、油氽、水镬、片糕、糖货、印板等7个大类，传统品种达130余种。

前世今生名不虚传

桂香村始创于乾隆四十年（1775），是茶食糖果行业中的品牌店，是茶食糖果行业中的佼佼者。尤其是桂香村的大方糕更是家喻户晓的优质名牌产品。大方糕成

位于苏州拙政园东侧的桂香村，牌匾上写的"百年老店，姑苏特色。中市移此，并无分出"

了桂香村独有的、知名度极广的拳头产品，因此，在历史长河中苏州桂香村也就成了驰名江、浙、沪的老字号。

苏州大方糕，又名大方糕、五色大方糕、珍珠塔大方糕，在每年清明到端阳时节应市。大方糕用糯米粉和粳米粉相掺，与水拌和作皮，馅料拌有各色果料等，然后放在定制的工具里上火蒸熟。吃口香甜松糯，馅肥味美，十分可口。方糕的表面模印出各种图案及"桂香村""福、禄、寿"等字样，造型方正、精致，是苏州传统地方的著名糕点小吃。《清嘉录》云：年节亲朋交宴，茶点宾客，历代相沿，遂以成俗。因为"糕团"谐音"高高兴兴，团团圆圆"，大方糕的玫瑰馅料、薄荷馅料等味道还能够起到开胃的功效。

苏州大方糕似乎有着苏州人一样的精细、严谨与独特。具体表现在用料特别讲究，粳米采用东北长粒香，生长期长，色泽洁白，香味独特。

糯米采用常熟的糯米，色泽洁白，糯性强。注重粳、糯米粉的配比，使方糕的口感松软。馅料的选料也很讲究，松子选用长白山马尾松；鲜肉要当日屠宰猪腿肉；玫瑰花采用西山种植鲜艳厚花瓣。木蒸格用上等松木制成，高温蒸后不变形，无异味。

桂香村大方糕的加工方式采用手工制作，机器无法取代，从浸泡糯米到蒸熟出炉，一块大方糕至少要经过十几道工艺。其环环相扣，一步不到位就会影响成品的色泽和口味。馅料与面皮的配比也严格要求，面皮太厚也会影响蒸制与口感，馅料太多又容易漏馅，所以其制作工艺要求极为严谨。

大方糕以粳、糯米粉配比作皮，白如珍珠，五色大方糕因其配有 5 种馅料：芝麻（黑色）、玫瑰（红色）、百果（白色）、薄荷（绿色）、鲜肉（黄色）五味五色，不添加任何色素和香料。蒸熟后皮色透明度高，映出馅料五色，琼浆欲现，诱人食欲，上口香甜松糯，馅肥味美。

虽然做方糕的店家不止一家，但只称方糕，不称大方糕，而唯有苏州桂香村敢于在方糕前面加个"大"字，称之为"大方糕"，也足见桂香村的非凡气度。在历史上，大方糕主要是作为一种茶点存在的，所以过去经销方糕主要是茶食糖果店而非糕团店。当时苏州最出名的几家方糕都来自有名的糖果店，其中就有位于东中市 98 号、都亭桥东的桂香村的五色大方糕。1934 年，民智书局出版的《珊瑚》第 45 期上曾有这样的介绍文字："茶食，古人奉茶敬客，必佐以食品，此茶食之名，所由昉也。""春末夏初，大方糕上市，数十年前，即有此品，每笼十六方，四周十二方系豆沙猪油，居中四方系玫瑰白糖猪油，每日只出一笼，售完为止，其名贵可知。彼时铜圆尚未流行，每方仅制钱四文，斯真价廉物美矣。但顾客之后至者，则不得食，且顾客嗜好不同，每因争购而口角打架，店主恐因此肇祸，遂停售多年。迩来重复售卖，大加改良，七点钟前，若晨起较迟，则售完已完，无从染指矣。"也许是生意太好的缘故，后来糕团店也开始做方糕了，时间长了，便有了糕团店与茶食店共同生产经营方糕的局面。

在民国年间，桂香村大方糕一般是农历三月初六开始（大约在 4 月 1 日）上市销售，是一种春季时令食品。桂香村做大方糕是下了血本的，不仅精工细作，当年还在报纸上做广告宣传，大方糕打出的宣传广告是："春游三吴名胜，莫忘苏州名点"，把大方糕说成名贵名点，自抬身价，这样宣传，不仅扩大了大方糕的名气，也提高了大方糕的身价。当年，门店每天早上6点开始销售，还接受预订和电话购货，当时的电话号码为777，三个7谐音苏州话的"吃吃吃"，并且上门送货，店里自备六七辆脚踏车，号称"随接随送"。遥想当年，六七辆脚踏车，载着雪白粉嫩、热水潽烫的大方糕飞驰在苏州大街小巷，那真是"拉风"极了。

民国时期，桂香村大方糕品种比较多，甜馅的有百果、枣泥、玫瑰、薄荷、豆沙，咸馅的，有鲜肉和净素。大约在1946年，大方糕素馅的150元一只，荤馅的200元一只，当时的糙粳米每担2.34万元，一担白粳不到3万元，也就是一块方糕的价格低于一斤米的价钱。制作一块方糕，用糯米粉大约一两，成本为30元，加上馅和制作等费用以70元（素馅的成本可能要少点），一块大方糕的总成本大约100元，出售价格为150元或200元，利润还是比较可观的。因此，桂香村能够精工制作，将大方糕打造成苏州代表性糕点之一。

中华人民共和国成立以后，当时的茶食糖果业的同业公会规定城内的采芝斋、稻香村、叶受和、桂香村和城外的赵天禄、一品香、东吴村共7家店，为茶糖行业中甲级名牌企业。从这一点就可以看出桂香村历来就是苏城的一爿名店，是众多中华老字号中不可或缺的"老牌"老字号。

1956年公私合营后，稻香村、叶受和、桂香村几家名牌老店原来前店后坊的"后坊"格局被打破，撤销合并成了苏州糕点厂。从此，桂香村大方糕在市场上消失了踪迹，给市场带来了缺憾。1961年春，桂香村工场又重建了，桂香村大方糕重与市民见面，可谓久别重逢，让顾客品尝到美味。但到了20世纪60年代后期，不仅许多老字号都"被改名换姓"，比如采芝斋叫"东方红"，稻香村叫"红太阳"，桂香村叫"向阳"，连生产制作标准也有所降低，一直到1978年改革开放后，"老牌子"才陆续恢复老字号名称。此时，桂香村也迎来新生，上级领导委派薛惠忠为工场主任，担负桂香村食品厂的生产经营，这也使得大方糕制作技艺得以继续传承。

大方糕在苏州城乡深受百姓的喜爱，很多外地游客也都慕名而来。不仅在江、浙、沪一带有较高的知名度，而且还受到港、澳、台顾客的喜爱。1983年，在江苏省糖业食品工业评比交流会上，苏州桂香村茶食糖果商店薛惠忠以 97.6 的高分获得酥糖技术操作第一名。时《苏州报》专门发一图片新闻予以报道。1998 年，因为东中市拆迁，桂香村停止了大方糕的生产，不少老苏州又纷纷打听大方糕的去向。

直到 2001 年 5 月，从 14 岁就开始在桂香村当学徒的薛惠忠凭着心中那股割舍不断的大方糕情结和娴熟的手工制作大方糕技巧，决定选址在东北街 168 号、拙政园东侧老店新开，重新推出大方糕。他也当仁不让地成为继承桂香村大方糕品牌的新一代"掌门人"。

2008 年，桂香村还在苏州工业园区金陵东路 199 号开出 2 千多平方米的厂房，进行生产制作。第四代大方糕制作技艺非物质文化传承人薛岑不仅继承了传统制作大方糕技艺，在上一辈制作师傅的言传身教下，努力运用现代化管理手段，把苏州大方糕的质与量提高到一个新的水平。目前，大方糕仅桂香村一家还在秉承传统手工技艺制作生产。自 2009 年列入苏州市非物质文化遗产名录后，桂香村对大方糕制作技艺的保护、继承与发展更加重视。成立技艺保护小组、培养传承人，形成一套行之有效的传承机制。加之宣传力度加大，促进了大方糕制作技艺得到提升与发展。

传说故事励志寄情

说起大方糕的故事，传说有两个版本。一个是起源于宋代，一个起源于明代。

"划粥断斋"的"白云糕"

还在宋朝年间，苏州有个读书人叫范仲淹，父亲在他很小的时候就去世了，家里又非常贫困，范仲淹与母亲苦度光阴。他们家房子很小、很破，范仲淹只能够在天平山脚下的一个庵堂里栖身。

因为穷困，范仲淹家里几乎只能够天天以粥为食物，而且吃的都是薄汤粥，一日三餐餐餐如此。范仲淹想了个办法，他让母亲把热粥盛在钵头里，天气冷了，那粥就冻结了，然后范仲淹把粥划成几个小方块，肚子饿了，就划一块吃。菜呢，是他母亲采的野菜，母亲把采来的野菜腌制成咸菜。为了节省，吃粥时，范仲淹又将咸菜切成细粒，一点一点搛着吃。这种吃法，被人称为"划粥断齑"，后来范仲淹的"划粥断齑"也就成了一个成语，也是形容虽然贫苦却刻苦学习的读书人。

那个时候，范仲淹的朋友石梅卿来看望他，范仲淹正在吃那冻住的粥糕。石梅卿看到这样的薄粥糕，感到十分好奇，就问："这是什么粥啊？"

范仲淹打趣地说：这不是粥，这叫"白云糕"。还指着粥块说：你看这一块一块，薄薄的、白白的，像不像天上的白云？

石梅卿听了，心里想，把粥块说成"白云糕"，也亏范仲淹想得出来。不过，他非常钦佩范仲淹的精神境界，但这种生活实在太苦了啊。

过了几天，石梅卿买了点酒肉拿到范仲淹家里，请他吃。范仲淹看见朋友不嫌弃自己贫穷，还特地带来了酒、肉等食物，非常感动，非常感谢，但他却说：这个酒肉我不能吃。我是吃惯了这"白云糕"的，你的这个我吃不惯。就算我今天吃了这酒肉，那明天我吃什么呢，你也不能够天天送我这酒肉吃吧，如果我吃了这些食物，这岂不是害了我吗？你还是拿回去自己吃罢。

石梅卿再三劝范仲淹吃，范仲淹就是不肯吃，石梅卿只得将酒肉又拿了回去。

回到家里的石梅卿想到范仲淹，心里越来越佩服他。也就模仿范仲淹的做法，在家里烧粥，只不过将粥烧得厚、稠一些，让那些粥冷冻，再将它们划成一块一块的，送去给范仲淹，这回范仲淹只得收了下来。后来，石梅卿在薄粥内加上些米粉，粥就烧得更厚了，划开以后，可以单独拿在手里吃了。

后来，范仲淹勤奋读书，考中进士，做了大官。石梅卿知道后，他想起了范仲淹吃"白云糕"的说法，很有启发，就用米粉加上白糖做成糕，再去送给范仲淹，说："我是送'白云糕'来祝贺你功成名就的。"这次范仲淹接受朋友送来的"糕"，很高兴地说："哈哈，老朋友。对对，这就是'白云糕'，我正想吃呢！感谢老朋友！"

范仲淹回到家乡苏州，也经常叫家里人做这样子的糕，还送给亲朋好友吃。亲朋好友很高兴地接受了，并心里都在想：范仲淹是吃了这种糕，才考中进士，做了大官的，而且，这官还做得不小呢。因此，大家也模仿着制作这种糕。

再后来，有人开出了糕店，专门做这种糕出售，生意特别好。因为生意好，做的时间也来不及，店老板就动了脑筋，先做成了制糕模具，那模具就是方格的，米粉放在那格子里，蒸出的糕成型后也是方形的，所以叫"方糕"。而且，有的老板颇有"艺术细胞"，还在模具上雕刻花纹，这样方糕上面就会印出各种花纹图案，有"福""禄""寿"等吉利字样，因为是白色，所以又叫"白印糕"。有的糕里面还夹着豆沙、玫瑰、枣泥等馅，就更加好吃啦。

和谐美满的"珍珠大方糕"

大方糕还有个名字，叫"珍珠大方糕"。这在戏曲、评弹里面已经被演绎得家喻户晓。

原来，明朝嘉靖年间南京河南道监察御史陈王道的府第在苏州，而他的内侄儿方卿本是宰相的孙子，只是到了方卿父亲那辈，家道衰落了。方卿不得已奉了母亲之命，投奔姑父姑母，要想商量借点赶考的银两。因方卿自小与表姐陈翠娥是青梅竹马，双方家人也都已默许，方卿自以为借钱不成问题。但不料姑母看到家道败落的方卿那种落魄样，不仅不想借钱，还想赖婚。于是，方卿只能够离开陈府，巧的是在后花园里，方卿遇到了小姐陈翠娥。陈翠娥知道表弟受了委屈，一番安慰，还将价值连城的珍珠宝塔藏于包裹中，作为定情之物，只推说是孝敬舅妈的干点心。

方卿离开陈府，在天寒地冻的雪天饥寒交迫，路上又遇到强盗。强盗抢掉了方卿那个藏有珍珠塔的包裹，幸好姑父的老朋友江西毕云显出手相救，并支持方卿继续读书。方卿十分刻苦，终于在三年后的大考中，得中头名状元。皇帝还封他做七省巡按御史，并赐刻有"代天巡狩"的金印。

方卿做了高官，又到陈府，假扮唱道情的江湖艺人，再见姑母。不想姑母以为他没有做官，依然是嫌贫爱富，再一次把方卿奚落了一番。方卿借唱道情之机，对姑母的势利行为进行了讥讽。

等真相大白后，姑母后悔不已，只得头顶香盘，跪接方卿，而方卿也与陈翠娥完婚，所谓洞房花烛夜，金榜题名时。两家人合为一家人。

而功成名就的方卿，还是如以前一样，非常喜欢吃糯米食，特别是糕，经常要厨

五色大方糕制作程序

师用糕做早点，意为一天从早上开始就要高高兴兴，也不会再像以前一样受姑母那种人的气。厨师也为了讨得主人欢心，动足脑筋，变着法子地制作糕点。一天，厨师突发奇想，制作了几块大方糕。"方"即方卿的姓，而且"糕"谐音"高"，厨师还在大方糕面上拍出花样，有"福、禄、寿"的图案，大方糕的馅料也多种多样，五颜六色的馅料在雪白粉嫩的大方糕薄皮下隐约可见。方卿看见这样的大方糕，十分喜爱，问厨师这糕叫什么名字，厨师也知道当年小姐赠送珍珠塔给方卿的事情，所以脱口而出回答："是价值连城的'珍珠大方糕'。"方卿一听甚为满意。

等到来年的春季，正值方卿做寿，宴席上，方卿就亲手把"珍珠大方糕"一一赠送给亲朋好友。于是，"珍珠大方糕"的名气就从苏州流传开来了。以后，每年春季，也就是在清明和端阳这一时间段里，人们争相品尝"珍珠大方糕"。

虽然这样的故事听起来有些俗气，但这个通俗的大方糕传说，迎合了人们传统和谐大团圆的精神需求，也说明了人们对于苦尽甘来、和谐美满生活的一种精神向往。一个会吃爱吃的人，对生活总是有所寄托的吧。

制作工艺一丝不苟

明代正德年间王鏊编纂的《姑苏志》中就提到糕点，可见糕点制作历史悠久。

随着现代生活节奏加快，人们对食物的需求也呈多样化、快捷化，吃的东西越来越精细，喜欢小而精，稍稍大点的食物一时竟然会吃不掉，没有"困难年"那种"狼吞虎咽"，且嘴巴也越吃越"刁"，比如现在的青团子、粽子都比以前小了一圈，甚至两圈，小归小，但名字前面加了两个字，称之为"迷你"，那小巧可爱的"小样"让人很是喜欢。

但苏州大方糕，依然"堂堂正正""方方正正"，有"君子之气"，还是一如既往，从未"缩水"。而这"原汁原味"地继承古法制作、依然深受人们喜爱的最根本原因，就是大方糕制作工艺的精准严格、备料选料的质量保证。苏州大方糕第三代传承人薛惠忠颇有感慨地说："桂香村大方糕之所以'一成不变'，在于它的制作，不偷工减料，也不'来煞勿及'，继续'按部就班'。"他说，制作大方糕要的是心灵手巧。从筛粉、开模、放馅、上面张、拍花板、切块到最后上蒸笼，一步都不能马虎。

但由于受温度、湿度等多种因素影响，苏州大方糕的时令性极强，一般一年一季，就是在清明前上市，到端午后落令。如今，为了满足广大市民的要求，桂香村又在中秋前后增加推出生产大方糕，至11月中旬结束。大方糕有甜、咸之分，甜味有玫瑰、百果、薄荷、豆沙、芝麻，咸味大方糕就有鲜肉大方糕。不管甜的大方糕，还是咸的大方糕，其特点都是皮薄馅多，外观色泽洁白，口感肥美糯软，气息清甜透香，现蒸现卖，热吃味道更好！

在漫长的历史演变过程中，桂香村大方糕的制作工艺不断完善，用料上也不断改进，其主要价值表现在：

历史价值——桂香村大方糕历史悠久，作为一项特色的糕点食品，它是几代桂香村人的智慧结晶，见证了苏州糕点文化发展的历史，给后人留下了十分宝贵的资料，同时，它与吴门千百年来的民间风俗习惯有着不解之缘。

实用价值——桂香村大方糕丰富了民众的节日饮食，"糕"代表着"高高兴兴""步步高升""节节高中"等含义。是馈赠亲友的极好礼品。

科学价值——为保障消费者的健康，桂香村大方糕采用天然原料，以粳、糯米粉相配比，配以不同口味馅料，使营养更为科学合理。

文化价值——桂香村大方糕的造型千姿百态，如嵌入中国传统彩色福、禄、寿，花卉图案，其雕版本身就具有很高的木雕艺术价值。把中国传统文化巧妙融入桂香村大方糕中，具有丰富的文化内涵。

在具体制作大方糕方面，要做好诸多准备。

一、糕料准备

糕体料是由 2 成糯米粉和 8 成粳米粉混合组成。先将糯米和粳米按比例称好，倒入容器中浸泡 40 分钟左右，等米吃足水分取出，装入竹篓中待磨。磨好的米粉应当天冷藏或平摊在工作台上降温，以保证米粉的新鲜度。

二、馅料备制

1. 糖渍板油丁

将上等板油加工处理后，切成 1.5 厘米见方的小块，然后与白砂糖混合均匀后装入塑料袋中冷藏。

2. 馅心料备制

玫瑰大方糕：瓜子仁和松子仁 0.4 千克、糖玫瑰花 0.25 千克、绵白糖 3 千克，加适量水调成糊状。

百果大方糕：松子仁、瓜子仁和核桃仁 0.65 千克、莲心 0.5 千克、青梅干 0.15 千克、绵白糖 2.5 千克，加适量水调成糊状。

薄荷大方糕：瓜子仁 0.25 千克、糖桂花 0.15 千克、绵白糖 3 千克，青水、薄荷香精适量，加适量水调成糊状。

芝麻大方糕：黑芝麻酱 3 千克、核桃仁 0.5 千克、绵白糖 3 千克，加适量水调成糊状。

豆沙大方糕：将赤豆煮烂粉碎。将砂糖加水溶化，加入赤豆沙，先熬后炒加入油脂、桂花制成糖豆沙。

鲜肉大方糕：猪肉馅（含猪腿肉 4.5 千克）5.7 千克、白砂糖 0.4 千克、酱油 0.75

千克，精盐与味精适量，加适量水搅拌均匀。

3. 馅心糕粉制作

调制馅心料还需加入一定量的馅心糕粉，其作用是增加馅心料的黏稠度，使口感更滋润。馅心糕料是由纯粳米粉组成，其制作工艺大致与糕料粉相同，也是在容器中浸泡40分钟左右，然后取出磨成粉状。不过馅心糕粉还需多一个步骤，将磨好的米粉均匀平摊在不锈钢盘中，推入低温烤箱中烘烤1个小时左右（烤箱温度控制在70度左右），使米粉中的水分慢慢蒸发掉，然后取出放置于塑料袋中并扎紧以防受潮。

三、米粉面团调制

先将潮糯米粉和潮粳米粉即糕料，加适量的凉水拌匀。值得注意的是，加入的凉水一定要适量，如果多的话筛出的米粉会结成块状，做的糕就不细腻，但如果水少的话，做出的糕不易蒸熟。用粗筛筛过的米粉，再用较细点的竹筛再筛一次，以备制作糕体及糕面。米粉调制应在较低水温下进行，如果调制水温高，会导致米粉膨胀，米粉粉粒相互粘结成粗粒、团块，影响成型，造成制品组织粗糙，形态不端正，质量低劣。

四、开堂

将已过筛的糕料用更细的竹筛筛入已垫好竹帘和糕布的浅框方木蒸格内，然后用手把持刮板（竹质或金属专用工具），在木蒸格内用刀切成16个相等的方形小洞，这就叫开堂。值得注意的是：用刮板开堂的步骤非常关键，需要很长时间的训练才能很好地掌握其中的技巧。开堂的时候速度不能太快，太快的话开出来的小洞（堂子）就不成正方形，或者堂子周围的米粉会纷纷塌陷，做出来的糕就会露馅。另一个需要注意的是糕壁的厚薄完全是开堂这个过程所决定的，因此，堂子的大小一定要达到标准，如果大了，糕壁太薄，糕馅会流出；如果小了，糕壁就会很厚，放置馅心的空间就小了，糕馅也就会少，自然会影响到大方糕的口感。要练到每一蒸16个堂子开出来即方方正正，又要大小一致并达标，的确需要一定的功底。

五、放入馅料

堂子开好后，在每个堂子内放入糖渍板油丁，后在糖渍板油丁上面分别用汤匙舀上拌好的果仁、辅料的糊状馅心（如玫瑰、百果、薄荷、芝麻等）。舀馅心的步骤也需要一定的耐心和技巧，每勺馅心放入堂子的量要掌握好，少了会影响糕的质量，多了馅心就高出糕粉底，或溢在糕壁上，影响糕的美观。值得注意的是，并不是大方糕所有品种在制作过程中都是在堂子中先放糖渍板油丁，豆沙是个例外，它是在堂子中先舀上一定量的豆沙，再在豆沙中嵌入板油丁，其原因是豆沙不像其他品种的馅心是糊状，而是半固体状，板油被豆沙包裹在当中，蒸热溶化使豆沙的口感更好。另一个例外是鲜肉馅的方糕，它不需要放板油，只需要在堂子中舀入一定量的鲜肉馅。

六、拍花

堂子中馅料放置完毕后，接下来就是拍花，所谓拍花就是在放好馅料的木蒸格子上均匀地筛上一层糕料，筛糕料的时候一定要均匀，不然每蒸糕的糕面会厚薄不均。筛糕粉的量要控制很好，粉太多糕面会厚，粉太少会导致露馅的问题。筛粉完毕后用长刀（金属专用工具）刮去木蒸格上的浮糕料，并用有花纹和文字图案的印板敷上糕粉后，分别磕在上好蒸格的糕面上，用小锤敲击几下，取下花纹板，糕面上即显示出清晰的图案，最后用长刀划分小块，待蒸。

七、蒸制

在装有已成型糕料的大蒸格的四角填上小木块，层叠相磕，放在锅内的蒸架上盖上蒸笼帽，通入较强的蒸汽或用旺火焖蒸40分钟左右（鲜肉大方糕蒸25分钟左右）。

八、装箱

蒸好后的方糕不需要冷却，直接从蒸架上取出，反扣在铺好糕布的糕板上，慢慢揭去依附在糕底的糕布，再换上新的糕布，后铺上竹帘，接着用样盒（一种木质分层专用保温箱）罩住，最后把糕板连蒸好的糕180度平放在桌子上，移去糕板使糕面朝上。这样一格蒸糕就制作完毕。

九、特色包装

桂香村特别准备了簧篮头（一种用竹子编的篓子），在簧篮头底部铺上糯米纸，放上 2 至 3 层大方糕，在每层糕中间再铺上一层糯米纸以防黏连，盖上竹篓盖，再放上一张大红的招牌纸，最后用绳子包扎，一篓大方糕就包装好了。这样一篓大方糕既美观大方，又别具特色，而且还注重环保。

传承有序青出于蓝

陈章乐是创始者第一代，从事技艺时间：1892 年至 1936 年，主要贡献：把大方糕推向普通百姓。

赵琪城师承陈章乐为第二代，从事技艺时间：1930 年至 1970 年，主要贡献：对大方糕技艺改良有一定贡献。

薛惠忠师承赵琪城为第三代，从事技艺时间：1961 年至 2007 年，主要贡献：从传统的灶头改进至蒸箱蒸制，提高单次蒸制量。

薛岑为薛惠忠之子是第四代，从事技艺时间：2006 年至今，主要贡献：不断改进制作工艺及配料，更接近满足当代人的美食标准。

张秀梅师承薛惠忠是第四代，从事技艺时间：2000 年至今。

薛惠忠，男，汉族，1946 年 3 月出生，1960 年进入桂香村工作，在赵琪城师父的精心指导下，学会了大方糕的制作技术。在 20 世纪 90 年代企业内部经济体制改革中，当桂香村一度出现困难并暂停营业时，薛惠忠曾为大方糕的失传而深感惋惜，并于 2001 年在贸易局的同意下重新组建桂香村，迁址于拙政园东首，使与市民阔别多年的大方糕又重现苏城。

薛岑，男，汉族，1980 年 1 月出生，薛惠忠之子，2006 年进入桂香村。为把大方糕的制作技艺发扬光大，在薛惠忠的精心培育下，已掌握了大方糕的制作工艺，并悉心研究和改良了大方糕的传统工艺及配料，使其向更健康、自然的方向发展。

苏州大方糕的取胜之道，离不开它的色、香、味、形。形和色是指形状与颜色，苏州大方糕洁白如雪，端正大方，有其外形的美，馅料隐约在糕体中，边缘又整齐端庄，一看就觉得是一种享受。值得一提的是，大方糕所有的色、香，都是真色、真香，天然色，天然香。在不同的季节里摘取最合适的植物，制作出最合适的馅料，这也是不时不食的美食理念。通常情况下，大方糕馅料中的红色选用红曲米、玫瑰花、赤砂糖、蜜饯这一类；黄色则用桂花、南瓜、蛋黄、黄糖、油余桃肉、干炒白芝麻以及橘皮等；绿色多是薄荷、菜汁、麦叶汁、青梅、绿瓜以及小葱这一类；黑色一般是黑芝麻和大黑枣，近来也开始尝试着使用乌饭叶；褐色主要是豆沙以及可可和咖啡；白色有瓜仁、松子和白糖。总之，呈现在人们面前的五颜六色，无一不是纯天然的。可以这么说，在许多苏州人的心目中，大方糕不仅仅是舌尖上的美味，而且还是萦绕在心头上的乡情之思，更是苏州的一张名片。

今天的桂香村食品有限公司，准确地说应该是从 2001 年由薛惠忠恢复桂香村老字号而成立的桂香村食品有限公司以来，桂香村在拙政园的东侧的店铺为一楼一底，改"前店后坊"为楼上做"作坊"，楼下开店铺形式，重现现蒸现卖的热潮，大方糕让老苏州欢迎、"买账"，常常一早就有许多顾客排队购买，一天约能够卖出 5000 块。这几年桂香村还在观前街、山塘街等店，借名街名店平台，推广大方糕销售，形势更佳。

作为第四代传承人、桂香村总经理薛岑因为从小耳濡目染，从父辈"老掌柜"身上学到点点滴滴，得到名师也是严师的指点和教诲，桂香村的文化和桂香村事业也在他这一代得到更大程度上的传承和弘扬。这也让人们认识到桂香村能有今天的辉煌成就，和几代"老掌柜"兢兢业业的努力是分不开的，没有"老掌柜"的"传帮带"，没有新一代的虚心求教，也就没有今天的桂香村。正因为这种传承和流转，使"百年瑰宝"桂香村变得越来越有生机，越来越有活力。桂香村的百年历史，其实就是一条流动的江河，一部传承的历史，一部百年的"活"史书。只有让历史"活"起来，让文化"动"起来，让百姓尝到真正的"老味道"，这样才会让有着 2500 年灿烂文明的苏州更加群星璀璨。

苏州织造官府菜制作技艺 织造官府菜是由原苏州织造府选聘官府名厨，集民、绅、寺、肆诸菜之长，按传统制作技艺精心烹制的系列菜品。2011年9月入选江苏省非物质文化遗产代表作保护名录，保护单位为吴门人家饮食文化有限公司。

织造官府新传奇

朱勤农

八月的苏州，虽说已经时交处暑，但秋老虎正发着威，高温丝毫没有消退的意思。

东潘儒巷一个苏式的大堂里，雪白的粥缠绕着猩红的赤豆沙，如同白玉上的一片俏色，晶莹而温润。室外，树上的知了拼命嘶喊着，生怕人们不知道炎炎夏日正炙烤着大地；大堂里，凉风习习，风扇吹出轻柔的风，生出许多宁静。

八宝鸡

八宝鸭

沙佩智，江苏省非遗代表性项目苏州织造官府菜制作技艺项目保护单位负责人。这位人称"沙奶奶"的普通苏州好婆，不懈地追求自己的理想，从数千年吴文化饮食文化里，不断谱写一段段苏州饮食文化溯源的新传奇。

沙佩智笑称自己前50年的人生和餐饮"浑身不搭界"，因为她学的是工业会计，是企业的一名财会人员。然而退休后，沙佩智在观前开了一家八宝粥店，把小时候耳濡目染，苏州小巷"笃笃笃，卖糖粥"的叫卖声变成了现实。1986年，苏州民俗博物馆与沙佩智合作，在食文化展示厅创办了吴门人家。从此，这位与饮食"浑身不搭界"的沙奶奶依托饮食文化产研结合平台，请来苏州餐饮"老法师"史俊生，一起钻研起了苏州织造府官菜。

说起史俊生，可是苏州烹饪界一个重量级人物。20世纪50年代，他10几岁就去了苏州首创的烹饪班学习，跟随苏州织造府最后一位官厨张文彬的孙子张荣祥学艺。史俊生钻研刻苦，深得张荣祥喜爱，毕业后担任张荣祥助手。沙佩智和史俊生从苏州织造府官厨源头探究起，传承和发扬苏州"老法头"厨艺，为唤醒、复原"沉睡"的苏宴奠定厨艺基础。2011年9月，苏州织造官府菜制作技艺被列为江苏省第三批非物质文化遗产代表性项目。

"不少人以为苏州菜就是加糖，或者叫不时不食。其实那都是苏州饮食习俗中的一部分，不能以偏概全。"沙佩智指了指桌上的糖粥说，"真要说起来，话就长了……"

一

要说苏州织造官府菜，那先得从苏州织造说起。

苏州织造与当时的江宁、杭州织造并称为"江南三织造"。清初，一度沿用明制，顺治三年（1646）于带城桥东明嘉定伯周奎旧宅建苏州总织局。同年改变督织人员派遣制度，罢织造太监，遣工部侍郎陈有明，满洲官尚志等管理苏州织造。顺治三年（1646）命内工部侍郎陈有明督建苏州总织局，共建"堂舍百有余间"（曹

炒鲜虾

蒸三色团

允源:《吴县志》《官署二》,江苏古籍出版社,1991),其中灶厨等房即有二十余间,
占总房数的五分之一。康熙十三年(1674)改由内务府派郎官掌管。(孙佩:《苏州
织造局记》第1卷,《沿革》,江苏人民出版社,1959)

织造府除织造祝帛诰敕之外,每年还要织造大批的绫、罗、绸、缎以及刺绣
等产品,以供朝廷御服消费和赏赐百官之用。除此之外,织造衙门更是清朝皇帝
一个专驻江南的特殊"情报"机构。除要定期办贡,年例纳银,为皇帝聚敛珍宝财
物,还要定期报告官民动态,堪称是清朝皇帝统治江南的重要耳目。因此,出任
织造一职的必然是皇帝的亲信。如康熙二十九年(1690),《红楼梦》作者曹雪芹的
祖父曹寅出任苏州织造,曹寅的生母曾是康熙的乳母,曹寅也当过皇帝的侍读,关
系非同一般。

由于苏州织造有着特殊的地位,所以当年康、乾南巡时,苏州织造府就成了行
宫的必选之地。据记载,康熙帝六次过苏州有五次驻跸织造行宫(署),而乾隆帝
则有六次驻跸于织造府。作为接待最高统治者的行宫,苏州织造府最重要的一项
任务就是餐饮。作为苏州织造,竭尽全力遍请名厨,汇集苏州菜精华,烹制出最
好的菜肴奉献给皇上及随行的高官显要,从而使苏州菜烹饪技艺达到了空前的水
平,把苏州菜推向了一个巅峰,形成了独具特色的苏州织造官府菜制作技艺,成

为了苏州菜的代表。并随后同"苏造""苏作""苏式"等一样，走进了宫廷，形成了宫廷"苏宴"。

乾隆三十年下江南时，苏州名厨首次出现在《御底档》中。除了宫中随行外，无论在扬州天宁寺行宫还是杭州行宫、西湖行宫，一路都由苏州织造府大厨为乾隆备膳，苏州厨子张东官还被乾隆从苏州"挖"进宫廷，当上了"贴身大厨"，成为宫中"江南第一名厨"。直到乾隆第六次下江南时，年届七十的张东官才因年迈回到苏州。随着苏州名厨不断入宫，苏造肘子、苏造丸子、苏造肉等苏州菜，成了宫廷中的名菜，就连酱也出现了"苏造"。

乾隆南巡时几乎一入江苏之境，苏州织造官厨就被调往御膳房，并一直陪侍乾隆，直到乾隆回京。

以乾隆三十年（1765）南巡档案举例：

二月十五日早膳，游水路船上，苏州织造普福进奉菜肴多品，指明普福家厨役做（"上进毕赏用总官马国用奉旨：赏织造普福家厨役张成、宋元、张东官每人一两重银锞二个"）。晚膳，崇家湾大营码头，其中有二品系张成、宋元做。一品张东官做，二品宋元做。

二月十六日早膳，游水路船上，有二品宋元做。晚膳，扬州天宁寺，张成一品，张东官一品，宋元一品；高恒（时任两淮盐政）进奉菜肴中也有一品为张成所做。

二月十七日早膳，扬州九蜂园，宋元做二品。晚膳，天宁寺行宫西花园，张成一品，张东官一品，高恒所进菜肴中有张成一品。晚饷有二品系宋元所做。

二月十八日早膳，扬州漪虹园，宋元一品；高恒进奉菜肴中有宋元一品。午膳，天宁寺行宫西花园，张成一品；高恒所进菜肴中有张成一品。晚饷有宋元所做二品。

二月十九日早膳，天宁寺行宫，宋元一品。午膳，扬州高旻寺行宫，张成一品，张东官一品；晚饷宋元二品。

二月二十日早膳，扬州锦春园，宋元二品。晚饷，镇江金山寺行宫，宋元二品。

二月二十一日早膳，镇江焦山，宋元一品。

二月二十三日晚膳，游水路船上，宋元一品。

二月二十四日早膳，游水路船上，宋元一品。

乾隆二月二十六日抵达苏州。一直到闰二月初三日离开苏州，再来看离开苏州后的情况。

闰二月十四日晚膳，杭州西湖行宫，宋元一品，另有"上传叫苏州厨役做燕窝脍五香鸡一品"的记载。

闰二月十六晚膳，西湖行宫，张成一品。

闰二月十七日晚膳，西湖行宫，张成一品，另有"上传叫苏州厨役情燕窝脍五香鸭子一品"的记载。（中国第一历史档案馆：《清宫御膳》第1册，华宝斋书社，2001年版，第152—178页）直到三月十一日，乾隆北归回到镇江金山行宫后，才发出了"赏苏州厨役张成，张东官，宋元每人一两重银锞二个，仍交给普福，就叫他们回苏州府去。钦此"的圣旨。整个档案中，除苏州织造官厨外，没有其他地方官厨的记录。因此乾隆整个南巡之期，除苏州织造的普福外，仅两江总督尹继善，两淮盐政高恒向乾隆进奉过菜肴，而这些菜肴中只有苏州织造官厨的制作以实名记录。可见，当时苏州织造官府菜已经卓然独立自成一家了。

二

苏州地处温带东南季风区、位于长江、三江洲东南隅，太湖之东，气候温润，土地肥沃，有三江五湖之便，分布着阳澄湖、石湖、独墅湖、黄天荡等湖泊，以及穹窿山、香山、天平山、灵岩山等丘陵诸峰，鱼腥虾蟹繁多，瓜果蔬菜常新，山簌野味多有贡献，素有"万亩果树万亩粮，万亩鱼池万亩桑"的美称。得天独厚的自然生态环境加之丰稔的物产资源，为苏州菜的形成与发展，提供了良好的条件。

长期以来，苏州经济繁荣，远离战乱。中唐以后，江南地区已经成为全国重要的产粮区，有"衣食半天下"之称。宋代时有了"苏湖熟，天下足""上有天堂，下有苏杭"的谚语。明清两代更有"衣被天下""中央财赋，仰给东南"之誉。在相当长的历史时期，苏州是我国南方地区政治文化和商业中心，官宦商贾南来北往，豪门大户建宅定居，这一切无不对苏州饮食文化产生了巨大的推动作用。

苏州的菜肴，主要有民、商、士、官几个层面。官指官府菜。民指一般的民间菜肴。士指退职官员或有声望府第的肴馔。商主要是指专业饮食店菜肴。苏州民间菜肴是苏州菜的起点和基础。苏州民间菜肴以朝摘夕烹为特点，讲究食料的新鲜美味，随着四季节令环境的不同，食材也随之不断变化着，且随着不同的节令，饮食风俗也不同，形成了一年四季特色分明的岁时菜色。称之为"不时不食"。

士绅菜注重文化内涵，讲究菜肴的精美。《清稗类钞》记载：苏州"以讲究饮食闻于时，凡中流以上之人家，正餐小食无不力求精美。"（徐珂：《清稗类钞》第9卷，《饮食类·苏州人之饮食》，中华书局，1984）这些士绅或官宦之家有钱，有闲，有文化。并写下了许多关于苏州饮食的记载，如《岁时锡志》《姑苏志》《梦溪笔谈》《清稗类钞》《随园食单》等，还出现了唐陆龟蒙的《蟹志》，北宋赞宁的《笋谱》，元明韩奕的《易牙遗意》，明周文华的《汝南圃史》、吴禄的《食品集》，清吴村的《吴蕈谱》等饮食文化专著。而且他们常与家厨互动，调教指点，如苏州名人顾笃璜先生曾经说过："厨师是靠主人调教出来的。"因此士绅菜对苏州菜特点的形成功不可没。

苏州的专业饮食店，即各种商肆，明清时有了很大发展。据《桐桥倚棹录》记载，清嘉道年间仅虎丘桐桥一带，就有三山馆、山景园、金阊园馆、聚景园（李家馆）等多家，书中所列大菜汤炒小吃等达170多种，"烹饪之技，为时所称"。苏州城内，则"王回子之熏鸭，孙纯阳之点心小菜……士民争购主人应接不暇"。（常辉：《兰舫笔记》，江苏省立苏州图书馆，1939）。

当然，官府菜在其中有着重要和特殊的地位。苏州官府林立，宋《平江图》中有近40处，府2座、衙门1座、县衙2座、司5、厅25、局1、务3。到了清代，苏州城内就有苏州府衙门、江南巡抚府衙门、按察使道台衙门、织造府衙门、吴县衙门、长洲县衙门、元和县衙门等。清代苏州还有专门的官厨公所，设在现苏州古城道前街南边东采莲巷柏树头。1983年发现了清光绪十二年（1886）复建官厨公所碑刻，可见当时官厨之多，以至有官厨公所这样的社会组织出现。

因此，对于苏州菜的种种，可以这样概括：民间菜是苏州菜的源头；茶楼酒肆多有珍味名馔，但受成本利润等限制，不可能将菜肴做到极致；织造官府菜虽然在官府菜的基础上走向了一个高峰，但还不是其巅峰；苏州织造官府菜的巅峰出现还需要一个契机，恰如"万事俱备，只欠东风"，它在等待东风，等待一个将它送上史无前例巅峰的时机。

三

时机很快到来了。康、乾南巡并破例将苏州织造府官厨征召入京，使苏州织造官府菜名扬天下，成为了众多衙门官府和豪门世族争相模仿学习的样本。

乾隆三十年（1765）南巡时，二月十五日苏州织造普福进奉多品早膳前已叙述，在宫廷档案中还详细记载了菜品："糯米鸭子一品、万年青炖肉一品、燕窝鸡丝一品、春笋糟鸡一品、鸭子火熏稻煎粘团一品。"下面还特别注明"系普福家厨役做"。（中国第一历史档案馆：《清宫御膳》第 1 册，华宝斋书社，2001 年版，第 105 页）

出现在御档中苏州织造官厨菜肴还有：果子糕（张东官做）、腌菜炒燕笋、燕窝炒鸭丝（宋元做）、肥鸡鸡冠肉、烂鸭面（宋元做）、鸡肉馅包子（张东官做）、鸡丝攒汤（张成做）、醋溜肉糕（宋元做）、鸭子火熏撺豆腐热锅、燕窝火熏肥鸡丝（宋元做）、燕笋炖棋盘肉（张成做），鸭子火熏煎粘团（张东官做）、燕窝攒汤（张成做）、醋溜荷包蛋、糖炒鸡（宋元做）、燕笋葱椒羊肉、肥鸡锅烧鸭子面片馄饨（宋元做）、肉片炖面筋、鸡肉攒丝汤（张成做）、鸡丁炒黄豆芽、糟鸭子（宋元做）、苏州丸子（宋元做）、葱椒咸淡肉（张成做）、澄沙馅喋油堆（张东官做）、腌菜花春笋炖鸡、苏羹汤等。

由此可见，苏州织造官厨贡奉的菜品已经不是一品、二品，而是形成了系列，并且形成了人才群体。而宫廷苏宴形成的主要标志是宫廷宴席及日常使用菜点的系列化。随着宫廷苏州厨役群体的不断扩大，宫廷苏州菜肴体系的不断完善，宫宴逐渐成为宫中节庆（庄吉发：《清史拾遗》，台北学生书局，1992 年，第 178 页），以及皇贵妃、贵妃生辰必备之宴席。（万依：《故宫辞典》，文汇出版社，1996 年，第 286 页）

《乾隆四十八年正月膳底档》记载了正月十一至正月二十的御膳情况：其中有"乾隆四十八年（1783）正月初九日乾清宫总管郭永清等奏，十四、十五、十六，此三日伺候上苏宴。奉旨：'知道了。钦此。'"的记载（第一历史档案馆：《圆明园》下册，上海古籍出版社 1991 年，第 932 页）。苏宴在这十八天内共计出现六次。此外，乾隆皇帝还经常将苏宴赏赐臣下，以示恩宠。如：

乾隆四十六年正月十四，"总管萧云鹏奏过传旨：苏宴一桌，酒宴一桌赏罗布藏多尔济、拉他那西第、查拉丰阿、阿桂、福隆安、和、梁国治、散语、福长安"。

乾隆四十六年正月十五"总管萧云鹏奏过传旨：苏宴一桌，酒宴一桌赏南府景山众人"。

乾隆四十六年正月十六"总管萧云鹏奏过传旨：苏宴一桌赏郭什哈额驸等"（第一历史档案馆：《圆明园》下册，上海古籍出版社 1991 年，第 940 页）。

在清代《御茶膳房》档案中，确切记名为皇帝供膳的苏州厨师有宋元、张成、张东官、沈二官、朱二官等人，其中张东官最著名。在乾隆帝每日膳单中，第一道菜必有张东官署名。即使乾隆皇帝居住在圆明园和避暑山庄等地时，也都是由张东官备膳为主。据吴相湘先生考订，自乾隆三十六年（1771）以后，苏州厨役张东官当为御膳房中最有名的御厨。

张东官，尤擅织造官府菜，长芦盐政西宁出重金自苏州礼聘。乾隆三十六年（1771）二月，皇帝出巡山东，西宁进献张东官菜四品，其中一品是冬笋炒鸡，极合乾隆皇帝口味，遂命"赏西宁家里苏州厨役张东官一两重银锞二个"。（第一历史档案馆藏《盛京节次照常膳底档》，转引自郭成康：《乾隆正传》，中央编译出版社，2006 年，第 602 页）这是张东官为乾隆治御膳之始。但乾隆此次出巡及回銮，虽多次赞赏张东官手艺，却并未让他跟随进京。乾隆三十六年（1771）三月二十九日，乾隆帝在济宁州八里铺行宫进晚膳时，即面谕总管萧云鹏："明着西宁家苏州厨役张东官不用随营做馔品，着他回家去。"（赵荣光：《天下第一家衍圣公府食单》，黑龙江科学技术出版社，1992 年，第 224 页）直到乾隆四十三年（1778）七月东巡盛京途中，才降旨将西宁所进厨役张东官一名交膳房随营做厨，从此苏州张东官正式列名御厨。此后，每进张东官所制小菜，就赏银二两，直到皇帝三月底回京。

乾隆四十三年（1788），皇帝出巡盛京，传张东官随营做厨。七月二十二日张东官做了一品猪肉馅煎馄饨，晚上又做鸡丝肉丝油煸白菜、燕窝肥鸡丝、猪肉馅煎粘团等，极为称旨，赏银二两。之后，张东官做豆豉炒豆腐，糖醋樱桃肉及苏造肉、苏造鸡、苏造肘子等进献，皇帝每每赏赐，赏品有熏貂帽檐一副、小卷缎匹、大卷五丝缎匹等。乾隆四十六年（1781），张东官正式入宫，官居七品。《紫禁城秘谈》记："乾隆四十八年（1783）正月初二晚膳，张东官做燕窝脍，五香鸭子热锅一品，燕窝肥鸡雏鸭鸡热锅一品，尤称旨。"（吴相湘：《紫禁城秘谭》，台北远东图书公司，1953 年，第 41 页）

当时御膳房里虽也有不少苏州厨役，不过自从张东官出现后，其他苏州厨师便黯然失色，张东官成了乾隆御膳房最重要的掌勺者。如《御茶膳房档》记载：

乾隆四十一年（1776）二月初十日，上传香蕈炒豆腐一品（张东官做）。总管萧云鹏奉旨：赏厨役张东官一两重银锞二个。

乾隆四十一年（1776）三月二十五日未正，山药酒炖樱桃肉一品（张东官做），燕窝把红白鸭子苏脍一品，苏造鸭子肘子肚子勒条攒盘一品。

乾隆四十八年（1783）五月三十日未初二刻，燕窝把酒炖鸭子一品，系张东官做，白煮烂鸭子一品张东官做，鸭羹一品张东官做。

从这段记载可以看出，自从乾隆四十一年（1776）开始，一直到乾隆四十八年

蒸馄饨

三色蔬菜

（1783），张东官一直很得宠，他每做一道菜，基本上都会得到皇帝的奖赏。

张东官之所以独得御宠，与他"烹调得宜"的烹饪技巧是分不开的。所谓"得宜"，即既注重菜点的养生功能，也投合了乾隆皇帝饮食口味。乾隆四十二年（1777）十月初一，养心殿所备十五品一桌的酒膳中，有四品菜膳单上注明张东官所做，但皇帝用膳时感到风味有异，便立即传旨命张东官再亲手做一品呈上。

张东官深知乾隆喜爱厚味之物，用五花肉加丁香、官桂、甘草、砂仁、桂皮、蔻仁、肉桂等九味香料烹制出一道肉菜供膳。这九味香料按照春、夏、秋、冬四季的节气不同，用不同的数量配制。这种配制的香料煮成的肉汤，因张东官是苏州人，就称"苏造汤"，其肉就称"苏造肉"。

张东官在京十九年，直到乾隆第六次南巡时，才经和珅、福隆安向苏州织造下谕旨曰："膳房做膳苏州厨役张东官因他年迈，腰腿疼痛，不能随往应已矣。万岁爷驾幸苏州之日，就让张东官家去，不用随往杭州。回銮之日，亦不必叫张东官随往京。"并传谕：再着苏州织造四德另选精壮苏州厨役一、二名，给膳房做膳。"（见中国第一历史档案馆馆藏乾隆四十九年《御茶膳房·行清档与官仓》，胶片 440）

因此，张东官以及随后苏州织造官厨被乾隆征召进京，标志着苏州织造官府菜达到了巅峰阶段。

四

苏州织造官府菜的特色，可归纳为食材、火功、调味、追求精美诸端。

食材。苏州织造官府菜中虽然没有鱼翅海参之类珍馐，大多是普通的食材，但选料有诸多讲究，并且含有科学成分。

一是讲时令：吃时令菜，这是苏州织造官府菜一大特点，如夏天鸡毛菜，菜花甲鱼、立夏三鲜等。韭菜要"二月、九月两头鲜"，还有"清明螺蛳赛过鹅"之谚、"小暑里的黄鳝赛人参"之谚。吃蟹，则要等到西风起，谓"西风起，蟹脚痒"，这时的蟹才成熟，捕捉食用，其味尤佳。说到吃鱼，更有"正月塘鳢，二月鳜鱼，三月甲鱼，四月鲥鱼，五月白鱼，六月鳊鱼，七月鳗鱼，八月鳃鱼，九月鲫鱼，十月草鱼，十一月鲢鱼，十二月青鱼"之说，时令菜的另一层意思就是不吃反季菜，如"夏不食肝"，六月不宜食用甲鱼，六月的甲鱼称为"蚊子甲鱼"，刚下完蛋，身瘦肉枯等。

二是讲产地：蟹必选阳澄湖大闸蟹。因为阳澄湖水深、水清、水温低，形成了大闸蟹壳青、毛黄、腿脚有力、肉质甜美的特点。银鱼必选太湖所产。因为太湖水浅，适于银鱼、莼菜成长。鸭子以娄江麻鸭为上，白菜以胶东白菜为好。虾，则以吴门桥所出为上。此外，还有"南荡鸡头北荡藕""东山杨梅西山枇杷"等说法。

三是讲品种：猪肉要选太湖猪，太湖猪肉质细腻，更易于烧糯。毛色以黑毛为好，黑毛猪的肉比白毛猪的肉香。

四是讲鲜活：所谓鲜活，即植物类菜要新鲜，动物类菜要生猛。如蔬菜要选"露水菜"，即菜叶上还带有露水的新鲜菜等。

五是讲大小：大和小要视具体情况而定，比如吃蟹，要大，大者黄多、膏厚；而鳖裙羹所选之鳖则不宜大，大者肉老。鳜鱼以老秤 12 两为好，鲫鱼以一斤四条的为准。

六是讲部位：摘菠菜要留红根，而马兰头则摘去红根留三叶。

七是讲采摘、捕捞、宰杀方法：这也是织造官厨讲究的地方，如宰鸭就要看天气，要选暖和的天气。天气寒冷，鸭子皮肤的毛细血管收缩，二毛就难以除清。取鸭腰必须先赶鸭，宰后的鸭腰才大，而不用笼装运输。再如选虾，以装笼虾为上，淌网虾次之，一般不用"干荡虾"，即以抽干荡水方法捕捉的虾，有泥土气。

火功。苏州织造官府菜烹调技艺多样，具有浓郁的苏州地方特色。如冷盘主要有：煎（火熏摊鸡蛋）、腌（腌雪里蕻金花菜）、拌（燕笋拌鸡），冻（水晶肘子）、糟（糟肉）、叉烧（羊鸟叉烧羊肝攒盘）等。

热菜主要有：煮（鸭子热锅）、烩（炒鸡家常杂烩热锅）、烤（挂炉鸭子挂炉肉）、炒（炒面筋）、串（鸭子火熏串豆腐热锅）、熘（醋熘荷包蛋）、煎（肉片盐煎）、煤（煤肉咕噜）、爆（爆肚子）、烧（锅烧鸡）、煸（肥鸡油煸白菜）、熏（熏小鸡）、水烹（水烹绿豆菜）、蒸（蒸肥鸡挂炉羊肉攒盘）、脍（脍肥鸡）、酥（麻酥鸡）等（见中国第一历史档案馆：《清宫御膳》，华宝斋书社，2001 年版）。织造官府菜讲究出味和入味，火工以炖（冰糖炖燕窝）、焖（黄焖鸡炖肉）、煨（豆豉煨豆腐）、焐（东坡肉）最有特色。有些菜肴需要炖，焖、煨，焐长达数小时，甚至数十小时之久，这样烹调出来的菜，原材料的本味真味才能在原汁裹浸之中，充分呈现出来，即所谓"出味"。而火功到家，也才能使相配伍的食物相互融合、渗透，使食物"入味"。

调味。苏州织造官府菜传统烹调技艺以葱、姜、蒜等天然植物和调味品来灭腥除膜、去膻；擅长制作发酵类调味品；调制各种汤汁；熬制品种繁多的调和油等。

织造官府菜信奉原汤原汁。调制各种原汤如肉汤、鸡汤、鸭汤、鱼汤等亦可加入火腿，干贝、菌菇类等物，还要分别用鸡茸、鱼茸、虾茸等吊成更浓之原汤，要吊数次直到汤清为止。还特别强调，烧什么菜一定要用相应的高汤。如鸡汤，要用数只老母鸡熬汤或蒸卤，取其汤水舍其鸡，然而再选嫩鸡入汤烧煮；又如鲫鱼汤，先用鳊鲅鱼吊好浓汤，鳊鲅捞去后再下鲫鱼烹煮，使鱼味馥郁汤鲜鱼嫩。当时官厨还擅长调油。强调烧什么菜，一定要用同类原料调制油。如炒虾仁，先把小虾熬成虾油，再用它来炒虾仁。蔬菜则可分别用笋油、蕈油、蘑菇油、松蕈油等来炒烧。一年四季自调的油就有猪油、鸭油、蟹油、虾油、羊油、鱼油、葱油、香椿油、蕈

端午节苏帮菜展示　　　　　　　　　　　　　　　　　　苏州味道

油、蘑菇油、笋油、松油。油品不同，炒出来的菜味道自然不同，这也是官府菜的精致之处。

技艺。苏州织造官府菜力求精美，力争做到色香味形器俱佳。

一是色。在菜色服务于口味这一原则的前提下，做到浓淡适宜。如"清汤燕鸽""白汁甲鱼""清蒸鲥鱼"。为保持其原汤原汁的需要，不随便添加其他调料，使其保持汤清如水，肉白似玉，悦目可人的本色；而有些菜肴，需要加调料使其色泽鲜艳。如"樱桃肉"红得鲜嫩，要看到红里透白的肉质，就会感受到牙齿上滋润的感觉；"荔枝肉"色形似荔，白中透亮，让人感受到荔枝的酸甜。蔬菜要保持青翠，如烧菠菜时，要保持叶绿根红的色泽，有"红嘴绿鹦哥"之称。油煎豆腐，则使其四边微黄，中间雪白，有"金镶白玉版"之喻。

二是香。苏州织造官府菜强调菜香要醇正，即鱼是鱼香，肉是肉香，各种蔬菜有各种蔬菜的清香。此外，织造官府菜还利用各种方法来赋予食物以特殊的香味。如"荷叶粉蒸肉（鱼）"就是一例，荷叶的清香，再如香椿头拌豆腐、香干马兰头等。以清酒给人以醇香，如醉虾、醉蟹、醉鸡、醉肉等。以酒糟入菜，使菜带糟香，如糟鸡、糟鸭、糟鱼、糟肉、茄子等。以各种酱料入菜，如酱八宝。以乳品烹调，使菜肴带上浓郁的乳香。

三是味。苏州织造官府菜强调真味、本味（出味）。对"腥""臊""膻"之味的食物又强调要去味。苏州厨师有句行话，叫："师傅搭浆，全靠葱姜；唔呗葱姜，全本弄僵。"苏州厨师用的葱是很细的香葱，而不是大葱。

苏州织造官司府菜的调味（入味）特别注意主辅原料本味间的配合。无味者，如"红松鸡"，鸡有本味，加入猪肉糜，鸡鲜肉松，两味凸显，咸中带甜；味淡者，使其浓厚，如"母油鸭"，鸭香味浓，汤汁醇厚；味浓者，使其淡薄，如"蜜汁火方"（为减其咸味，需九煮九蒸）；味美者，使其突出，如"带子盐水虾"等。

四是形。苏州织造官府菜讲究酥烂脱骨而不失其形，常用整鸡、整鸭，全鱼，全蹄的形式，以求造型的完美。荤菜如此，素菜亦然，如"香菇菜心"，扇形的盆面赛如一幅图画。冷盆则要求刀面饱满，刀工精细、摆放入目。同时在桌面的摆放上也有形的要求，如鸭不献首，鱼不献脊；菜碗不能排列成方，不能垒碗堆盏叠盆等。

五是器。高雅洁净、古色古香的器皿是苏州织造官府菜审美的一大内容。清代是青花瓷的全盛时期，清秀素雅的官窑青花瓷与织造官府菜的淡雅极为相称。筷，则有银筷、象牙筷等，而以乌木包银筷为多。同时，织造官府菜还非常注意器皿的保温保暖性，多用砂锅、品锅、暖锅等器具。

五

苏州织造官府菜，是由苏州织造府选聘苏州官府名厨及集民、士、官菜之长，按传统制作技艺精心烹制的系列菜品，它将苏州菜的制作推到了一个新的高度，是苏州菜的代表和精华。苏州织造官府菜系列比较完整，在中国餐饮史上具有较大影响，是一项具有苏州地方特色，又与清代宫廷史事和文化现象相连，带有深厚历史文化元素的非物质文化遗产，具有一定的审美价值、文化历史价值、科学价值和经济开发价值。

苏州织造官厨被引入宫中，以织造官府菜为代表的"南味"打破了北菜在宫中的一统天下，改变了宫中满族的饮食习惯，改变了御膳结构，成为了清代宫廷菜的重要组成部分。苏州的鱼馔闻名于世。自从接触苏州织造官府菜后,乾隆对南味鱼馔就情有独钟。据《御茶膳房》档案记载,乾隆四十六年(1781)十一月二十一日起至三十日,"此十日伺候上辣汁鱼一次,豆豉鱼二次,葱椒鱼一次,醋溜鱼六次"。十天之中食鱼十次。四十九年(1784)、五十二年(1787)的御档中都这样记载。(见中国第一历史档案馆:《圆明园》下册,上海古籍出版社,1991)

因为受到清代最高当局的赏识和宣扬,京师甚至一度出现了"南味食品热"和苏州厨师在北京大为吃香的时尚。如出任过苏州织造的普福、西宁,在调任两淮盐务和长芦盐务后都曾带着苏州织造官厨走马上任。清代末期,织造衙门不复存在,织造官厨全部流散民间,逐渐隐去了光芒。

2006年年底,一位女士走进了吴门人家,为沙佩智打开了宫廷"苏宴"的大门,从而拉开在故宫档案中"沉睡"百年的苏宴回归序幕。

来人叫苑洪琪,故宫博物院研究馆馆员。从1976年大学毕业后,苑洪琪一直从事宫廷文物研究。据了解,故宫博物院现有186万件文物,有30%至40%是关于苏式、苏造的。苏州菜作为苏式、苏造的重要组成部分,在清宫《苏造底档》等中间自然也留下了大量记载,有皇帝下旨设苏宴档案,还有专门的苏宴桌等。在清宫中,有2个苏州厨房,分别是设在紫禁城北大门神武门内外的苏造(灶)铺内铺和外铺。

《乾隆四十八年正月膳底档》所载正月二十一日未正,晚膳中的"攒盘一品"明确记载为"苏造铺内进的"。此膳单中明确记载为"苏造铺进的"菜品经统计为二十一道。

《乾隆四十八年正月膳底档》中有"铺内伺候","此三品铺内伺候","铺内伺候六品","晚饷,铺内伺候燕窝攒丝汤一品,燕窝炒鸭丝一品,燕窝鸭腰锅烧鸭子一品,五香鸡一品,溜鸭腰一品"等语。其中"铺内伺候"一语共计出现六十六次,涉及菜品一百零四道。由于目前为止未能发现除苏造铺外,御膳房中还有其他机构有类似名称,因此推测"铺内"应指苏造铺内。

经过不懈努力和一次次探索,2009年3月19日,苑洪琪和沙佩智联手从故宫《御底档案》中挖掘出乾隆皇帝下江南时在苏州织造府所用的苏州菜,并复制成功。

2009 年 4 月 29 日，在故宫博物院举行的纪念张东官进宫 245 年、吴门人家再呈复原的织造官府菜。2012 年，吴门人家复原康熙五十八年册封琉球国国王的册封宴。2016 年 7 月 10 日，吴门人家举行"宫廷苏宴高层论坛"，故宫博物院派出 4 位专家前来交流指导。"沉睡"已久的苏宴终于回到家乡，苏州织造官府菜制作技艺也先后被列入苏州市、江苏省非遗保护项目。

对于沙佩智来说，她更大的愿望是希望苏州织造官府菜制作技艺能够进入国家级，乃至联合国教科文组织非遗保护项目。为此，沙佩智收集了满满几箱饮食文化史料，并请学者编撰出版了《历史典籍中的苏州菜》《苏州历代饮食诗词选》和《苏州吃食》等书籍。

苏州织造官府菜是苏州菜的高峰，而宫廷苏宴是苏州菜的巅峰。苏州菜源远流长，具有深厚文化底蕴。《史记》中有"鱼炙"、《离骚》中有"吴羹"、《世语新说》中有"莼鲈之思"，《易牙遗意》《随园食单》《桐桥倚棹录》等都记载有苏州菜。在沙佩智看来，"苏州一条鱼也能讲出生动的文化传承的故事"。沙佩智还从上工治未病、苏州菜清淡、杂食、保健药材、食物中的青霉素、被遗忘的饮料等方面探索吴门医派养生理念对苏州饮食的渗透，得出考据史实。

"追求完美和极致的工匠精神，是苏州织造官府菜的灵魂。"已是七旬的"沙奶奶"沙佩智表示，在苏州饮食文化薪火传承中，要尽自己的一份力，为传承光大苏州饮食文化"更高目标"不断上下求索。

（文中引用了沙佩智女士提供的《苏州吃食》《历史典籍中的苏州菜》中的大量资料，在此一并感谢）

姑苏叫卖 叫卖又称市声。带有一定韵律和情感的叫卖声，不仅从语言、韵律、内容上反映民俗风情，更记录了苏州民风民俗的变迁。2014 年 3 月入选姑苏区非物质文化遗产代表作保护名录，保护单位为姑苏区平江街道文化站。

姑苏叫卖市井风

陈　铁

在姑苏，有一种市井叫卖声，总是最接地气、最具人间烟火味，又极富平民气息，倘徉在小巷深处，于时光中穿越，在四季里流传。从立夏日后的一声"阿要买花! 栀子花! 白兰花! 夜来香! 茉莉花!"到寒冬腊月里的"香是香来糯是糯，要吃白果我来数……"那一声声叫卖声，有春风般和煦，又多秋水般柔情，悠悠吴韵，千年留香。

一、四阙吴韵风

片段一：香花正香

暂且不妨再先来听一听街头"卖花姑娘"的叫卖声——"栀子花——白兰花——阿要白兰花啊——"一声声清脆、甜美又悠扬的叫卖声回荡在大街小巷里。

四月的姑苏城，已是姹紫嫣红。粉红的海棠还没谢，红艳艳的桃花已在花枝上含苞待放了。还有白的樱花、粉的杜鹃、紫的蔷薇……也都藏不住了，开始次第

山塘街上的卖花姑娘

盛开。一座城放眼皆芳菲，芳香又扑鼻。茉莉、白兰、栀子花虽是赶上了春天的尾巴，却是随着街头"卖花姑娘"的叫卖声，芬香了一池城、温暖了一座城。在这个城市里，女子身上是香的，空气也是香的。

城市里的"卖花姑娘"大抵是"70后""80后"，一头银发虽是她们的标配，却都有一副好嗓子。"栀子花、白兰花，五分洋钿买一朵。"她们从年轻时就选择从事起这份行当，风里来、雨里去，直到暮年依旧割舍不断和花相伴的热忱。一株株花，是她们金贵得不能再金贵的宝贝。一只挎在臂弯的竹篮里，用湿润的毛巾或者手帕，小心捂着的花儿像一个个小囡，静卧其中的有清新芬芳的白兰花、茉莉花、栀子花，还有玳玳花、含笑花……

"卖花姑娘"们大都有着一双灵巧的手。一段细铅丝随意打成一个"8"字形，就可以串上两朵白兰花挂在苏州女子的胸前了；那一阵阵白兰花的幽香，随着女子袅袅娉娉的步履，飘荡又散开，更加沁人肺腑。一朵朵茉莉花串成的花手链，是夏日里姑苏女子别致的手饰；女子手臂上的茉莉花串洁白芬香，随着她们婀娜的摆动，更加温婉动人。还有一绝的是她们用麦秸秆编成的花茧子，也称花枕头，小巧又玲珑，一朵朵花恰到好处地被放置其中，安安谧谧又相安和谐，这是花儿们的温柔睡房。

半生种花，半生卖花，一辈子和香花结伴的"卖花姑娘"，虽然她们的青春已不再，但是那一声吴侬软语的叫卖声却在时光里留驻。"栀子花——白兰花——阿要白兰花啊——"她们用这缕芳香，传递着花香，把最合时宜的香气带给城市、带上街头、带与市民；她们还以这份守望和坚持，诠释了对苏州的不变情怀！她们卖花的身影成了这个城市的一道靓丽风景线。

片段二：甜格酒酿

常常是在立夏前后，弄堂口就可以听到一个熟稔的市井之声——"卖酒酿！甜酒酿要吃！"声音不高，却很有穿透力和诱惑。

来卖酒酿的老者是一个瘦长的老头，推一辆三轮车，总是走走喊喊，喊喊走走。自从尝过他的甜酒酿之后，再听到这样的声音，石库门里的胖好婆便像是失了魂似的，急急忙忙地进厨房，拿上一只搪瓷盆，就从进深的门洞里赶出来。直到甜糯的酒酿放入了碗里，她才会有"落袋为安"的踏实。

三轮车上的酒酿大抵放在一只只大小不一的钵头里，排列整齐。米粒晶莹剔透，米香甘醇诱人，把碗递送上去，他就娴熟地用勺子在钵头里有规则地呈块状取出甜酒酿来，称出分量算好价钱，又会从钵头里再舀些"露"加进酒酿里。

酒酿露是糯米酿成酒酿时生成的米之甘露。添加进酒酿里的"露"是不算钱的，而若是要他再加些，只要钵头里有，他还是会和气地将钵头侧翻一下，舀上一勺加给你。

胖好婆对于酒酿露的喜欢，明显胜于酒酿多一点。于是乎每次买过老人的酒酿，恨不得他钵头里的"露"是一加再加。在她这个吃货眼里，颜色清澄、甜醇馥郁的酒酿露不只芬香诱人，更胜似人间甘霖。单吃，似饮米酒，一饮可饮个痛快，口感顺滑，却又没有一点冲脑的感觉；又似喝饮料，吃到嘴里润喉润心润肺，若是炎炎夏日，抿上几口，自是五腑透凉，提神祛乏，解渴消暑，浑身舒坦。

吃酒酿，胖好婆喜欢加些湿漉漉的"露"一起吃，如此味道才会更醇正，否则如果单食湿答答的酒酿米粒，则有些渣末的感觉，吃在嘴里，大打折扣。

卖酒酿的老头明显是一个急性子。"阿要买酒酿，买甜格酒酿——"在街巷里边走边喊，非得有人买他的酒酿才会把车停下来，若是连叫了几声没人应答他，便会知趣地骑上车扬长而去。胖好婆有次闻声端着盆子就追出门，只是中间的环节有点拖沓了，出去后从弄堂口追到弄堂尾，也没有瞧见他的人影，只闻到了空气里留下的醇香。这一天，胖好婆遗憾的不只是少了口福，做什么事都觉得没精打采。

　　片段三：西瓜杀癞痢

　　"要吃西瓜么我来开，三分二分么卖一块，杀癞痢（生辣里）个甜盖！"听到这样的叫卖声，已是老街坊穿上短裤的时候了。通常是车坊、角直一带的农民，冒着大太阳，驾着西瓜船将一船船绿皮大西瓜，大汗淋漓地运到城里来。

　　姑苏城水巷纵横，街巷依水延伸，人家枕河而居，如此也方便了手摇西瓜船每年熟门熟路而来，停靠到各自老地方的河滩头上。这两只西瓜船停稳当，各自挑一担西瓜上岸，各找一块树荫歇息下来，嘴里却是不会空闲："阿要买西瓜哟——"又脆又糯的叫卖声，俨然就是最生动的广告，随着弄堂风，声音此起彼伏，顿时把石库门里扎羊角辫的小囡肚皮里的馋虫引了出来。

　　"阿要买西瓜哎，沙瓤里格甜哎，三分五分买一块嘞！""要买包拍西瓜——买包拍西瓜！"两家西瓜船隔空吆喝，唱起了对台戏。原本冷清的河滩头霎时热闹了。

　　羊角辫是牵着阿爹的手，跟在对门的"鼻涕虫"小男孩后面来买西瓜的。她嘴一嘟马上给善良的阿爹出了一道难题："我要吃黄瓤西瓜——"老阿爹从这个西瓜摊问到下一个西瓜摊，又跑下河滩头，张望着一船的西瓜，却是挑不到孙女钟意的西瓜，只能无能为力地说："奈格小鬼，觅格食也促里促狭！"

　　上船挑好西瓜，阿爹请卖瓜人挑回家。一只只绿皮大西瓜挨个堆放在客厅的方砖上，羊角辫"一、二、三、四……"开心地数着大西瓜。家里多了这么多又大又甜的西瓜，羊角辫喜笑颜开，一时也忘了刚才的要求。她选了一只，抱在怀里，在网兜里系好，小心地放进院子里的一口古井。等到一家人吃过晚饭，一把蒲扇摇摇，乘上风凉时，已冰镇半日的西瓜被拉了上来。

　　夏夜里，又沙瓤又甘甜的西瓜，是一家人最好的消暑佳品，白天的辛劳这一刻都化为了甘甜。有习习晚风从小河上吹拂而来时，依稀又有抑扬顿挫的叫卖声传来，"要吃西瓜么我来开，三分二分么卖一块，杀癞痢（生辣里）个甜盖！"这一声婉转的叫卖，在夏夜里来得正当时。

片段四：磨剪子嘞

秋风起，巷子里终于传来磨刀师傅粗犷又洪亮的吆喝声。"削刀——磨剪刀！"厨房里的好婆推开窗子，看到阿胡子磨刀师傅推着小车由远而近，脸上眯眯笑起来，却还是轻声骂了一句："这个猢狲，总算知道来！"

好的手艺就是金字招牌。家里的各类刀具再钝再不锋利，好婆也要等这个阿胡子来了，才会拿出家中的一把铜脚剪刀、两把不锈钢菜刀再作修理。也是，早早把家中的刀具"曜曜"磨好，腊月里杀鸡宰鸭就可以不必再担心。

一条长板凳，一块磨刀砖，一个旧木桶，一把铁榔头，一方黑抹布……阿胡子磨刀师傅的"腔势"很足，不紧不慢地踱着方步走来，营生的家当都扛在肩上。

每从街坊手中接过刀具，阿胡子都要上下、前后、正反，像老中医一般明察秋毫地望、闻、问、切过，才开始"嚓、嚓、嚓……"磨起刀。真正一动手，他动作标准又娴熟，指间有力，戗磨快捷。磨剪刀的要诀在于：三分磨七分敲。看到老街坊们一层层围拢在身边，对阿胡子来说，是一种辛苦劳作时的享受。手中的一把榔头，"敲"得更加得心应手。一边磨一边敲，一边仔细地察看好手底下的剪刀。经他细模细样磨出的刀具都可以达到：平、直、起！磨好的刀具经得起看，达到刀刃锋利、刀口平整，尤其是刀口可以像鹅毛一样平坦光滑。

刀口已锋，阿胡子闭上一只眼欣赏起来，直接就用手指试了一下刀刃，脸上有了满意的表情后，便抹上薄薄一层油，这才将剪刀交付给好婆。"这是把好剪刀，放心再用上个十年也没有问题！"

好婆抿了抿嘴，乐道："可不是，这把剪刀还是陪嫁时的！"

一问一答，众人听了都惊叹起来。

一把磨好的剪刀，好的标准可以有七道缝。好婆把锃亮亮的铜脚剪刀举起来，放在暖阳下眯着眼瞧。

对待每一把刀具，阿胡子都是一以贯之的慢工出细活。用上整整一个晌午，等脚底下的各类刀具逐一磨好，他这才收拾起工具，脱下脏黑围单站起身来。夕阳下，有他矫健的身影。"磨——剪子嘞——戗——菜刀——"高吭的吆喝声，正渐行渐远……

二、一咏已千年

1. 典籍里的姑苏声音

唐代诗人杜荀鹤的《送人游吴》这样写道："君到姑苏见，人家尽枕河。古宫闲地少，水港小桥多。夜市卖菱藕，春船载绮罗。遥知未眠月，乡思在渔歌。"诗里呈现的是有着 2500 余年历史的姑苏城，"小桥、流水、人家"的江南水乡特色。"夜市卖菱藕，春船载绮罗"，画面看似无声，却是"此时无声胜有声"，诗意的画面里，可以感受到水巷旁、小桥下商贩们吆喝叫卖、招揽交易的热闹场景。最为难得的是姑苏古城，不仅至今仍然保持着唐代诗人笔下的"水陆并行、河街相邻"双棋盘格局，以及独特的小桥流水、枕河人家的街巷风貌，而且这样的清唱，风情一越千年。

姑苏叫卖，源远流长。据传，鼻祖应推伍子胥。《史记·范雎蔡泽列传》记载："伍子胥橐载而出昭关，夜行昼伏，至于陵水，无以糊其口，膝行蒲伏，稽首肉袒，鼓腹吹篪，乞食于吴市。"吹箫吴市、吴市之箫的成语，说的就是伍子胥的典故。

从广义讲，姑苏叫卖"应含三教九流，各行各业，凡当街吆喝，堂内叫唤，均属叫卖。"吹箫求乞，招摇过市……或许正是随着市井商贩的吆喝，姑苏叫卖应运而生，并在日常构成了吴地鲜活的、流动的、市井的语言形式，成为农耕文明的一个重要部分的同时，也使之成为了吴文化中极具鲜明地域特点的市井文化。从时间上追溯，姑苏叫卖的形成，或许应该早于姑苏古城的兴建。从传承谱系看，姑苏叫卖，存在于农耕时代的旧苏州，涉及旧时代的各行各业，其传承都局限于各行业内师徒授受，口传言教。

响彻在街头巷尾的姑苏叫卖，虽属于口头文化，一直口口相传、耳熟能详，但是因为有着其独特的苏式韵味和风格，既贴近百姓生活，又有十分明显的时间性和季节感，很长一段时间里，一直代表着这个城市的一种符号和生活记忆。通过代代流传，姑苏叫卖不仅反映了鲜明的本土地域特色，而且形象地记录了姑苏民风民俗的变迁，在传统商业时代，是最为贴心、温存的声音。经过长时间的积淀发展，不同地域、不同行业形成了约定俗成的叫卖内容和声调，成为一种地域文化的反映。

对于姑苏叫卖，历代诗词史籍也均有记载，近代白话小说更将其加以生动的描述，而使之成为最能体现吴文化的江南风土民情之一。"明代冯梦龙《三言二拍》中描述的姑苏市井，清代曹雪芹《红楼梦》中的虎丘街景，无不都记录了姑苏叫卖的场面。"

近现代白话文中也留下了一些文字记载，并经常出现在影视戏曲作品中，成为一种表现吴文化水巷风情的城市符号。一代弹词宗师、徐调创始人、苏州弹词名家徐云志老先生开创有著名的"徐调"，又称迷魂调，就是得益于姑苏叫卖中"卖红菱"的叫卖声提炼加工而成。

2. 大家笔下的姑苏风情

著名作家陆文夫在《深巷又闻卖米声》中这样娓娓道来：

半个世纪前，我睡在苏州山塘一座临街的小木楼上，清晨的迷梦中总是听到两种叫卖声，一种是"阿要大白米唉……"，一种是"阿要白兰花啊……"这两种叫卖声的音调都一样，给人的感觉却大有区别，一种是浪漫的情调，一种是现实的感受。

"阿要白兰花啊……"是苏州姑娘叫卖白兰花，那声音甜美、悠扬、清脆，好像带着清晨的露水和白兰花的香气，听到此种声音你就会想起陆游的诗句："小楼一夜听春雨，深巷明朝卖杏花。"

"阿要大白米唉……"这就是现实主义的了，我听到这种声音肚子就有点饿，就要赶快起床去吃苏州的大白米。我刚到苏州时，觉得苏州的大米又糯又软又香，用不着菜，只要有点儿青菜汤，就可以吃两大碗。苏州真是个天堂，连米和人间的都是两样！

被赞誉为"陆苏州"的陆文夫，虽非苏州人，却热爱这个城市，在苏州生活了近60年。他的笔下，有着太多的"苏州情结""苏州风情"和"苏州声音"等苏州符号，创作的《美食家》《献身》《小贩世家》《围墙》《清高》等佳作，作品虽多描摹的是闾巷中的凡人小事、姑苏城里的民俗风情，却又蕴藏着时代和历史的内涵，以浓郁的姑苏地方色彩和深厚的文化品格，在我国当代文坛独具风骨。"他的作品具有恬淡、幽静、质朴、地道的特质。这些特质是与苏州人的气质、苏州文化的内质以及对待时代生活的品质相吻合的。"

江南苏州一直是富庶的鱼米之乡，气候温和，水道纵横，土地肥沃，既是平民百姓、芸芸众生丰衣足食的幸福家园，也是贩夫走卒、引车卖浆安居乐业的洞天福地。文章寸心皆水韵，陆苏州的作品及其人物，字里行间弥漫着姑苏人家的烟火气，洋溢着姑苏城市百姓生活的闲适、妙趣与风情，似一幅光影流动的、绘声绘色的苏式风俗画。

还是在陆文夫老师的《深巷又闻卖米声》中，他写道："'阿要大白米唉……'小巷里又传来女子的叫卖声……'阿要大白米唉……'那悠扬的歌声渐渐地消失在春雨里。"

不妨再走进陆苏州的文章里，静静聆听温婉又回转的叫卖声，轻嗅一份花香，感悟浓浓的姑苏风情。

3. 传唱千年的姑苏市井

传唱千年的一声声姑苏叫卖，一边是紧连着"敲锣打鼓，各干一行"的三百六十个行当，有的是世间百态、人情冷暖；一边是相伴于平民百姓日出日落、朝朝暮暮的寻常生活，有着柴米油盐酱醋茶的市井烟火气息。

在交通不发达的年代，行商小贩或挑担或推车走街串巷，在边走边唱的叫卖声之中，将"日用品、小吃零嘴、磨剪修伞等服务送到家门口，大大便利了人们的日常生活。"由于没有固定的营业商铺，吆喝是招揽深巷里弄顾客促成交易的最为便利的广告形式。"在老街巷中，吆喝是生活气息，是市井风情；在高楼林立中，吆喝是远去的乡音，是萦绕的乡愁……一声声吆喝，穿越时空，带我们回到过去的老时光。"

质朴而鲜活的姑苏叫卖，在语言内容上，多言简意赅却曲调婉转，有着一唱三叹之妙，富有极强的生活情趣和表现张力。由于姑苏叫卖常常伴随着昔日的老行当，融入百姓的生产生活，从而记录下一个时代的痕迹、一段历史的情感、一阙市井的风情和一种民俗的文化。吆喝声还承载了几代人的生活记忆和生活方式，每种不同的吆喝声，都曾是这一座城市里最有温度的市井声音。

在语言表现形式上，姑苏叫卖，多吴侬软语的苏州方言，呈现"糯、酥、软、娇、嗲、脆"等语言特点。有的节奏明快、干净利落，指向性十分的明确；有的拖着悠悠长腔，抑扬顿挫，以吴侬软语的酥糯，余音袅袅，萦绕于小巷深处。与此同时，随着苏州城市的日益繁荣，以及商品流通、贸易往来和人际交流的频繁，在吸引着越来越多的"五湖四海"迁徙融入，也吸收了周边地区甚至更远城市商贩带来的异域叫卖文化，在交流融合中，渗透到传统的生活和生产的各个领域，带来了姑苏叫卖的形形色色。苏州风流才子唐伯虎在《阊门即事》中写道："世间乐土是吴中，中有阊门更擅雄。翠袖三千楼上下，黄金百万水西东。五更市卖何曾绝，四远方言总不同。若使画师描作画，画师应道画难工。"

其中吃食类（含鲜果）的叫卖有：

"大饼油炸烩！大饼油条！"（苏北口音）

"阿要糖钎糕！方糕松糕条头糕卖！"

"阿要买常熟蕃瓜，阿要买常熟大蒜头。"

"要买三角包！"

"臭豆腐干！粢饭糕！"

"碗（完）——！"（豆腐花，半句）

"当！当！当！"（小汤锣，鸡鸭血汤）

"笃！笃！笃！"（竹邦，糖粥园子）

"咣！咣！咣！"（饧糖担，敲大锣）

"爆炒米！阿要爆炒米！响罗——"（爆炒米）

"卖酒酿！甜酒酿要吃！"

"五香茶叶蛋！阿要喜蛋！大黄半喜！全喜嘞浑蛋！"

"火腿肉粽子！"（湖州口音）

"刮辣辣辣，三北盐炒豆！"

"五香豆腐干！开洋豆腐干！卖豆腐干——！"

"吃味里格道，尝味里格道，尝尝格味道实在里格好，三分二分买一包！"（唱，有曲调，甘草焐酥豆等）

"冰糖奶油五香豆！一分四粒，五分洋钿卖一包！"

"震泽豆腐干！"（竹签串，热卖）

"阿要买热水铺烫的馄饨菱、沙角菱、和尚菱吃！"

"阿要买呱啦啦三北盐炒豆吃啊！"

"五香烂白糖！糖饼来吃！"

"阿要梅饼哪！一分洋钿卖两块！甘草梗，盐金枣阿要！"

"阿要盐金花菜！黄连头盐金花菜！"

"阿要腌金花菜黄连头，上家吃了下家香！"

"吃糖油山芋啊！黄金山芋，栗子山芋！（烧山芋，烘山芋！）"

"阿要咸脆梅！甘草咸脆梅，一分两粒！支老卜干杨梅干！"

"要吃西瓜末我来开，三分二分末卖一块，杀癞痢（生辣里）个甜盖！"

"叮灵，叮灵！香是香来糯是糯，要吃白果我来数，一分洋钿卖七颗，叮灵，叮灵！"

"阿要买藕啊！鲜鲜着着格大塘藕！"

"水红菱唉！鲜鲜咯水红菱！"

"绍兴乳腐沾辣火！卖绍兴乳腐啦！"

"坑蛆药饼！八珍糕！"

"卖哈罗面包！奶油面包！夹心面包！"

"送灶糖元宝！（送灶糖元宝，吃仔烂卵泡）"

"要卖棒冰！光明牌（骆驼牌）格棒冰！"

"铛破布头换糖吃！"（破布头换糖吃叫卖声一）

"1232321！"（吹笛，破布头换糖吃叫卖声二）

"铛滴浪铛！"（敲铁板，破布头换糖吃叫卖声三）

……

修理服务类的叫卖有：

"拎出来啊！（马桶，隐语）"

"倒垃圾啰！滴灵！滴灵！滴灵！"

"阿有鸡毛鸭毛卖铜钿啊！"（边叫喊，边摇摇荡鼓）

"阿有洋瓶碎玻璃破布头甲鱼壳鸡黄皮卖啊！"

"阿要出灰通烟囱！通烟囱唉！"

"阿有坏个棕棚修作！阿有藤坏个棚修作！"

"阿有坏个橡皮套鞋修哇！"

"补碗钉碗！"

"箍桶！箍桶！"

"砌街——翻阴沟！"

"修洋伞！洋伞油纸伞修作！"

"倾镴！倾镴！"（铜匠担）

"补——镴——作！"

"箍桶！"

"阿要换马桶唉！旧马桶换新唉！"

"修缸补甏！"

"阿有坏格套鞋修作！阿有坏格皮鞋修作！"

"阿有竹交椅修作！竹壳热水瓶修作！"

"穿板刷！有旧牙刷穿伐！"

"削刀磨剪刀！"

"阿有旧家生卖脱！旧衣裳卖脱！"

"鸡黄皮、甲鱼壳换铜钿啊！"

"洋铅皮洋油箱修作！"

"咚！咚！阿要弹棉花！"（拨弓弦）

"锡箔灰！收锡箔灰！"（绍兴口音）

……

货担小卖的叫卖有：

"阿要买花！珠珠花（栀子花）白兰花！夜来香，茉莉花！"

"红木筷香烟嘴，香烟嘴红木筷，红木筷吃吃年夜饭！"

"阿要买猫鱼呐！买猫鱼唉！"

"卖鸡毛掸帚，芦花扫帚！"

"阿要硬衬，荷包爿！"

卖菜：根据时令卖啥叫啥，如：南园浪小藏菜，无锡茭白，红梗苋菜，鸡毛菜……

卖小百货：车上百货或专卖扁带，卖绒线针等。

"卖柴（麦柴、稻柴、茅柴）"

"卖油（酱油、麻油、菜油）"

"卖各种土产：吴江大头菜、萧山老卜干……"

……

其他的叫卖有：

算命：拉二胡，弹三弦，敲铁板，口喊（形式多样）

走方郎中：口喊，摇铃

牙医：独轮车大洋伞，喊"修牙齿"！

……

三、不落的绝唱

时代的变迁、历史的发展，特别是城市现代化进程的加快，走街串巷的商贩已渐行渐远，姑苏叫卖在城市现代生活中正日渐式微。20 世纪五、六十年代还耳熟能详的一声声悠扬绵长、悦耳动听的叫卖，如今只留存在六十岁左右或更年长的老苏州人的记忆中了。传统叫卖正逐渐成为逝去的绝唱，所幸这幕绝唱并没有真正落幕。有基层文化站的文艺工作者，还有众多的热心人士、姑苏叫卖爱好者，无不凭着一腔热忱，自觉自愿地重拾起老苏州韵味，唱出唱响唱好姑苏好声音。

1. 申遗路上的美好愿景

2013 年 11 月，姑苏区平江街道以"姑苏叫卖"项目成功申报姑苏区非物质文化遗产。基于"再现一幅最完整最生动的姑苏繁华图"为出发点，发扬和传承姑苏叫卖非遗传统文化一直在路上。姑苏叫卖的项目申报书上对美好愿景的规划清晰又明确："姑苏叫卖，以吴侬软语的苏州方言为主，同时兼收各地来苏形成商贩行帮的特色，因而多姿多彩；叫卖形式有吹拉敲唱叫，各式各样，涉及传统江南生产生活的各个方面。如果能将各种商贩的叫卖，从声至形，较为完整地收集复原出来，在平江路或山塘街历史街区展示出来，无疑将是一幅最完整最生动的姑苏繁华图。"

姑苏叫卖的主要价值在于"再现传统历史风貌，传承民俗文化"，鉴于其基本特征呈现为"鲜明的吴文化特色，已经消失或将要消失，亟待抢救"，且面临着"曾有苏昆剧团演员做过少量叫卖声录制外，至今尚未形成较完整的姑苏叫卖的记录"这一生存现状及存在问题，平江街道制定了历时 5 年的保护计划，主要工作有：尽快搜寻摄录散落于民间的尚遗存的各种商贩的器具和叫卖形式，较大程度较真实地记录更多原生态的姑苏叫卖形态；收集复制各种姑苏叫卖的器具，组织热心于吴文化的人士参与，形成一支可展示姑苏叫卖的群体；筹建姑苏叫卖展示馆，使之成为姑苏叫卖永久性的传承基地。姑苏叫卖非遗保护路上，任务重且艰巨。近年来，街道联合苏白学堂举办"平江大讲堂"苏州方言推广大赛，分少儿组、成人组两个组比赛，并吸引了外国友人参赛。

2. 儿时吆喝谱成曲

圆脸盘、白净面皮、敦实的身坯，今年 70 岁的蒋余祥被称为"苏州传统叫卖第一人"。他不仅能够惟妙惟肖南腔北调地叫出近十种外地方言叫卖，而且对老苏州不少传统小吃、老手艺颇有研究。童年时，他居住在繁华老阊门附近，那时候多走街串巷的买卖人，各种吆喝声此起彼伏，无师自通跟着卖货人学唱；后插队江苏海安生产建设兵团，常常和战友们交流各地方言，特别喜欢用当地方言叫卖各地土特产；30 多年前，受上海滑稽戏中一人多角色的表演方式影响，触动了更加热爱姑苏叫卖的热情。"喜欢上苏州传统叫卖的表演同时，开始真正把它当成一种市井文化来收集、研究。"他的叫卖声中气十足，每一声叫卖都包含着对这个城市的拳拳热爱和深厚感情，在 2006 年举办的姑苏传统叫卖大赛中荣获一等奖。他说："吆喝叫卖是一个城市的声音，与生活息息相关的市井风情，是记忆，更是文化传承。"他还主动接受苏州图书馆的公益讲座"苏州大讲坛"邀请，做客为市民和学生开讲"传统叫卖"讲座，如今已拥有了一批忠实的粉丝。

"笃笃笃，卖糖粥……"姑苏城内，吴歌传承人金志平也是一位忠实的姑苏叫卖传承者，他边弹边唱自己创作的吴歌《苏州小吃》，在吴侬软语的小调中，可以真切感受一番江南文化的悦耳之声。已过花甲之年的他是土生土长老苏州，小巷里的叫卖声是他儿时最美好的回忆，为了寻回这份记忆，他潜心研究吴歌文化，将苏州街头巷尾的叫卖、童谣编成《卖糖粥》《鸡鸡斗》《外婆桥》《苏州水八仙》等近 20 首原创吴歌。他说："用苏州话唱苏州文化，不仅还原了最原始的苏式生活，也能以这种通俗的方式，将吴文化传播得更广更远。"为了让更多的新苏州人（包括小孩）了解叫卖，他还将谱成歌曲的儿时吆喝带到校园中，让更多的学生在了解、学唱中，体验最传统的苏式味道。

3. "笃笃笃"唱响全国社区春晚

"栀子花、白兰花……""笃笃笃，卖糖粥，荡荡观前吃糖粥；烧烧香，求求福，吃吃团子又有福""棕绷修哇，阿有哇额（坏的）藤绷棕绷修哇……"虎丘山麓下，虎丘中心幼儿园小朋友为参演"枫桥夜泊"大运河文化诗会，在老师辅导下，正在排演情景剧《姑苏叫卖：苏州弄堂里的声音》。一声声童稚的吴侬软语，一声声充满韵律的传统叫卖声，清脆悦耳，声声动人，吟唱出了姑苏弄堂里的好声音，演绎出了原汁原味的苏式好风情。在校园里传唱的弄堂里的市井声，一时余音绕梁，各种情景也似乎浮现在人们眼前。

悠扬亲切的姑苏叫卖，是无数老苏州的少年记忆。为了让"小虎丘"学讲苏州话，学传统苏式叫卖，学校请来知识渊博的"老苏州"进校园作辅导，加深孩子们对姑苏叫卖传统文化的热爱，在吆喝声中感受到吴文化魅力。为真实地还原姑苏叫卖的真实性、趣味性、形象性，师生们还选用环保材料制作了"骆驼担""棕棚""赤豆棒冰"等苏式道具，让孩子们穿上水乡民间服饰，通过沉浸式的表演，传唱姑苏小巷里的市井声音。

为了传承姑苏传统文化，姑苏区群众文化工作者涌现出蓬勃创作热情，将百姓生活、市井叫卖搬上舞台。姑苏区文化馆联合沧浪街道将姑苏吆喝这一市井文化与现代舞蹈有机结合，创作《忆糖粥》等舞蹈作品。融古典与现代、传统与时尚相结合的舞蹈节目，围绕小小一碗甜蜜"糖粥"，穿梭、转换于当代和现代两个时空场景，在买粥人和卖粥人之间的精彩互动中，展现对传统文化的传承和热爱。舞蹈，形象地再现了姑苏叫卖和骆驼担制作技艺这两项非遗项目，以"糖粥"为纽带，让老苏州人回味延续童年记忆，让小苏州人了解传承非遗文化，让新苏州人触接触并入姑苏民风民俗。《忆糖粥》后来成功登上全国社区春晚，姑苏叫卖和姑苏舞蹈可谓珠联璧合，都获得了人们高度的赞扬。

"姑苏吆喝是苏州的一种文化符号，不仅承载着百姓的记忆，也成为苏州走向世界的展示元素。"《忆糖粥》创作人员表示，他们结合当前发展大运河文化、江南文化的热点，还将计划系统收集姑苏吆喝相关素材，通过文字、视频、音频等方式留存并传播下去，让更多的观众知晓、热爱并传播姑苏叫卖这一传统文化。

姑苏老字号"老万年"对"姑苏叫卖"也情有独钟。第七代传承人戚春兰女士以"栀子花！白兰花！茉莉花……"叫卖声，携手词作家晓风共同创作《栀子花白兰花》

苏州著名资深卖糖粥老人先叫卖表演，再卖糖粥

主题曲歌词，并聘请国家一级作曲家、苏州市音乐家协会主席周友良先生作曲，中国著名音乐制作人孟可先生编曲、录制，著名歌唱家常思思演唱。只为馨香重，求者遍江南。"老万年"还以"栀子花白兰花"为元素，设计丝绸、苏绣怀袖雅物等文创延伸产品，愿将"栀子花白兰花"这一非物质文化遗产，光彩留今史，馨香贻后人。

姑苏叫卖声声悦耳，吴风清韵情意悠悠。且听，小巷里又一声吴语莺啼传来了，"栀子花！白兰花！茉莉花……"声声叫卖伴着花语花香，萦回于幽幽小巷，弥漫进枕河人家。

姑苏叫卖口述非遗

访谈对象：蒋余祥

访谈时间：2021 年 6 月 3 日

访谈地点：虎丘路 388 号虎丘街道办事处

1. 蒋老师，今天我们就从您喜欢的吆喝也就是叫卖说起吧，能否先介绍一下您是如何与姑苏叫卖结下不解之缘的？

蒋余祥（下简称蒋）：我叫蒋余祥，童年时，居住在渡僧桥下塘 39 号，紧靠山塘街和上塘街。上塘街当时有苏州最大的菜场——上塘街菜场，农民摇船进城卖蔬菜，每天热热闹闹；渡僧桥下塘周边有虎丘路、留园路、西园路等大马路，路两边建有许多工厂，渡僧桥下塘是他们上下班的一条捷径，人多闹猛，也吸引了很多商贩的到来。那时候多走街串巷的买卖人，他们多为个体，单枪匹马挑着担，背了一个简简单单的工具袋，有修补类的，也有饮食类的，为了做生意，他们的各种吆喝声此起彼伏。每次有补碗、补镬子、补套鞋等手艺人来，都让我感觉很有意思。我喜欢蹲在旁边看，真正是耳濡目染，还无师自通跟着卖货人、手艺人学唱，慢慢的也能学个七八分像。

2. 再请介绍一下您自己的情况吧。

蒋：我出生于 1951 年 1 月，今年 70 岁。在南通建设兵团插队 7 年，担任连队排长；1979 年回苏州，在原留园街道工作，做过两家街办厂的负责人；1983 年回街道，做过城管科科长、办公室主任、综治办主任，2000 年后任文化站站长。2011 年退休。目前还任姑苏区曲艺家协会副秘书长。

年轻时，特别喜欢文艺，会拉二胡、吹笛子、弹月琴。这些爱好，都是"文革"时停课闹革命，自学的。拉的第一把二胡还是向同学借的，后来才自己买了一把，吹拉弹唱主要是靠模仿。有时候大家一起出去表演，如果节目少，就会登台清唱。

喜欢上姑苏叫卖表演是在 30 多年前。一次看到上海滑稽剧团的两位老师表演之后，忽然来了灵感，一下子儿时小巷子里的叫卖声就从脑海里浮现出来，我扯开喉咙马上来了两句。大家听了很有亲切感，一时唤起了大家儿时的记忆。加上我喉咙叫出来的吆喝声，有韵味，大家都说好。

我现在能够南腔北调吆喝30多种各地方言叫卖声。表演时，除了吆喝苏州的传统叫卖，还会适当模仿其他城市的方言叫卖。过去有不少无锡人到苏州卖猪，宁波人卖咸鱼海鲜，常州人在苏州卖麻糕，这些都能学上几句，这样就能和台下的观众增加互动，一下子拉近距离。

3. 姑苏叫卖的语言特色，您觉得有哪些？吆喝好姑苏叫卖要做到哪几点？

蒋：姑苏叫卖在语言表现形式上，虽多吴侬软语的苏州方言，呈现出"糯、酥、软、娇、嗲、脆"等语言特点。但是又因为姑苏叫卖完全来自于民间，没有流派之分，不像评弹、戏曲是有流派的，加上叫喊的内容也常不一样，所以又不能简单地划归统一的标准。

姑苏叫卖的多地域性，使之又呈现多姿多彩的包容性。不过万变不离其宗，叫卖的声音还是呈现出中气十足、抑扬顿挫、婉转悠长等特点。

4. 姑苏叫卖可以说是老苏州风情的一种表现形式，您在这方面是如何表现得更有苏式市井民风的？

蒋：对于姑苏叫卖，由于从小就非常熟悉，所以说我的每一声姑苏叫卖，都是包含感情的。吆喝叫卖是一个城市的声音，与生活息息相关的市井风情，是记忆，更是文化传承。

我的姑苏叫卖声与众不同，一方面是忆旧的展示，反映当时街巷老百姓的市井风情；最主要一点是我能够做到会讲会唱会吆喝，更重要的是从小的耳濡目染，有生活经验，对姑苏叫卖的很多老手艺相当了解，有很深的感情。讲一讲修缸补甏的叫卖声吧，"修缸补甏咯！缸补不补？"补缸一般要经过开槽、拉攀、补平三道工序，一般补一只缸需要花上一上午时间。这些手工进行修补的过程，包括具体细节深深地烙印在脑海里，吆喝叫卖时，我是用心用情在表演。

所以我感觉要表演好姑苏叫卖声，要有感染力，有韵味，要像我们写毛笔字一样，顿头捺脚每一笔、每一画、每一勾都要到位。

5. 为传播姑苏叫卖，特别是您虽然已退休十年，但是对于姑苏叫卖的热情从来没有间断过，您这些年做了很多工作，请作下介绍。

蒋：退休后，我愿意成为姑苏叫卖的保护者、倡导者、传承者。为了传承好姑苏叫卖，我曾经每天花费数小时研究传统姑苏叫卖，通过仔细回忆、翻阅资料、实地探访，研究叫卖货物的制作细节，加以整理记录。也常常和评弹演员交流探讨，将叫卖声融入苏州的评弹声中，以便更好传承。

积极参加各类活动。在纪念改革开放40年、中华人民共和国成立70周年，以及街道、社区举办的各类苏州风情大奖赛时，都会用姑苏叫卖声来呈现社会的发展变化、百姓的幸福生活。

主动接受苏州图书馆的公益讲座"苏州大讲坛"邀请，为市民和学生开展"传统叫卖"的讲座，如今已拥有了一批忠实的粉丝。此外，也经常到社区、学校做演讲，一年不少于3次，十多年来达三四十场。

还参与《谍战古山塘》《激战江南》等两部电视剧和舞蹈节目的配音，也在杭州、南京等电视台上过节目，表演姑苏叫卖，吆喝好姑苏声音。

6. 姑苏叫卖现在是区级非遗项目，要清唱好这一叫卖声，您有何建议？

蒋：回荡在小巷里的姑苏叫卖声音，是老苏州原汁原味的、最接地气的民风民声，同时也充满各地方言和南腔北调。要清唱好这一叫卖声，有几方面的建议：

一是要做好口述非遗代表性人物的姑苏叫卖声的音像、文史资料的专业收集和整理。

二是能够召集一批热爱姑苏叫卖的文体志愿者，定时接受培训，成立一支姑苏叫卖非遗队伍，编排好沉浸式的情景剧，展现姑苏的市井风情。

三是要走进校园，特别是从幼儿园的孩子抓起，让更多的苏州娃娃热爱姑苏叫卖，了解姑苏叫卖的文化。

参考书目

（汉）司马迁：《史记》，中华书局，1982

（南北朝·梁）宗懔：《荆楚岁时记》，中华书局，2018

（清）顾禄：《清嘉录》，凤凰出版社，1986

（清）顾禄：《桐桥倚棹录》，凤凰出版社，1986

（清）袁景澜：《吴郡岁华纪丽》，凤凰出版社，1986

（汉）赵晔：《吴越春秋》，江苏古籍出版社，1986

陶立璠：《民俗学概论》，中央民族学院出版社，1987

蔡利民编：《苏州民俗采风录》，古吴轩出版社，2014

蔡梦寥、蔡利民：《四季风雅：苏州节令民俗》，江西人民出版社，2013

程章灿主编：《江南通志》，凤凰出版社，2019

（明）莫震撰、莫旦增补：《石湖志》，明刻本影印件

（明）卢襄撰：《石湖志略》，明嘉靖刻本影印件

詹一先主编：《吴县志》，上海古籍出版社，1994

（清）徐崧《百城烟水》，凤凰出版社，1986

徐胜主编：《横塘镇志》，上海社会科学院出版社，2004

（清）钱泳：《履园丛话》，中华书局，1979

（清）钱思元、孙珮辑：《吴门补乘》，上海古籍出版社，2015

徐珂编撰：《清稗类钞》，中华书局，2003

（明）张岱：《陶庵梦忆》，中华书局，2020

秦益范主编：《苏州石湖胜景》，上海文化出版社，2003

钱培祥主编：《石湖上方山》，苏州大学出版社，2000

林锡旦、袁涛：《千年渔家村》，山东画报出版社，2015

附录：

姑苏区非物质文化遗产代表性项目
（截止到 2022 年 10 月）

序号	编号	名称	类别	公布时间	申报地区或单位	保护单位	备注
1	Ⅰ-1	吴歌（白洋湾山歌）	民间文学	2014（区首批）	白洋湾街道	姑苏区文化馆、姑苏区金阊新城社会事业服务中心	2016（省四批）扩展 2011（市五批）扩展
2	Ⅰ-2	唐伯虎故事	民间文学	2014（区首批）	金阊街道	金阊街道办事处	2011（市五批）新增
3	Ⅰ-3	泰伯传说	民间文学	2014（区首批）	金阊街道	金阊街道办事处	
4	Ⅰ-4	姑苏灯谜	民间文学	2017（区三批）	双塔街道	苏州市职工文化体育协会	2020（市七批）扩展
5	Ⅱ-1	古琴艺术（吴门琴派）	传统音乐	2019（区四批）	双塔街道	姑苏区沧浪灵门肇基文化会馆	2003（第二批人类非遗代表作） 2006（第一批国家级非遗代表作） 2007（第一批江苏省级非遗代表作） 2005（第一批苏州市级非遗代表作）
6	Ⅲ-1	水乡蚌舞	传统舞蹈	2014（区首批）	双塔街道	双塔街道办事处	
7	Ⅲ-2	荡湖船	传统舞蹈	2014（区首批）	双塔街道	双塔街道办事处	
8	Ⅲ-3	娃娃舞	传统舞蹈	2014（区首批）	双塔街道	双塔街道办事处	
9	Ⅲ-4	挑花篮	传统舞蹈	2014（区首批）	双塔街道	双塔街道办事处	

续表

序号	编号	名称	类别	公布时间	申报地区或单位	保护单位	备注
10	Ⅲ-5	挑花担	传统舞蹈	2014（区首批）	沧浪街道	沧浪街道办事处	
11	Ⅲ-6	舞龙灯	传统舞蹈	2014（区首批）	沧浪街道	沧浪街道办事处	2011（市五批）新增
12	Ⅲ-7	花香鼓舞	传统舞蹈	2015（区二批）	沧浪街道	沧浪街道办事处	
13	Ⅴ-1	苏州评弹	传统曲艺	2021（区五批）	平江街道	琵琶语评弹艺术馆	2006（第一批国家级非遗代表作）2007（第一批江苏省级非遗代表作）2005（第一批苏州市级非遗代表作）
14	Ⅵ-1	龙舟表演	传统体育、游艺与杂技	2014（区首批）	双塔街道	双塔街道办事处	
15	Ⅵ-2	通背合一拳	传统体育、游艺与杂技	2021（区五批）	虎丘街道	苏州市姑苏区铸武武术馆	
16	Ⅵ-3	吴氏归真太极拳	传统体育、游艺与杂技	2021（区五批）	金阊街道	苏州市姑苏区武术协会	
17	Ⅶ-1	假山制作技艺	传统美术	2014（区首批）	虎丘街道	苏州山水韩假山工程有限公司	2009（市四批）新增
18	Ⅶ-2	苏绣（发绣）	传统美术	2014（区首批）	平江街道	苏州市明莹刺绣美术工作室	2011（市五批）新增
		苏绣	传统美术	2017（区三批）	平江街道	潘氏建英绣庄	2016（省四批）扩展
		苏绣	传统美术	2021（区五批）	平江街道	姑苏区李鸣素刺绣工作室	

续表

序号	编号	名称	类别	公布时间	申报地区或单位	保护单位	备注
18	VII-2	苏绣	传统美术	2021（区五批）	金阊街道	苏州绣娘丝绸有限公司	
19	VII-3	核雕	传统美术	2014（区首批）	金阊街道	殷氏传人核雕工作室	2011（市五批）扩展
20	VII-4	苏州盆景造型技艺	传统美术	2014（区首批）	虎丘街道	苏州市和平盆景艺术工作室	2011（市五批）扩展
				2017（区三批）	白洋湾街道	听松园花木经营部	
21	VII-5	苏州剪（刻）纸	传统美术	2014（区首批）	平江街道	吴氏剪（刻）纸工作室	2013（市六批）扩展
					平江街道	平江街道办事处	
					金阊街道	金阊街道办事处	
				2017（区三批）	吴门桥街道	吴门桥街道办事处	
				2021（区五批）	吴门桥街道	姑苏区全国荣剪纸工作室	
22	VII-6	虎丘泥人	传统美术	2014（区首批）	吴门桥街道	吴门桥街道办事处	
23	VII-7	玻璃画	传统美术	2014（区首批）	双塔街道	双塔街道办事处	
24	VII-8	指墨画（手指画）	传统美术	2021（区五批）	沧浪街道	苏州林裕堂书画院	

续表

序号	编号	名称	类别	公布时间	申报地区或单位	保护单位	备注
25	VII－9	手工刺绣	传统美术	2021（区五批）	金阊街道	苏州刺绣研究所有限公司	
26	VII－10	灯彩（苏州灯彩）	传统美术	2019（区四批）	虎丘街道	苏州市苏艺灯彩艺术有限公司	
27	VII－11	苏州篆刻	传统美术	2015（区二批）	平江街道	苏州市张寒月金石篆刻研究会	
28	VII－12	草（棕）编	传统美术	2017	沧浪街道	苏州市姑苏区指尖秀非遗文化园	
29	VII－13	桃花坞木版年画	传统美术	2017（区三批）	平江街道	姑苏区苏麦版画工作室	
29	VII－13	桃花坞木版年画	传统美术	2021（区五批）	金阊街道	苏州市桃坞中心小学	
30	VII－14	象牙雕刻技艺	传统美术	2017（区三批）	平江街道	苏州祥韵象牙雕刻有限公司	2020（市七批）新增
31	VIII－1	制扇技艺	传统技艺	2014（区首批）	平江街道	苏州如意檀香扇有限公司	2006（第一批国家级非遗代表作）2007（第一批江苏省级非遗代表作）2006（第二批苏州市级非遗代表作）
31	VIII－1	制扇技艺（细刻花扇技艺）	传统技艺	2014（区首批）	吴门桥街道	吴门桥街道文化站	
31	VIII－1	制扇技艺（三面扇制作技艺）	传统技艺	2015（区二批）	双塔街道	姑苏区唐嵩记工艺品商行	
31	VIII－1	制扇技艺（绢宫扇制作技艺）	传统技艺	2017（区三批）	苏锦街道	姑苏区盛春工艺设计工作室	

续表

序号	编号	名称	类别	公布时间	申报地区或单位	保护单位	备注
31	Ⅷ-1	制扇技艺（檀香扇制作技艺）	传统技艺	2017（区三批）	平江街道	苏州苏扇博物馆	
		制扇技艺（折扇制作技艺）	传统技艺	2017（区三批）	平江街道	苏州善缘苏扇文化发展有限公司	
32	Ⅷ-2	桂香村大方糕制作技艺	传统技艺	2014（区首批）	平江街道	苏州桂香村食品有限公司	2009（市四批）新增
33	Ⅷ-3	苏帮菜制作技艺（苏州船点制作技艺）	传统技艺	2014（区首批）	平江街道	吴门人家饮食文化有限公司	2009（市四批）新增
		玄妙观小吃制作技艺	传统技艺	2014（区首批）	平江街道	吴门人家饮食文化有限公司	2009（市四批）新增
34	Ⅷ-4	玄妙观小吃制作技艺（海棠糕、梅花糕制作技艺）	传统技艺	2014（区首批）	双塔街道	双塔街道办事处	2009（市四批）新增
		海棠糕、梅花糕制作技艺	传统技艺	2015（区二批）	虎丘街道	虎丘街道办事处	
		姑苏小吃制作技艺（潘玉麟糖粥制作技艺）	传统技艺	2017（区三批）	平江街道	苏州市民间文艺家协会	
35	Ⅷ-5	姑苏小吃（水磨挂粉汤团）	传统技艺	2021（区五批）	虎丘街道	苏州市朱新年餐饮管理有限公司	
36	Ⅷ-6	苏式生煎馒头制作技艺	传统技艺	2021（区五批）	虎丘街道	苏州震源餐饮管理有限公司	

序号	编号	名称	类别	公布时间	申报地区或单位	保护单位	备注
37	Ⅷ-7	苏州织造官府菜制作技艺	传统技艺	2014（区首批）	平江街道	吴门人家餐饮文化有限公司	2011（省三批）新增
38	Ⅷ-8	苏州船点制作技艺（得月楼糕点制作技艺）	传统技艺	2021（区五批）	平江街道	苏州市得月楼餐饮有限公司	2009（市四批）新增
39	Ⅷ-9	苏帮菜制作技艺（四季宴）	传统技艺	2021（区五批）	平江街道	苏州市得月楼餐饮有限公司	
40	Ⅷ-10	苏式汤面制作技艺（枫镇大面制作技艺）	传统技艺	2021（区五批）	双塔街道	姑苏区同得兴奥面馆	
41	Ⅷ-11	苏钟制作与修理技艺	传统技艺	2014（区首批）	平江街道	苏州古代天文计时仪器研究所	2009（市四批）新增
42	Ⅷ-12	青铜失蜡铸造技艺（苏州仿古铜器制作技艺）	传统技艺	2014（区首批）	金阊街道	苏为平仿古铜器工作室	2016（省四批）扩展 2011（市五批）扩展
		苏州仿古铜器制作技艺	传统技艺	2015（区二批）	白洋湾街道	华声乐器厂（金海鸥）	2006（市二批）新增
		苏州仿古铜器制作技艺（仿古铜炉）	传统技艺	2015（区二批）	平江街道	苏州炉缘雅舍艺术品有限公司	2020（市七批）扩展
42	Ⅷ-12	苏州仿古铜器制作技艺	传统技艺	2021（区五批）	双塔街道	苏州吉堂文化艺术有限公司	
43	Ⅷ-13	金属錾刻	传统技艺	2014（区首批）	金阊街道	苏州市姚土荣金属錾刻艺术研究工作室	2011（市五批）新增
					沧浪街道	沧浪街道办事处	

续表

序号	编号	名称	类别	公布时间	申报地区或单位	保护单位	备注
44	Ⅷ-14	香山帮传统建筑营造技艺（传统苏式木雕门窗制作技艺）	传统技艺	2014（区首批）	苏锦街道	苏州古丰阁古典家具艺术品有限公司	2011（市五批）扩展
45	Ⅷ-15	苏派鸟笼制作技艺	传统技艺	2014（区首批）	吴门桥街道	吴门桥街道办事处	2016（省四批）新增 2011（市五批）新增
46	Ⅷ-16	苏州彩蛋技艺	传统技艺	2014（区首批）	平江街道	平江街道办事处	
					沧浪街道	姑胥小学	2013（市六批）新增
					平江街道	苏州彩蛋工作室	
47	Ⅷ-17	苏州民族乐器造技艺（传统鼓艺制作）	传统技艺	2014（区首批）	虎丘街道	金阊鼓艺打击乐器厂	2020（市七批）新增
		苏州民族乐器制造技艺（二胡制作）	传统技艺	2014（区首批）	虎丘街道	虎丘街道办事处	
		苏州民族乐器制作技艺（仿古编钟）		2015（区二批）	白洋湾街道	姑苏区金阊金氏雅乐器坊	
48	Ⅷ-18	传统乐器制作技艺（唢呐制作技艺）	传统技艺	2021（区五批）	沧浪街道	姑苏区苏城乐器修理商行	
49	Ⅷ-19	传统乐器制作技艺（琵琶制作技艺）	传统技艺	2021（区五批）	金阊街道	姑苏区崇文乐坊	

序号	编号	名称	类别	公布时间	申报地区或单位	保护单位	备注
50	Ⅷ-20	盘扣制作技艺	传统技艺	2021（区五批）	金阊街道	苏州区翁世炎盘扣设计工作室	
51	Ⅷ-21	传统手工旗袍制作技艺	传统技艺	2021（区五批）	双塔街道	姑苏区桂丹亭服饰设计工作室	
52	Ⅷ-22	中式传统服饰制作技艺	传统技艺	2021（区五批）	双塔街道	姑苏区桂丹亭服饰设计工作室	
53	Ⅷ-23	宋锦织造技艺	传统技艺	2021（区五批）	平江街道	苏州市钱小萍古丝绸复制研究所	
54	Ⅷ-24	苏州玉石雕刻技艺	传统技艺	2021（区五批）	平江街道	姑苏区张备玉雕工作室	
55	Ⅷ-25	古代天文计时仪器制作技艺	传统技艺	2014（区首批）	平江街道	苏州古代天文计时仪器研究所	
56	Ⅷ-26	金钩针编结工艺	传统技艺	2014（区首批）	平江街道	平江街道办事处	
56	Ⅷ-26	金钩针编结工艺	传统技艺	2014（区首批）	平江街道	金钩针编结工作室	
57	Ⅷ-27	苏式红木小件制作技艺（红木竹节搭件制作技艺）	传统技艺	2014（区首批）	平江街道	平江街道办事处	
58	Ⅷ-28	手工眼镜制作技艺	传统技艺	2014（区首批）	金阊街道	姑苏区协新眼镜店	
59	Ⅷ-29	翁万兴箍桶制作技艺	传统技艺	2014（区首批）	金阊街道	金阊街道办事处	

续表

序号	编号	名称	类别	公布时间	申报地区或单位	保护单位	备注
60	Ⅷ-30	神像彩绘	传统技艺	2014（区首批）	双塔街道	双塔街道办事处	
61	Ⅷ-31	刮线画（发光绒画）制作技艺	传统技艺	2014（区首批）	吴门桥街道	吴门桥街道办事处	
62	Ⅷ-32	太湖窑陶瓷制作技艺	传统技艺	2014（区首批）	吴门桥街道	吴门桥街道办事处	
63	Ⅷ-33	苏州竹刻	传统技艺	2014（区首批）	双塔街道	双塔街道文化站	
64	Ⅷ-34	苏州竹刻（浅刻）	传统技艺	2017（区三批）	平江街道	苏州市民间文艺家协会	
65	Ⅷ-35	根雕技艺	传统技艺	2014（区首批）	金阊街道	姑苏区文化馆	
66	Ⅷ-36	虎头鞋制作技艺	传统技艺	2014（区首批）	白洋湾街道	姑苏区金阊新城社会事业服务中心	
67	Ⅷ-37	骆驼担制作技艺	传统技艺	2014（区首批）	金阊街道	金阊街道办事处	
68	Ⅷ-38	木石雕刻	传统技艺	2014（区首批）	虎丘街道	虎丘街道办事处	
69	Ⅷ-39	皮老虎制作技艺	传统技艺	2014（区首批）	虎丘街道	虎丘街道办事处	
		苏州金银丝镶嵌	传统技艺	2014（区首批）	金阊街道	姑苏区金阊冯氏镇银艺术品坊 墨林文玩	2020（市七批）扩展

序号	编号	名称	类别	公布时间	申报地区或单位	保护单位	备注
70	Ⅷ-40	蟋蟀盆制作技艺	传统技艺	2014（区首批）	虎丘街道	周渊平蟋蟀盆工作室	
71	Ⅷ-41	吹塑糖人制作技艺	传统技艺	2015（区二批）	平江街道	平江街道办事处	
72	Ⅷ-42	苏州瓷印	传统技艺	2015（区二批）	平江街道	平江街道办事处	
73	Ⅷ-43	缂丝织造技艺	传统技艺	2017（区三批）	平江街道	苏州市祯彩堂工艺厂	2020（市七批）扩展
				2019（区四批）	吴门桥街道	陈晓君缂丝艺术工作室	
74	Ⅷ-44	三花茶窨制技艺（玳玳花茶、茉莉花茶、白兰花茶窨制技艺）	传统技艺	2021（区五批）	金阊街道	丝执（苏州）文化发展有限公司	
				2021（区五批）	虎丘街道	苏州市源丰茶叶有限公司	
75	Ⅷ-45	三花栽培技艺	传统技艺	2017（区三批）	虎丘街道	虎丘街道办事处	

序号	编号	名称	类别	公布时间	申报地区或单位	保护单位	备注
76	Ⅷ-46	金银细工制作技艺	传统技艺	2019（区四批）	双塔街道	姑苏区裁云居艺术品工作室	
				2019（区四批）	平江街道	苏州衣锦帽行文化艺术有限公司	
				2021（区五批）	虎丘街道	苏州老万年金银有限公司	
				2021（区五批）	平江街道	苏州市恒孚首饰集团有限公司	
77	Ⅷ-46	百宝镶嵌技艺	传统技艺	2021（区五批）	苏锦街道	苏州缘石园雕刻艺术馆	
78	Ⅷ-47	琥珀雕刻技艺	传统技艺	2019（区四批）	双塔街道	了乙珺珀雕刻工作室	
79	Ⅷ-48	纹织技艺	传统技艺	2019（区四批）	平江街道	苏州市平江区周氏纹版制作社	
80	Ⅷ-49	民间打击乐器（钟艺制作技艺）	传统技艺	2019（区四批）	虎丘街道	姑苏区金阊钟艺乐器厂	
81	Ⅷ-50	明式家具制作技艺	传统技艺	2019（区四批）	白洋湾街道	苏州市昌明红家具用品有限公司	
82	Ⅷ-51	库绢	传统技艺	2019（区四批）	平江街道	苏州景虹轩工艺品有限公司	
83	Ⅷ-52	苏州装裱技艺（古旧书画修复技艺）	传统技艺	2017（区三批）	双塔街道	姑苏区多山庄书画装裱工作室	2020（市七批）扩展

续表

序号	编号	名称	类别	公布时间	申报地区或单位	保护单位	备注
83	Ⅷ-52	苏州装裱技艺（古旧书画修复技艺）	传统技艺	2021（区五批）	虎丘街道	姑苏区兰人文艺创作工作室	
84	Ⅷ-53	苏州漆器制作技艺	传统技艺	2021（区五批）	吴门桥街道	孟咸昌古旧书画修复工作室	
				2017（区三批）	吴门桥街道	苏州市旗云上漆器有限公司	
85	Ⅸ-1	闵氏伤科	传统医药	2014（区首批）	苏锦街道	苏州平江医院	2011（省三批）新增 2009（市四批）新增
86	Ⅸ-2	宋氏耳针	传统医药	2014（区首批）	金阊街道	宋氏针灸诊所	2016（省四批）新增 2013（市六批）新增
87	Ⅸ-3	尤氏针灸	传统医药	2014（区首批）	平江街道	苏州平江医院	2009（市四批）新增
88	Ⅸ-4	中医脏腑调理	传统医药	2014（区首批）	沧浪街道	娄江社区卫生服务中心	2020（市七批）扩展
89	Ⅸ-5	冯氏脏腑点穴推拿	传统医药	2015（区二批）	双塔街道	沧浪街道办事处	
90	Ⅸ-6	传统针灸（周氏针灸）	传统医药	2017（区三批）	虎丘街道	苏州市冯氏保健推拿所	
91	Ⅸ-7	"蔡德堂"传统中药制作技艺	传统医药	2017（区三批）	金阊街道	苏州来恩骨伤科门诊部	
						苏州蔡德堂国药店有限公司	

续表

序号	编号	名称	类别	公布时间	申报地区或单位	保护单位	备注
92	X-1	苏州端午习俗	民俗	2014（区首批）	沧浪街道	姑苏区文化馆	2009（第四批人类非遗代表作）2006（第一批国家级非遗代表作）2009（第一批江苏省级非遗代表作）2006（第二批苏州市级非遗代表作）
93	X-2	灯会（古胥门元宵灯会）	民俗	2014（区首批）	沧浪街道	沧浪街道办事处	2009（省二批）新增2007（市三批）新增
94	X-3	庙会（苏州"轧神仙"庙会）	民俗	2014（区首批）	金阊街道	姑苏区文化馆	2014（国四批）新增2009（省二批）新增2006（市二批）新增
95	X-4	苏州城隍庙会	民俗	2014（区首批）	平江街道	苏州城隍庙	2009（市四批）新增
96	X-5	祭孔仪式	民俗	2014（区首批）	双塔街道	双塔街道办事处	2013（市六批）新增
97	X-6	姑苏叫卖	民俗	2014（区首批）	平江街道	平江街道办事处	
98	X-7	苏州冬至习俗	民俗	2015（区二批）	平江街道	平江街道办事处	2020（市七批）新增
99	X-8	游石湖习俗	民俗	2015（区二批）	吴门桥街道	吴门桥街道文化站	
100	X-9	苏州腊八习俗	民俗	2017（区三批）	虎丘街道	虎丘街道文化站